신이 된 시장

신이 된 시장

시장은 어떻게
신적인 존재가 되었나

하비 콕스 지음 | 유강은 옮김

The Market
as † God

문예출판사

감사와 희망의 마음을 담아
프란치스코 교황님께 이 책을 바칩니다.

차례

일러두기

◦ 이 책은 Harvey Cox, *The Market as God*, Harvard University Press, 2016을
  우리말로 옮긴 것입니다.
◦ 성서 인용은 대한성서공회의 《새번역성경》을 따랐습니다.
◦ 성공회 기도서 인용은 대한성공회의 2004년 성공회 기도서를 따랐습니다.
◦ 옮긴이가 추가한 설명은 본문에서 〔 〕로 처리했으며 끝에 '—옮긴이'라고 밝혔습니다.
◦ 본문에 인용된 책 중 국역본이 있는 경우 밝혀두었습니다.

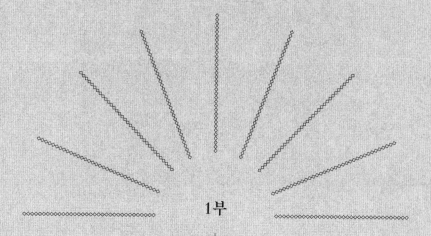

1부

개관

나는 프란치스코 교황이 보인 본보기에
고무되어 기업과 금융이라는 내가 발을 디뎌본 적
없는 대륙을 향해 다시 여행을 떠났다.
얼마 지나지 않아 나는 신학의 렌즈가
경제 논쟁을 이해하는 데 빛을 비춰주는 길을
제시한다는 점을 깨달았다.

1. 신이 된 '시장'

우리는 새로운 우상을 만들어냈다. 고대 금송아지 숭배(《출애굽기》 32장 참조)가 …… 돈에 대한 맹목적 숭배로 돌아왔다. …… 이런 체제에서는 …… 환경같이 허약한 것은 무엇이든지 신격화된 시장의 이익 앞에서 무방비 상태가 된다.

— 프란치스코 교황

2013년 11월, 최근 선출된 프란치스코 교황은 〈복음의 기쁨Evangelii Gaudium〉이라는 문서를 발표했다. 이 문서의 제목은 라틴어로나 영어로나 많은 독자를 끌어들이려는 의도가 없었다. 하지만 5,000단어로 된 '교황의 권고' 내용에 관한 소식이 퍼지자, 이 문서는 최근 기억 속에서 가장 논쟁적이고 널리 토론된 저술로 손꼽혔다. 이 문서가 곧바로 악명을 얻은 것은 교황이 현대의 고삐 풀린 소비주의와 '배제와 불평등의 경제'를 신랄하게 비판했기 때문이다. 교황은 "일부 사람들은 자유 시장에 의해 고무되는 경제성장이 필연적으로 세계에서 정의와 포용을 확대하는 데 성공할 것이라고 가정하는 낙수 이론trickle-down theory을 여전히 옹호한다"고 말한다. 그런데 교황 성하는 생각이 다르다. "이런 견해는 경제 권력을 휘두르는 사람들의 선량함과 지배적인 경제체제의 신성화된 작용에 대한 투박하고 천진난만한 신뢰를 표현한다." 한편 "배제된 사람들은 여전히 기다리고 …… 무관심의 세계화가 발전하고 있다". 뒤에 교황은 '신격화된 시장'과 '시장의 절대적인 자율성을 옹호하는 갖가지 이데올로기'에 관해 이야기한다. 이 체제는 "이윤 증대를 가로막는 모든 것을 집어삼키는 경향이 있다".[1]

이런 말은 교황의 발언에서 흔히 기대하는 것과 어울리지 않는 대담하고 논쟁적인 주장이다. 하지만 프란치스코 교황은 앞선 대다수 고위 성직자들과 달리 가난을 직접적으로 아는 사람의 입장에서 말한다. 교황은 아르헨티나에서 타르지tarpaper 지붕으로 된 빽빽한 슬럼가에 사는 사람들을 찾아다니며 오랜 세월을 보냈다. 교황이 되어 처음 여행한 곳은 지중해의 람페두사 섬인데, 그곳에는 굶주림을 피해 도망치려던 절망적인 난민의 주검이 해변에 밀려왔다. 최근에는 멕시코 치아파스에서 배제되고 착취당하는 원주민을 찾았다.

이 문서의 중요성은 프란치스코 교황이 이런 불의에 대해 많은 이들이 느끼는 도덕적 분노를 넘어서 나아간다는 점이다. 특히 내 눈을 사로잡은 것은 교황이 '지배적인 경제체제의 신성화된 작용'과 '신격화된 시장'같이 종교적인 언어를 구사한다는 점이다. 프란치스코 교황은 이런 구절로 무슨 말을 하려는 것일까? 단지 은유를 구사한 걸까, 아니면 경제적 불평등에 의해 야기되는 고통에 대한 일반적인 비판을 흔히 표현되는 엄격하게 도덕적인 언어에서 끄집어내 신학적인 차원으로 끌어올린 걸까? 교황은 정말로 '제한되지 않는 소비자본주의'가 유사종교, 심지어 이단이 되었다고 믿은 걸까?

이런 질문이 나의 관심을 자극했다. 나 자신이 우리 사회가 시장에 대해 품는 신앙의 본성을 고찰하면서 얼마간 시간을 보낸 적이 있기 때문이다.[2] 몇 년 전에 한 친구가 현실 세계에서 무슨 일이 벌어지는 지 알려면 《뉴욕타임스》 1면을 건너뛰고 경제면으로 눈길을 돌려야 한다고 충고해주었다. 나는 비록 평생 동안 종교 연구에 관심을 쏟았지만, 언제나 기꺼이 나의 지평을 확장했기 때문에 그 충고를 받아들였다. 다만 언뜻 이해하기 힘든 새로운 어휘를 다뤄야 한다는 사실에 막연한 두려움이 생겼다.

그런데 이것은 기우였다. 오히려 눈에 들어오는 개념이 대부분 묘하게 익숙하다는 사실을 깨닫고 놀랐다. 미지의 땅을 기대했건만, 그 대신 기시감이 드는 땅에 들어선 셈이다. 《월스트리트저널》과 《파이낸셜타임스》 《이코노미스트》에서 구사하는 어휘는 〈창세기〉와 〈로마서〉, 성 아우구스티누스의 《신국론De civitate Dei》과 놀랍도록 유사했다. 인수·합병, 통화정책, 다우와 나스닥의 격동에 관한 설명의 이면에서 나는 점차 인간 역사의 내적인 의미, 왜 상황이 나빠지고 어떻게 하면 바로잡을 수 있는지에 관한 거대 서사의 단편을 파악했다. 신학자들은 이런 단편을 기원 신화, 타락 전설, 죄와 속죄의 교의라고 부른다. 지금 이것들이 다시 나타났는데, 부의 창조에 관한 연대기나 과잉 규제라는 탐나는 유혹, 얼굴 없는 경기순환에 사로잡힌 상황 그리고 궁극적으로 뒤에 처지는 죄에 빠진 국가 경제에 대해 계속 금욕적인 허리띠 졸라매기를 약간씩 처방하는 가운데 진행되는 자유 시장의 강림을 통한 구원이라는 얇은 가면을 쓰고 있을 뿐이었다. 그러자 오랜 세월 동안 종교와 신학 연구에 매진한 덕분에 경제라고 불리는 이 신비로운 실체에 대해 내가 짐작한 것보다 숙련되게 접근할 수 있음을 깨달았다.

2015년 6월 18일, 프란치스코 교황은 〈찬미받으소서Laudato Si〉〔한국천주교주교회의 옮김, 《찬미받으소서: 프란치스코 교황 회칙》, 한국천주교중앙협의회, 2015.〕라는 장문의 회칙을 발표했다. 기후변화에 의해 점점 거세지는 지구적 위기를 다룬 이 회칙에서 교황은 지구의 건강보다 이윤을 우선시하는 이들을 비난하는 한편, '현재 통용되는 경제학'이나 '시장 성장'이 우리가 맹목적으로 돌진하는 기후 재앙이나 그로 인해 초래될 기아와 빈곤을 막아줄 수 있다는 사고에 의문을 제기했다. 나는 "로마가 입을 열면 논쟁은 끝난다Roma locuta, causa finita"는 바티칸의 오랜 금언을 믿은 적이 없지만, 적어도 이 문제에 관한 한 로마 주교(교황)와 내 생각이 같다는 점이 흡족했다. 우리가 현재 실천하는 경제 관행이 교황이 말하는 '우리 공동의 집'에 야기한 위기는 단순한 경제적 위기라기보다 도덕적 위기다. 이것은 정신적인 심지어 신학적인 위기이며, 그런 차원에서 이해해야 마땅하다.

나는 경제적 불평등에 의해 야기된 조기 사망을 '살인하지 말지어다thou shall not kill'라는 가르침에서 금지한 살인과 동일시하는 프란치스코 교황의 말이 과장법에 탐닉하는 게 아니듯, 단순히 은유적인 말도 아니라고 생각한다. 교황은 모든 것을 아우르는 강력한 세계관, 즉 모든 것을 자신의 궤도로 끌어당기기 때문에 일종의 종교로 인식해야 하는 현실관에 대해 우리의 집단적 관심을 환기한다. '시장의 종교'라는 구절은 단순히 비유적 표현이 아니다. 실제로 시장의 작용에 관한 믿음은 자체적인 사제와 의례, 교의와 신학, 성자와 예언자, 온 세계에 복음을 전하고 모든 곳에서 개심자를 확보하려는 열망을 완비한 채

기능하는 종교의 형태를 띤다. 시장 신앙의 복사服事들이 공식적으로 시장을 종교로 인정하지 않는다고 해서 이런 현실이 바뀌는 것은 아니다. 우리는 현실을 있는 그대로 바라볼 때 시장 신앙이 제기하는 심대한 변화와 우리가 직면한 지구적 위기의 깊이와 범위를 판단할 수 있다.

나는 프란치스코 교황이 보인 본보기에 고무되어 기업과 금융이라는 내가 발을 디뎌본 적 없는 대륙을 향해 다시 여행을 떠났다. 얼마 지나지 않아 나는 신학의 렌즈가 경제 논쟁을 이해하는 데 빛을 비춰주는 길을 제시한다는 점을 깨달았다. 알고 보니 시장 숭배자들은 일본에서 그리스까지 여러 나라가 직면한 문제는 정통 자유 시장에서 벗어나 이단을 추구하기 때문이라고 주장했다. 그 나라들은 '연줄 자본주의'나 '종족 자본주의', '국가주의적 자본주의'의 실행자라는 것이다. 고대 아리아인이나 중세 알비파와 마찬가지로 그들의 이론은 모두 참된 신앙에서 벗어난 편향, 다시 말해 이단이다. 2007~2009년 대불황 당시 나는 믿음의 토대를 뒤흔드는 위기를 목도했다. 하지만 모든 신앙은 역경을 거치면서 굳어지고, 시장 종교는 금융 이단에 의한 시련을 겪고 보강과 혁신을 이룬 채 등장했다. '대마불사(너무 커서 파산시킬 수 없다)'라고 혜택을 받던 은행들은 과거 어느 때보다 크다. 목적론적 증명으로는 이제 신의 존재를 증명하기에 충분하지 않은 현대에 시장이라는 신은 마치 파스칼이 말하는 신성과도 같다. 증거가 있는데도 믿어지는 것이다. 앨런 그린스펀은 10년 전 의회 증언에서 이처럼 완화되었으면서도 충실한 신앙을 분명히 나타냈다. 주요 헤지펀드 하나가 직전에 수십억 달러를 손해 보면서 시장의 신뢰를 뒤흔들고, 새로운 연방 규제에 대한 호소를 재촉한 상황이었다. 모호한 발언을 일삼던 그린스펀이 이번에는 단호했다. 그는 규제가 이런 시장에 방해가 될 뿐이며, 시장은 자기 규제를 계속해야 한다고 믿는다고 말했다. 성 바울이 말한 것처럼, 참된 신앙은 '보이지 않는 것들의 증거'다.

우리는 시장 신학에 관한 탐구를 시작하자마자 그것이 얼마나 종합적인지 깨닫고 놀란다. 망자에게 구원의 힘을 전하는 성례전, 교회력, 기업가 성인 달력 심지어 신학자들이 말하는 '종말론'('역사의 종말'에 관한 가르침)도 있다. 호기심이 치솟았다. 나는 묘하게 익숙한 이 교의의 목록을 만들기 시작했으며, 경제 언론이 구사하는 언어와 경영대학원의 교과과정에 온전한 신학이 켜켜이 묻혔다는 결론에 다다랐다. 이 신학은 심오한 내용은 몰라도 그 범위에서는 토마스 아퀴나스나 카를 바르트Karl Barth의 신학에 맞먹는 것이다. 완전히 새로운 신학대전이 형태를 갖추려면 체계화가 필요할 뿐이었다. 이 책에서 내가 추구하는 목표는 그 신학을 양지로 끌어내는 것이다. 나는 오늘날 세계경제가 작동하는 방식이 '자연스러운' 것이거나 '세상 돌아가는 이치'가 아니라 강력하고 지구적인 가치와 상징의 체계에 의해 규정된다는 점을 증명하고 싶다. 이런 체계는 유사종교ersatz religion로 볼 때 가장 잘 이해할 수 있다. '유사'와 '종교' 두 단어 모두 중요하다. 본문 여러 장에서 살펴볼 텐테, 이것은 고전 종교의 모든 특징을 보여준다는 점에서 하나의 종교다. 하지만 시장은 과거의 우상처럼 인간의 손으로 만들어진 것이기 때문에 유사품이다.

많은 신학자들처럼 뾰족한 산에서 시작해보자. 물론 모든 신학 체계의 꼭대기에는 신의 교의가 있다. 새로운 신학에서는 이 천체의 정점을 '시장The Market'이 차지한다. 이 책에서는 시장을 에워싼 신비와 시장이 신자들에게 불러일으키는 숭배를 나타내기 위해 대문자〔작은 따옴표—옮긴이〕로 표기하고자 한다. 이 책에서 말하는 '시장'은 제유, 즉 일부가 전체를 의미하는 비유적 표현으로 작용한다. 따라서 '시장'은 자신이 널리 퍼지고 가장 유력한 일부를 구성하는 경제·문화 체제를 의미한다.

물론 상이한 종교마다 각기 다른 신의 속성 개념이 존재한다. 기독교에서 신은 때로 전능하고(모든 힘이 있고), 전지하며(모든 지식이 있으며), 편재한다(모든 곳에 존재한다). 대다수 기독교 신학이 약간 얼버무리는 것은 사실이다. 기독교 신학은 이런 신성의 특질이 실재하지만, 인간의 죄 때문에 그리고 신성 자체의 초월적인 성격 때문에 인간의 눈에는 보이지 않는다고 가르친다. 오래된 찬송가 구절처럼, '다가갈 수 없는 빛' 속에 있는 하느님의 모습은 '우리 눈에 보이지 않는다'.

이와 마찬가지로 '시장'도 이런 신적 속성이 있는 게 분명하지만, 인간에게 이런 속성이 언제나 자명하게 보이는 것은 아니며, 신앙으로 믿고 확인을 받아야 한다. 또 다른 오래된 복음성가가 말하듯, '세월이 지나면 그 이유를 알 것'이다.

인간에게 '시장'의 길을 정당화하는 경제학자-신학자들의 주장과 설명에서 나는 오랜 세월 동안 토마스주의자, 칼뱅주의자, 기타 현대 종교 사상의 여러 학파를 고찰하면서 좋아한 것과 똑같은 변증론을 발견했다. 특히 기업 신학자들이 구사하는 언어는 윌리엄 제임스William James 철학의 영향을 받은 비교적 현대적인 경향으로 간혹 '과정신학process theology'이라고 불리는 사조와 비슷하다. 제임스는 '유한한 신성', 즉 무한한 시간 동안 이런 궁극적인 속성을 향해 나아갈 뿐인 신성을 옹호했다. 이런 추론은 분명한 이유로 신학자들에게 엄청난 도움이 된다. 신정론theodicy이 부딪히는 당혹스러운 문제, 즉 전지전능하고 편재하며 자애로운 신이 묵인할 것 같지 않은 갖가지 나쁜 일이 왜 생기는가라는 질문에 답을 주기 때문이다. 마찬가지로 '시장' 신학자들이 보기에 능력이 아직 불완전하다는 사실은, 끝없이 확대되는 시장 영역에 사는 사람들이 겪는 탈구dislocation, 고통, 방향성 상실이라는 호황과 불황의 순환을 설명하는 데 도움이 될 것이다. 그들이 겪는 고난은 비극적이지만, 그렇다고 '시장신Market God'이 궁극적으로 자애롭다는 사실에 관한 의심을 불러일으켜서는 안 된다.

인간 역사에서 아주 오랫동안 저잣거리와 장터, 교역소가 있었다. 모두 시장이다. 하지만 이런 시장은 일정한 조건이 허용되는 경우에 열렸고, 여러 세기 동안 사람들은 이런 시장 없이도 살았다. 결국 시장이 생기긴 했지만 그것은 '신'이 아니었다. 가치와 의미의 다른 중심지, 다른 신이 있었기 때문이다. '시장'은 그것을 제한하는 다채로운 제도가 무수히 많은 가운데 작동했다. 칼 폴라니가 고전적인 저서 《거대한 전환The Great Transformation》에서 보여주는 것처럼, '시장'이 이런 반신반인과 지하 정령을 넘어서 오늘날과 같이 비할 데 없는 '조물주First Cause'로 올라선 것은 지난 300년의 일일 뿐이다.[3] 처음에 '시장'이 올림포스산의 지고한 존재로 올라선 과정은 제우스가 점차 고대 그리스의 판테온에 있는 다른 모든 신들 위로 우뚝 선 과정과 똑같다. 제우스는 앞선 세대의 신인 티탄을 몰리쳐야 했고, 그렇게 올라선 뒤에도 안진하지 않았다. 제우스가 자신의 통치권에 대한 이런저런 위협을 억누르기 위해 올림포스산에서 계속 뛰쳐나와야 했다는 사실은 앞으로도 상기될 것이다. 하지만 최근에 '시장'은 구약에 등장하는 야훼에 가까운 존재가 되고 있다. 단지 다른 신들과 경쟁하는 우월한 신이 아니라

온 세상이 그의 통치를 받아들여야 하고 어떤 경쟁자도 허용하지 않는 '지고신Supreme Deity', 즉 유일한 참된 '신'이다.

신의 전능은 무엇이 실재인지 규정하는 능력을 의미한다. 그것은 무에서 뭔가를 만들고 뭔가에서 무를 만드는 힘이다. '시장'이 의지가 있지만 아직 달성하지 못한 전능이란 천지 만물을 상품으로 전환하는 '시장'의 굽힐 수 없는 능력에 상상 가능한 어떤 한계도 없음을 의미한다. 이번에도 이것은 새로운 방식이긴 하나 새로운 사고는 아니다. 가톨릭 신학에서는 이른바 '실체 변화transubstantiation'를 통해 평범한 빵과 포도주가 '거룩한 존재Holy Presence'의 매개가 된다. 그런데 '시장' 종교의 미사에서는 거꾸로 된 과정이 벌어진다. 신성하게 여겨지던 것들이 교환 가능한 판매 품목으로 변형되는 것이다. 토지가 좋은 예다. 땅은 수천 년 동안 여러 가지 의미가 있었는데, 대부분 초자연적인 것이다. 원래 땅은 '어머니 대지Mother Earth', 조상의 안식처, 성스러운 산, 신비로운 숲, 부족의 고향, 미적 영감의 원천, 신성한 영역 등이었다. 하지만 '시장'의 미사 종이 울리고 빵과 포도주를 제단에 올릴 때, 땅이 가진 이 모든 복합적인 의미는 부동산으로 녹아든다. 선조들이 묻힌 묘지에서 지방의 풍요의 요정이 사는 산골짜기까지 어떤 땅도 적정한 값에 팔리지 않는다. 이런 급진적인 세속화는 땅과 인간의 관계를 극적으로 바꿔놓는다. 나무, 물, 공기, 공간 그리고 (예상하는 바로) 조만간 천체에도 이와 똑같은 일이 벌어진다.

미사가 한창일 때 사제는 "이것은 내 몸이다"라고 말한다. 그리스도의 몸, 더 나아가 모든 신실한 사람들의 몸이라는 뜻이다. 기독교와 유대교는 인간의 몸이 '하느님의 형상에 따라' 만들어졌다고 가르친다. 하지만 지금은 거꾸로 된 실체 변화가 현란하게 펼쳐지는 가운데 인간의 몸이 상품으로 전환되어야 하는 최후의 신성한 그릇이 되었다. 이 과정은 혈액에서 시작되었지만 이제 신장, 피부, 골수, 정자, 심장 등 모든 신체 기관이 기적과도 같이 구매 가능한 품목으로 바뀔 수 있으며, 아직 예외인 기관도 조만간 그렇게 될 것이다.

'시장'의 전례典禮는 신도석에서 일부 반발이 이는 가운데 진행된다. 몇 년 전 미국에서는 인간의 유전자를 상품화하려는 시도를 둘러싸고 대대적인 싸움이 벌어졌다. 내 기억으로는 역사상 처음으로 자유주의 성향의 전국교회협의회National Council of Churches부터 가톨릭 주교들, 보수 성향의 복음주의협회National Association of Evangelicals까지 사실상 미국의 모든 종교 기관이 하나로 뭉쳐서 당시 최신 '시장' 신의 현현인 유전자 매매 시장에 반대했다. 하지만 이 비판론자들은 일각에서 말하는 '구종교' 추종자들이었다. 이 구종교는 마치 젊고 건강한 아폴론에 대한 찬미가 고대 그리스를 휩쓸기 시작한 때 여신 숭배가 번창한 것처럼, 새로운 신앙심이 퍼지는 속도를 늦출 만한 힘이 없었다. 순진한 유전자 매매 반대론자들은 자신이 반대하는 대상의 전체적인 규모, 그러니까 세계를 전면적으로 개조하는 모든 것이 판매용으로 뒤바뀌는 풍조도 인식하지 못했다.

배교자들은 이따금 자신에게 먹이를 주는 '보이지 않는 손'을 물려고 한다. 독일 정부는 1996년 10월 26일, 구동독 지역인 리벤베르크Liebenberg 마을을 매각한다는 광고를 내보냈다. 주민 350명에게는 사전 통보가 전혀 없었다. 대부분 노인이나 실업자인 리벤베르크 주민들은 불신의 눈초리로 공고문을 빤히 쳐다보았다. 과거에 그들은 공산주의에 진저리 쳤지만, 통일 후 시장경제가 자리 잡았을 때 이런 일은 전혀 예상하지 못했다. 리벤베르크에는 주택과 13세기 교회 하나, 바로크식 성 하나, 호수, 사냥꾼 숙소 한 곳, 식당 두 곳, 초지와 숲 3,000에이커〔약 12제곱킬로미터─옮긴이〕등이 있다. 예전에 독일 귀족이 멧돼지 사냥터로 즐겨 찾던 이곳은 가볍게 넘겨버리기에는 너무나 값비싼 마을이다. 게다가 동독 공산당 정부가 수용한 상태였기 때문에 독일 통일 조건에 따라 합법적으로 판매할 수 있었다. 리벤베르크는 하룻밤 사이 생생한 우화가 되었다. '시장'의 의지가 실행되는 왕국의 모습을 언뜻 보여주는 소중한 사례가 된 것이다. 하지만 분노한 주민들은 자신이 특별히 축복받았다고 느끼지 않았다. 그들은 떠들썩하게 불만을 토로했고, 매각은 연기되었다.[4] 마을 사람들은 모두 이것이 진정한 승리가 아님을 깨달았다. '시장'은 '만군의 주 하느님Lord God of Hosts'과 마찬가지로 작은 전투에서 질지 몰라도 여호수아가 불운한 가나안 사람들을 상대로 벌인 것 같은 소모전에서는 결국 승리한다.

물론 과거에도 종교는 예배에 비용을 매기는 일을 꺼리지 않았다. 기도, 미사, 축복, 치유, 세례, 장례, 부적 등은 떠들썩한 호객 행위를 통해 팔렸고, 지금도 사정은 마찬가지다. 종교가 언제나 현재 상태가 허용하는 정도에 민감하지는 않았다. 16세기 초 요한 테첼Johann Tetzel이 면벌부〔중세 가톨릭 신학에서 이 증서는 죄를 면해주는 것이 아니라 죄에 따른 벌을 면해주는 것이었기 때문에 종전의 번역어 '면죄부' 대신 '면벌부'라고 한다. 다만 종전의 면죄부 번역이 일본에서 유래한 악의적인 오역이라는 한국 가톨릭교회의 입장에는 동의하기 힘들다. 중세 유럽 사람의 인식이나 한국에서 이 번역어가 정착한 근대 국어의 어법에서 죄와 벌이 엄밀하게 구분되지 않았기 때문이다. ─옮긴이〕의 값을 올리고 심지어 면벌부 판매를 촉진하기 위해 최초의 노래 광고("땡그랑하고 동전 떨어지는 소리가 나는 순간, 연옥에 갇힌 영혼이 천국으로 뛰어오른다네")까지 동원했을 때, 그는 자신이 도를 넘어서는 것을 깨닫지 못했다. 손님들은 주저했고, 아우구스티누스파의 한 젊은 수사는 교회 문에 못으로 벽보를 붙여서 거래를 중단했다.

오늘날 루터 같은 사람이 나타나서 '시장'의 부적 판매를 가로막고 나서는 일은 더 어려울 것이다. 리벤베르크 사람들이 깨달았듯이 이제 모든 것을 팔 수 있다. 호수, 풀밭, 교회 건물 등 모든 것에 가격표가 붙었다. 하지만 이런 관행 자체가 비용을 요구한다. 한때 창조라 불리던 것들 속의 모든 것이 상품이 됨에 따라 인간은 상대를, 자기 자신을 우스꽝스러운 방식으로 바라보기 시작하며, 갖가지 가격표를 본다. 적어도 사람에 관해서는 '고유한 가치'에 관해 말한 때가 있었다. 리벤베르크 원리는 이 모든 것을 바꿔놓는다. 루터가 나타나서 교회 문에 의견서를 붙이려다가 미국의 억만장자가 자기 저택에 구세계 분위기를 풍기기 위해 건물 전체를 매입·해체해서 컨테이너로 옮겨 다시 조립한 사실을 깨달으면 어떻게 될지 궁금하다. 적어도 리벤베르크 주민들이 경매에 나오는 일은 벌어지지 않았다는 사실을 지적하는 것으로 위로가 된다.

좋은 질문이 하나 떠오른다. '시장' 신학에서는 인간 생명의 가치가 얼마일까? 여기서 새로운 신은 조금도 머뭇거리지 않는다. 계산은 복잡할지 몰라도 화폐단위로 적당한 수치를 표현할 수 있다. 예를 들어 한 아이가 심각한 장애를 안고 태어나 '생산적'이지 못하다면, '시장'이 아이에게 죽음을 판결할 것이라고 가정해서는 안 된다. 약물 치료, 하지 보조기, 전산단순촬영술CT 장비 등에서 나오는 수익도 방정식에 포함해야 한다는 점을 유념해야 하니까. 이런 비용편익분석은 아슬아슬한 결과가 나올 수 있다. 하지만 이 아이 생명의 고유한 가치는 수량화할 수 없으므로 계산에 포함하기 어려울 것이다.

인간 생명의 가치를 계산한다고 하면 타락한 것처럼 들릴지 모르지만, '시장'의 시대에는 이런 계산이 줄곧 벌어진다. 조지 H. W. 부시 (아버지 부시) 대통령 시절에 환경보호청은 70세 이하인 사람은 370만 달러, 70세 이상은 230만 달러로 생명의 가치를 결정했다. 그 후 소동이 일어나자 오바마 정부의 환경보호청은 모든 미국인의 생명을 1인당 910만 달러로 결정했다.

어떤 것의 가치를 계산할 수 없다고 해서 값을 정하지 못한다는 의미는 아니다. 예를 들어 전통의 가치는 얼마나 될까? 《하버드크림슨Harvard Crimson》은 2014년 9월 10일, 홍콩의 부동산 거물 제럴드 챈Gerald L. Chan이 옛 친구이자 대학을 총괄하는 '행정이사회Corporation' (공식 명칭 하버드대학총장교우회President and Fellows of Harvard College)의 윌리엄 리William F. Lee에게 전화를 걸었다고 보도했다. 잠시 유쾌한 잡담을 나누다가 챈이 용건을 꺼냈다. 하버드 보건대학원을 돌아가신 우리 아버지 이름을 딴 명칭으로 바꾸는 데 얼마면 될까요? 리는 곧바로 하버드 행정이사회에 이야기를 꺼냈고, 이사회는 3억 5,000만 달러로 정했다. 하버드대학 역사상 단일 기부로는 가장 규모가 큰 액수다. 이제 이 대학원은 공식적으로 하버드 T. H. 챈 보건대학원이다.[5]

이것이 하버드에서 기관이나 건물의 이름을 바꾼 첫 사례는 아니다. 이곳이 특별한 이름도 없는 뉴잉글랜드 황야의 작은 대학에 불과하던 17세기 초에 첫 번째 후원자 존 하버드John Harvard를 기리기 위해 하버드라고 명명되었다. 존 하버드가 소장한 서적은 대학의 도서관에 기증했다. 그리고 3세기 뒤인 1966년, 공공정책대학원은 '존 F. 케네디 공공정책대학원'으로 개명되었다. 하버드 졸업생으로 미국 대통령이 되었다가 얼마 전에 암살당한 케네디의 이름을 딴 것이다.

이번 경우는 조금 달라 보였다. 개명하는 데 비용이 얼마나 들지 공개적으로 문의하고, 답변이 신속하게 나오는 걸 보고 일부 사람들은 현금 박치기와 흡사하며 조금 꼴사나운 광경이라고 느꼈다. 이 일은 하버드가 전통과 돈에 관해 생각하는 방식이 바뀌었음을 보여주는 신호다. 시장 친화적인 미국기업연구소American Enterprise Institute의 교육정책 연구부장 프레드 헤스Fred Hess는《하버드크림슨》과 한 인터뷰에서 말했다. "이번 일로 하버드가 전통의 가치를 기부금과 비교·검토한 끝에 기부금이 그만한 값어치가 있다고 결론 내렸음이 분명히 드러났다고 생각합니다." 그는 이 거래가 하버드의 다른 대학원에도 선례가 될 것이라고 생각했다. 이제 모두 잠재적인 기부자를 만날 때면 '하버드가 공공연하게 명명권을 판매한다는 걸 알기' 때문이다. 대학 행정가들은 이 선례의 중요성을 못 본 체했다. 재무처장 폴 피니건Paul J. Finnegan은 하버드가 유사한 협상에 나설 준비를 해야 한다고 말했다. "누군가 이 수준이나 더 높은 수준에서 기부할 생각이 있고 명명권을 제안한다면, 행정이사회는 전면적으로 검토해야 합니다."

보건대학원의 명칭 변경에 다른 의미가 있다면 '시장'의 영향력이 점점 더 광범위해지고, 사실상 '편재'(신의 이 속성에 관해서는 잠시 뒤에 다시 이야기할 것이다)하게 되었다는 점이다. 더욱이 그 영향력은 모든 방향으로 움직인다. 성서의 하느님과 마찬가지로 하늘 꼭대기로 올라가거나 땅 밑으로 내려가더라도 '시장'을 벗어날 수 없다.《크로니클오브필랜스로피Chronicle of Philanthropy》의 편집인 스테이시 파머Stacy Palmer가 하버드 기자들에게 말한 것처럼, 이제 학교 극장의 좌석에는 기부자의 이름이 붙고 "일부 학교는 화장실과 화장실 비품에도 기부자 이름을 붙이는 지경에 이르렀다".

어떤 이들은 '시장'이 지배하는 가운데 모든 것이 판매되기 때문에 이제 신성한 것은 없다고 말한다. 이 말은 사실이 아니다. 몇 년 전 영국에서 성 토머스 베켓Saint Thomas à Becket의 유해가 모셔졌다고 여겨지는 작은 보석 장식 상자를 소유한 철도 연기금이 소더비를 통해 이 상자를 경매에 부치기로 결정하자, 험악한 논쟁이 벌어졌다. 이 상자는 12세기부터 전해 내려오는 신성한 유물이자 국보로 숭상된다. 영국 박물관이 상자를 매입하려고 했지만 예산이 부족했기 때문에 어느 캐나다인에게 팔렸다. 영국 정부가 최후의 순간에 조치를 취해 상자가 반출되는 것을 막았다. '시장' 신학에서는 원칙적으로 어떤 유물이나 관棺, 유해, 국가 기념물(이를테면 자유의 여신상이나 웨스트민스터사원)이든 매물 목록에 오르지 않을 이유가 없다. 성십자가가 정말로 발견된다면 결국 소더비에 오를 거라는 사실을 누가 의심할까? '시장'은 아직 전능하지도, 편재하지도 않다. 하지만 이 과정은 진행 중이며 점점 추진력을 얻는다.

전지全知는 측정하기 좀 어렵다. 아마 '시장'은 벌써 전지를 달성했겠지만, 자신의 왕국과 권력이 완전히 도래할 때까지 당장은 그 지식을 사용하지 못한다. 그렇다 하더라도 현대의 사고는 과거에 신만이 알던 포괄적인 지혜를 '시장'에 부여한다. 우리는 '시장'이 인간의 욕구가 무엇인지, 구리와 자본의 값이 얼마여야 하는지, 이발사와 최고 경영자가 얼마를 받아야 하는지, 제트기나 러닝화, 자궁 절제 수술은 얼마에 팔려야 하는지 결정할 능력이 있다고 배운다. 그런데 우리는 어떻게 '시장'의 의지를 알까?

언젠가 적어도 저명한 경제학자 한 명에 따르면 '시장신'의 신자들 역시 바로 이 문제에 직면한다는 사실을 알고 기쁜 마음이 들었다. 노벨상 수상자 폴 크루그먼은 다음과 같이 말한다.

중세에 십자군이 성지를 정복해야 한다는 요구는 "하느님이 원하신 다Deus vult!"는 외침과 장단이 맞았다. 십자군은 정말 하느님이 무엇을 원하는지 알았을까? 이 모험이 결국 어떤 결과를 낳았는지 보면, 그들은 분명 알지 못했다.

이제 십자군은 오래전의 일이며, 내가 글을 쓰는 영역에서는 하느님의 의지로 추정되는 뜻에 기원하는 일이 드물다. 하지만 우리는 많은 정책 십자군을 목도하며, 이 사람들은 종종 "Mercatus vult!", 즉 시장이 원한다는 은연중의 외침으로 정당성을 얻는다. 시장의 의지에 호소하는 이들은 정말로 시장이 무엇을 원하는지 알까?[6]

옛날에는 예언자가 황홀경에 빠진 상태로 답을 구하는 사람에게 신들의 마음이 어떤지, 여행을 떠나거나 결혼을 하거나 전쟁을 시작하기에 때가 좋은지 알려주었다. 이스라엘의 예언자들은 광야로 갔다가 돌아와서 야훼가 자애로운지, 진노하는지 알렸다. 오늘날 '시장'의 변덕스러운 의지는 월 스트리트를 비롯한 금융 감각 기관의 1일 보고서에 의해 분명히 드러난다. 우리는 날마다 '시장'이 '우려하거나' '안도하거나' '신경과민 상태거나' 심지어 때로 '환호하는지' 알 수 있다. 경외심을 품은 열성 신지들은 이런 계시를 바탕으로 매도나 매수 관련 중대한 결정을 내린다. 옛날의 게걸스러운 신들과 마찬가지로, '시장' 역시 황소나 곰의 탈을 쓰고 있기 때문에 (증권시장 용어로 'bull market'은 상승장, 'bear market'은 하락장을 뜻한다. ─옮긴이) 어떤 상황에서든 먹이를 주고 만족시켜야 한다. 물론 때로는 '시장'의 식탐이 지나치게 보일지 모른다. 예를 들어 흔히 '시장'의 상점을 구성하는 거대 은행들은 당장 구제금융 3,500억 달러라는 봉헌물이 필요하고, 나중에 다시 5,000억 달러가 필요한 것 같다. 은행들의 굶주림을 달래주는 다른 대안은 너무 끔찍해서 생각하기도 힘들다.

'시장'의 기분을 내다보는 점쟁이와 예언자는 주요 투자은행의 금융 컨설턴트와 최고경영자다. 그들은 '시장'의 성찬식을 주관하는 고위 사제들이다. 그들의 훈계에 거스르는 행동을 하면 파문당하고 천벌 받을 위험이 있다. 예를 들어 어떤 정부의 정책이 '시장'을 화나게 만들면, 불경한 행동을 한 책임자는 고난 받을 것이다. '시장'이 다운사이징이나 점증하는 소득 격차에 전혀 화를 내지 않으면서 아시아 젊은이들에게 담배 판매를 확대하는 것은 흡족히 여긴다면, '시장'의 궁극적인 전지적 능력에 아무도 의문을 제기해서는 안 된다. 칼뱅의 불가사의한 신이 그렇듯이 '시장' 역시 '우리 눈에 보이지 않는' 알 수 없는 방식으로 작동하지만, 결국 '시장'은 누구보다 잘 안다.

전지적 능력은 이따금 강제로 침입하는 것처럼 보일 수 있다. 성공회 기도서의 전통적인 하느님은 '모든 사람의 마음과 소원을 다 아시며, 은밀한 것이라도 모르시는 바 없는' 존재로 여겨진다. 하느님과 마찬가지로 '시장' 역시 우리 마음속 가장 깊숙한 비밀과 은밀한 욕망을 안다—혹은 적어도 그런 비밀과 욕망을 알고 싶어 한다. 하지만 우리는 이 두 경우에 신성한 동기가 다르지 않은지 의심한다. 분명 '시장'은 우리 마음속의 두려움과 욕망을 탐색하고 합법적인 해법을 내놓음으로써 자신의 영향력을 확대할 수 있기 때문에 엑스레이같이 투시하는 이런 지혜를 원한다. 과거에 사제가 신에게 사람들의 열렬한 기도와 탄원을 드린 것처럼, '시장' 역시 자신이 거느리는 중개자(동기 조사자)에게 의존한다. 오래전에 신학 대신 참된 '영혼의 과학' 자리를 차지한 심리학의 첨단 기법을 익힌 중세 고해신부의 현대 후계자들은 대중의 감춰진 환상과 불안감, 희망을 탐구한다. 그들이 밝히는 '마음의 비밀'은 '시장' 신앙의 복음 전도 사업인 판촉 활동(이 활동은 스스로 내세우는 미사여구와 달리 사람들이 합리적인 결정을 내리는 것을 원치 않는다)을 위한 원료를 제공한다. 성공적인 모든 전도사들과 마찬가지로, 판촉 활동 역시 마음과 무의식에 호소한다.

우리는 때로 이런 '시장' 종교의 시대에 회의론자와 자유사상가는 어디로 사라졌는지 궁금해한다. 가짜 기적을 폭로한 볼테르들이나 종교를 빙자한 사기를 날카롭게 고발한 멩켄Henry Louis Mencken들은 어떻게 됐나? 현재의 정통 신앙이 워낙 지배적이기 때문에 '시장'의 전지적 능력에 의문을 품는 것은 섭리의 불가사의한 지혜에 의문을 제기하는 것과 같다. 형이상학적 원리는 분명하다. 당신이 그게 진짜라고 말하면(코카콜라를 생각해보라〔코카콜라는 1969년 광고에서 '이것이 진짜'라는 문구를 내세웠다.─옮긴이〕) 그것은 진짜임이 확실하다. 초기 기독교 신학자 테르툴리아누스Tertullianus가 말했듯이, "나는 그것이 터무니없기 때문에 믿는다Credo quia absurdum est".

최근에 우리는 샘 해리스Sam Harris와 리처드 도킨스Richard Dawkins 같은 무신론자들이 종교를 난도질하면서 자신이 종교에 상처를 냈다고 자랑하는 일련의 책을 목격했다. 이런 자칭 교조 살해자들이 도대체 왜 우리 시대의 가장 강력한 종교, 그러니까 월 스트리트의 바실리카 사이에 교황청을 둔 종교에 관해서는 그토록 신중하고 때로는 공손하기까지 한지 궁금해진다.

마지막으로 앞서 언급한 것처럼 편재하려는 신의 의지가 존재한다.

사실상 모든 종교가 이런저런 방식으로 이런 사고를 가르치며, '시장'의 종교도 예외는 아니다. 최근 경제 이론은 데이트나 가정생활, 부부관계, 육아같이 한때는 시장의 계산과 무관한 영역에도 이런 계산을 적용하려고 한다. 성 바울은 아테네 사람들에게 그들의 시인이 "우리는 하느님 안에서 살고, 움직이고, 존재한다"고 노래한다는 사실을 상기시켰다. '시장' 역시 주변뿐만 아니라 우리 안에도 존재하면서 감각과 감정에 영향을 미친다. 이제 '시장'의 지치지 않는 탐색에서 벗어날 수 있는 곳은 없다. '하늘의 사냥개Hound of Heaven'인 하느님처럼 '시장' 역시 쇼핑몰부터 어린이집, 침실까지 우리를 계속 쫓아다닌다.

한때는 적어도 삶의 내면 깊숙한, 혹은 '정신적' 차원은 '시장'에 저항한다고 생각되었다. 이런 생각은 그릇된 것임이 드러났다. 성녀 테레사Saint Teresa의 영혼의 성interior castle은 부동산 회사 센추리21 Century21의 매물에 오르는 일이 없을 것 같았다. 하지만 유형 재화 시장이 포화 상태가 됨에 따라 고요나 평온같이 예전에는 시장과 무관한 은총의 상태가 매물 목록에 등장한다. 다른 사람들이 똑같은 매물을 찾아보지 않는다면 당신은 사실상 도달할 수 없는 땅으로 묘사되는 손상되지 않은 광야에서 개인적인 영적 탐색이 가능하다. 이제 황홀경과 영성이 흔히 마사지, 수정 구슬 부적, 영적 독해psychic reading 등이 동반되면서 편리한 복제물 형태로 제공된다. 그리하여 '시장'은 과거에 기도와 금식이 필요한 종교의 은혜를 제공할 수 있다. 예전과 달리 오랜 기간에 걸친 헌신이나 지루한 금욕적 고행을 할 필요가 없는 것이다. 뭐든지 돈 주고 쉽게 살 수 있다. 카리브해의 리조트에서 열리는 주말 워크숍에 참석하면, 시간을 무지막지하게 쏟아부을 필요 없이 까칠한 피정 지도자 대신 섬세한 심리 컨설턴트가 도와준다.

나는 '시장'의 신학을 발견하면서 종교의 갈등에 관해 다른 방식으로 생각하기 시작했다. 얼마 전에 얼스터에서 가톨릭교도과 신교도 사이에, 인도에서는 힌두교도와 이슬람교도 사이에 폭력 사태가 타올랐다. 지금은 이슬람 내부에서 가장 열띤 분쟁이 벌어지는 것 같다. 급진 지하드 세력이 상대방뿐만 아니라 자신의 세력권에 포함된 불운한 소수 종교 신자들까지 괴롭히고 살해하기 때문이다. 나는 종교(심지어 문명)의 진짜 충돌이 눈에 띄지 않은 채 넘어가는 건 아닌지 궁금증이 일었다. 세계의 모든 종교가 아무리 서로 다르다 해도 '시장'의 종교가 모든 종교에게 가장 무서운 경쟁자가 되었다는 생각이 들었다. 예를 들어 전통 종교와 '시장'의 종교는 자연관이 근본적으로 다르다. 기독교와 유대교에서는 "땅과 그 안에 가득 찬 것이 모두 주님의 것, 온 누리와 그 안에 사는 모든 것도 주님의 것이다". 조물주는 인간을 청지기와 정원사로 임명하지만, 소유권은 계속 땅에 둔다. 다른 신앙도 생각이 비슷하다.

'시장'의 종교에서는 인간, 특히 돈이 있는 사람들은 돈 주고 산 모든 것을 일정한 한계 안에서 소유하며, 자기 소유물을 마음 내키는 대로 처분할 수 있다. 인간의 몸, 인간 공동체의 본성, 인생의 목표 등에 관한 사고에서도 다른 모순을 발견할 수 있다. 오래된 종교는 특정한 장소에 대한 고풍스러운 애착을 장려한다. 하지만 '시장'의 눈에는 모든 장소가 대체 가능하다. '시장'은 가능한 한 불편한 특이성이 거의 존재하지 않는 균일화된 세계 문화를 선호한다. '시장'은 '산을 평지로 만들기'를 원한다.

전통 종교 사이의 불일치는 이 종교들과 '시장' 종교의 근본적인 차이와 비교하면 보잘것없는 것처럼 보인다. 이런 상황은 새로운 지하드나 십자군 전쟁으로 이어질까? 프란치스코 교황이 과감하게 입을 열기 전에는 전통 종교들이 위기에 대처해서 새로운 시대의 교의에 이의를 제기할 가능성이 거의 없어 보였다. 전통 종교는 대부분 그 교의의 복사가 되거나 그 판테온에 흡수되는 데 만족하는 것 같았다. 마치 북유럽의 신들이 용감하게 싸운 끝에 다소 격이 떨어지면서도 안전한, 기독교의 성인이라는 지위에 만족한 것처럼 말이다.

지금은 사정이 바뀌었을까? 나는 이번에도 프란치스코 교황이 진지하며, 공상에 몰두하는 게 아니라고 믿는다. 시장경제와 소비자 문화에는 종교의 모든 특징이 있다. 신구를 막론하고 어떤 종교도 경험적인 증거가 필요하지 않으며, 우리 눈앞에 펼쳐지는 것은 신앙의 경쟁이다. 많은 것이 위태롭고, 시장은 구약의 정복 이야기에 등장하는 야훼처럼 필요하면 전쟁도 불사한다. 예를 들어 최근 이산화탄소 배출을 둘러싸고 논쟁이 벌어지던 중에 《뉴욕타임스》는 사설에서 '석탄과 전쟁'이 벌어지지만, 그 주체는 정부 규제자들이 아니라고 말했다. "진짜 전쟁은 시장과 기술이 벌인다"는 것이다.[7] '시장신'은 전쟁을 벌일 타당한 이유가 있다. 나름의 개전 원인causa belli이 있다는 말이다. '시장신'은 급진적인 개인주의와 즉각적인 이동성을 선호한다. '시장신'은 생산이 필요한 모든 곳으로 사람들을 이동시킬 필요가 있기 때문에 사람들이 지역 전통이나 장소에 모여들거나 집착할 때 진노한다. 바알의 '산꼭대기 신전'같이 오래된 시대의 이런 흔적은 땅에 파묻힐까? 어쩌면 그렇지 않을 것이다. 앞선 종교들처럼 새로운 종교 역시 전부터 존재하는 종교를 통합하는 독창적인 방식이 있다. 힌두교 사원, 불교 제례, 가톨릭 성지 등은 새로운 현현incarnation을 기대할 수 있다. 이것들은 고유 의상이나 매운 전통 음식과 나란히, 원래는 단조로운 안식처인 뿔라의 땅Beulah Land이 될 곳에 지방색과 진정성을 제공할 수 있을 것이다.

그러나 '시장'의 종교와 전통 종교 사이에는 극복하기 힘들어 보이는 모순이 존재한다. 전통 종교는 인간이 유한한 피조물이며, 지상의 모든 사업에는 한계가 있다고 가르친다. 일본의 어느 선사는 죽으면서 제자들에게 말했다. "나는 살면서 얼마큼이 충분한 것인지 배웠을 뿐이다." 이 선사는 '시장'의 예배당에서는 자리를 얻지 못했을 것이다. 이 예배당의 첫째 계명은 '충분한 것은 없다'이기 때문이다. 헤엄치지 않는 상어는 익사한다는 속담처럼, 움직이지 않는 '시장'은 죽는다. 당장은 그럴 일이 없어 보이지만, 언제든 그럴 수 있다. 넘기 힘든 자연적 한계에 직면하면 시장의 무한한 성장도 끝나게 마련이다. 그러면 신은 죽었다는 니체의 선언이 어쨌든 들어맞을 것이다. 니체는 엉뚱한 신을 염두에 두었을 뿐이다.

프란치스코 교황은 대단히 중요한 대화를 시작했는데, 이 대화는 앞으로 얼마 동안 계속될 것이다. 우리 문명이 시장의 명백한 힘에 의지하면서도 자신을 신격화하는 시장의 월권을 피할 수 있는지가 문제다. 교황이 쓴 〈복음의 기쁨〉이나 이후에 한 연설과 저술 어디에서도 그가 '시장'의 폐지를 요구하지 않는다는 점을 주목해야 한다. 교황은 '시장'이 사회의 주인이 아니라 하인이라는 적절한 역할을 회복하기를 바란다. 종교 영역에서 유래한 단어를 고안하시면, 교황은 '시장'을 '탈脫신격화'해서 '시장'이 다시 시장이 되기를 원한다. 그런데 이런 역신격화reverse apotheosis가 가능할까?

나는 가능하다고 믿는다. 실제로 이 과정이 진행 중임을 보여주는 징후가 존재한다. 하지만 우리가 '시장'이 대개 충분히 인식되지 않더라도 얼마나 제대로 작동하는 유사종교가 되었는지 이해할 때 이 과정이 진척될 수 있다. 앞으로 펼쳐지는 지면에서—종교사와 경제사 양쪽에서 일부 도움을 받아가면서—바로 이런 이해를 제공할 수 있기를 바란다.

2. 왕의 과학과 신의 과학

〔시장의 효율성에 관한〕논쟁에는 대부분 경험적으로 결정할 수 없는 신학적인 교의가 포함된다.

—존 캠벨, 앤드루 로, 크레이그 매킨리

신학은 전성기에 '학문의 여왕'이라고 불렸다. 반면 경제학은 지금도 이따금 '우울한 학문'이라는 꼬리표가 붙는다. 두 호칭 모두 전적으로 공정하지는 않다. 한때 지적 왕좌에 가깝던 신학자들은 이제 자신의 연구를 종주국보다 대화 상대자의 작업에 가깝게 생각한다. 경제학으로 말하자면 소스타인 베블런Thorstein Veblen과 리처드 헨리 토니Richard Henry Tawney, 존 케네스 갤브레이스John Kenneth Galbraith를 낳은 학문을 단조롭고 지루한 것으로 치부하기 어렵다. 심지어 현재 통용되는 '학문'이라는 용어가 두 분야 어느 쪽에든 적합한지도 의문이다. 이 책에서 우리가 탐구하는 질문은 두 지적 연구가 어떤 관계인가 하는 점이다. 뒤에서 살펴볼 텐데 그 답은 양자의 관계가 산발적이고, 소용돌이 모양이며, 때로는 소란스러웠다. 지금은 이 관계가 어디에 해당할까? 향후에는 어떻게 될까?

나는 경제학자들과 경제 이론가들의 논쟁을 조심스럽게 훑어보면서 점차 매혹에 빠졌기 때문에 이 분야 명망 있는 전문가들이 쓴《금융시장의 계량경제학 The Econometrics of Financial Markets》이라는 책에서 위와 같은 문장을 마주쳤을 때 얼마나 기뻤는지 상상이 갈 것이다.[8] 그러니까 '우울한' 학문에도 '신학적인' 차원이 존재한다! 내 생각이 입증되었다는 느낌이 들었다.

경제학자 조지 스티글러 George Stigler가 쓴《경제학자는 설교자다 The Economist as Preacher and Other Essays》라는 책을 발견했을 때는 내 생각의 정당성이 더 커지고, 호기심이 한껏 높아졌다.[9] 지은이가 시카고대학교의 유명한 록펠러기념예배당 설교단에서 표지에 실린 사진을 찍은 것이 인상적이(고 그림 같다)라는 생각이 들었다. 실제로 '록펠러'와 '예배당'이라는 단어가 나란히 있는 모습에 많은 암시가 담겼다. 처음에 낯선 신세계처럼 보이던 곳에 내가 중뿔나게 간섭한다는 느낌이 점점 줄었다.

하지만 점점 많은 책과 글을 읽을수록 나를 괴롭히는 문제가 있었다. 서구 역사에서는 사람들이 지금은 신학적으로 미묘한 논점처럼 보이는 문제를 놓고 칼과 불로 죽고 죽이던 때가 있었다. 신학자들은 예술 형식에 관한 논쟁술을 발전시켰다. 거대한 신비 현상에 관한 엇갈리는 해석의 반대론자들과 대변인들은 꼴사나울 정도로 맹렬하게 상대방을 뒤쫓았다. 어리석은 생각, 충분한 준비 부족, 우둔함 등 인신공격을 담은 경멸적 평가가 드문 일이 아니다. 루터는 교황을 '천박한 시골뜨기' '조잡한 멍청이' '사탄의 대변자'라고 불렀다. 이런 표현은 그가 교황에게 붙인 별명 가운데 그나마 점잖은 축에 속한다.

중동에서는 이런 신학자 사이의 증오odium theologicum 일부가 금세기까지 지속되었다. 이제 신학자들은 대체로 훨씬 더 섬세한 언어를 구사하며, 종파를 초월한 세계교회주의적인 상호 관계가 존재한다. 특히 교황의 지위에서도 무오류성의 어조가 사라지는 중이다.

오늘날에는 논쟁술이 예전처럼 신랄하지 않고, 독설도 과거처럼 통렬하지 않다. 신학자들의 논쟁은 더 섬세한 경향이 있고, 신학적 정확성이 부족한 죄를 범한 사람을 중세 종교재판처럼 화형에 처할 권한을 가진 사람은 아무도 없다. 물론 베네딕토 16세(당시에는 몬시뇰 요제프 라칭거Monsignor Joseph Ratzinger)는 신앙교리성성 장관일 때 일부 해방 신학자를 비난하고 파문했다. 이제 교황은 사람들을 화형대로 보내지 않는다. 더는 나뭇단이 불타오르는 일이 없다. 전체적으로 볼 때 신학자들이 구사하는 언어는 두드러지게 완화되었다. 경제학자들 사이에서도 이런 추세가 두드러질까?

글쎄, 항상 그런 것은 아니다. 앞선 시대의 신학에서 그랬던 것처럼, 오늘날 경제학자들은 당파와 학파를 나누는 데서 더 나아가 소학파로 집단을 구성하고 서로 비방하는 일을 즐기는 듯 보인다. 그리하여 보통 경제학의 토마스 아퀴나스라 할 수 있는 애덤 스미스에 의해 대표되는 이른바 '고전파 경제 이론'이 존재한다. 경제학의 토대를 마련한 스미스의 《국부론An Inquiry into the Nature and Causes of the Wealth of Nations》은 신학자들이 아퀴나스의 《신학 대전Summa Theologica》을 참조하는 것처럼 자주 인용된다. 하지만 '고전파 이론' 이후에 신고전파가 등장했고, 그보다 최근에는 이른바 '새 고전파' 경제학이 등장했다. 그 사이 어딘가에서 존 메이너드 케인스 이후 케인스주의 경제학이 나타났다(내가 문의한 일부 역사학자들에 따르면 케인스 본인은 열성적인 '케인스주의자'가 아니었던 것 같다). 그리고 신케인스주의자들이 나타났고, 필연적으로 이런 적대적인 분파를 결합하고 종합하려고 한 이들이 등장했다.

이번에도 이런 현인들의 글을 읽다 보니 묘하게 익숙한 지형이 눈에 들어왔다. 신학에서도 경쟁하는 학파들이 있고, 그중 일부는 창건자의 이름을 딴 것이다. 예를 들어 나는 신학 교육을 받는 동안 토마스주의(토마스 아퀴나스의 이름을 딴 것이다), 자크 마리탱Jacques Maritain과 에티엔 질송Étienne Gilson 같은 인상적인 사상가를 끌어들인 20세기 신토마스주의에 관해 배웠다. 개신교 쪽에는 루터 정통주의와 칼뱅 정통주의(둘 다 동방정교회와 혼동해서는 안 된다), 카를 바르트와 라인홀트 니부어Reinhold Niebuhr가 포함된다고 여겨지는 20세기 신정통주의(둘 다 이런 꼬리표를 마뜩찮게 여겼다)가 있었다. 나중에는 바르트주의자와 니부어주의자가 등장했고, 몇 년 전 예일대학교에서는 신바르트주의자의 신학 조류가 나타났다. 버락 오바마가 가장 좋아하는 철학자로 라인홀트 니부어를 꼽자 그가 얼마 동안 새롭게 인정받기는 했지만, 내가 아는 한 신니부어주의자는 존재하지 않는다.

적대적인 경제 이론 진영의 대표자들이 논쟁에서 구사하는 언어를 조금 공부하다 보니 장 칼뱅과 재세례파 사이에 벌어진 고약한 언쟁과 파스칼이 〈시골 친구에게 부치는 편지Provincial Letters〉에서 예수회에 던진 가시 돋친 말이 떠올랐다. 케인스주의자는 신고전파가 '암흑시대의 산물'이라고 비난한다. 신고전파는 케인스주의자(와 내 생각에는 신케인스주의자도)의 사고가 신빙성 없는 '동화'에 바탕을 둔다고 맞받아친다. 신학에는 분리파와 이단이 있지만, 경제학에는 기능적 대체자가 있는 것 같다. 이 대체자는 대개 유명 대학의 종신 재직권이 없고, 정평 있는 경제학 저널에 논문을 발표하는 일이 드물다.

논쟁에 걸린 돈을 생각하면 거친 언어가 동원되는 사실이 이해가 되고, 논쟁을 벌이는 당사자만 그런 것도 아니다. 삼위일체 세 위격의 정확한 관계에 관해 신학자들이 내리는 결정은 대다수 사람에게 죽음을 야기하지 않거나, 심지어 큰 관심도 끌지 못한다. 하지만 경제학자들이 내리는 결정은 말 그대로 생사를 좌우하는 문제가 될 수 있다. 프란치스코 교황이 결국 사람들이 굶주림으로 죽는 사태를 낳은 일부 재정 정책과 무역정책은 '살인하지 말라'는 계율을 위반하는 죄라고 할 때, 이는 결코 허투루 하는 말이 아니다.

많은 경제학자들은 자신의 발언이 중대한 정책 선택을 규정한다는 사실을 고통스럽게 인식한다. 한때는 신학도 그랬다. 주교와 교황과 설교자들이 군주에게 조언하고, 군주는 이런 조언을 유념한 때가 있었다. 성직자는 혼인 상태, 정의로운 전쟁, 우리가 지금 하는 논의에 중요한 노동 행위와 '공정가격' 요건 등의 문제를 결정했다. 이제는 그렇지 않으며, 수많은 가톨릭 주교와 보수적인 개신교도가 종종 동성 결혼이나 피임 같은 가정 문제에 기를 쓰고 달려드는 것은 아마 이 때문일 것이다. 정책 결정권자들이 더 커다란 문제에 관해서는 성직자에게 많은 관심을 기울이지 않다 보니, 성직자들이 애태우는 것도 이해는 간다. 오늘날 군주와 대통령의 신임을 받는 것은 고해신부가 아니라 경제학자다. 프란치스코 교황이 교회의 관심을 침실이 아니라 중역 회의실로, 피임이 아니라 빈곤으로 돌리려고 노력하는 것은 이런 사정 때문이기도 하다.

'시장'이 지배하고, 소심한 국가 정치인들이 매일 아침 일어나 다우

지수가 어떤지 묻는 시대에 경제학자의 훈계는 경청할 대상이다. 미국 대통령은 경제 자문 회의를 두지만, 성직자 비밀회의는 두지 않는다. 신학에는 노벨 기념상이 없다. 경제학 교의는 현실 세계에 실질적인 영향을 미치기 때문에 이런 사정이 이해가 간다. 예를 들어 고전파 경제학자와 케인스주의자 사이에 계속되는 논쟁을 보자. 고전파 경제학자가 지배할 때는 사적 경제에 대한 정부 간섭이 줄어드는 경향이 있지만, 케인스주의자가 득세할 때는 보통 국가 참여(와 지출)가 늘어난다. 이론, 심지어 경제학 이론은 지구 곳곳에서 무엇을 먹고 무엇을 먹지 않을까 하는 점까지 영향을 미친다. 선거가 치러지는 해에 "바보야, 문제는 경제야"라는 주문이 통하는 것도 이해가 된다.

과거 신학자들이 몰두한 문제는 심지어 생사를 넘어섰다. 그것은 불후의 삶이나 영원한 죽음과 관련 있었다. 오늘날 신학이 몰두하는 문제는 사람들을 지옥의 불길에서 구해내는 일과 관련이 적어졌다. 그보다 사람들이 가난의 굴레에서 벗어나거나 (그런 속박에 갇히지 않았다면) 시대의 공허와 진부함에 굴하지 않고 우리가 공유하는 이해를 인정하도록 도와주는 일과 관련이 있다. 구원은 여전히 중요한 관심사지만, 이제 어떻게 하면 인류를 자기 파괴에서 구하고, 지구를 인간에 의한 파괴에서 구할지에 대한 관심으로 표현된다.

이 문제는 경제학자들에게도 시급하다. 오늘날 자본주의에서 경제학자는 우리에게 통화를 안정하고, 실업을 줄이고, 불황을 모면할 방법을 말해주는 사람이다. 하지만 심각한 문제가 하나 있다. 성 바울이 묻는 것처럼 "나팔이 분명하지 않은 소리를 내면"[10] 어떻게 되겠는가? 전문가들이 구원으로 향하는 올바른 길이나 번영으로 가는 타당한 경로를 확인하는 데서 의견이 갈린다면 어떨까? 이 문장에서 '~하면 어떨까'라는 말을 지울 수도 있다. 경제학 전문가들의 견해차는 여러 세기 동안 존재했으며, 최근 글로벌 금융 위기와 불황으로 악화되었을 뿐이다. 아담과 하와가 사과 때문에 당한 불행을 뱀 탓으로 돌린 이래, 그런 손가락질과 비난의 물결이 땅을 휩쓴 일은 한 번도 없다.

이런 논쟁은 구체적인 정책 문제에 관한 것이다. 그 배경에는 결국 현실의 영역에 영향을 미치지만, 때로는 매우 비밀스러운 이론적 설전처럼 들리는 논의가 잠재한다. 여기서도 신학과 경제학의 유사성은 분명하다. 두 가지 중대한 쟁점을 살펴보는 게 유용하다. 하나는 신학의 쟁점이고 다른 하나는 경제학의 쟁점인데, 둘은 놀라울 정도로 유사성이 드러난다.

지난 200년 동안 가장 심각한 분열을 낳은 신학 논쟁은 '교황 무오류성'을 둘러싸고 벌어진 싸움이다. 이런 견해차는 1870년 1차 바티칸공의회〔1869년 12월 8일 개회, 1870년 10월 20일 정회 — 옮긴이〕에서 해결되었다고 주장되기 오래전에 생겨난 것이다. 로마가톨릭교회의 한 그룹인 교황지상주의자ultramontanist(북유럽에서 '산맥 너머', 그러니까 로마에 있는 사람에게 충성을 바치기 때문에 이런 이름을 얻었다)는 교황에게 더 많은 권한을 집중하는 한편, 프랑스혁명 이후 확산되기 시작한 반反교권주의와 민족주의적 분열에 대항하려고 했다. 교황지상주의 성원들은 교황을 신앙과 도덕 문제의 최종 심판자로 지정하면 이런 위협이 일부 진정될 것이라고 믿었다.

존경 받는 존 헨리 뉴먼 추기경John Henry Cardinal Newman(오늘날 그의 이름을 딴 가톨릭 학생 그룹이 수백 개에 달한다)을 비롯해 똑같이 헌신적인 다른 성직자들은 무오류성 개념이 혁신도, 새로운 고안물도 아니라면서 반대했다. 여러 세기 동안 분권화된 영적 권력을 부당하게 집중한다는 것이다. 그들은 무오류성이 결국 일종의 종교 권위주의로 이어질 것도 우려했다. 바티칸공의회 예비 표결에서 457명이 찬성표placet를 던지고, 88명이 반대표non placet를, 62명은 수정 조건부 찬성표placet iuxta modum를 던졌다. 그 후 반대한 주교 68명이 로마를 떠났다. 기록을 남기는 일을 피하려는 의도가 분명했다. 최종 표결은 433대 2로, 교황은 절대 오류가 없다고 선언되었다.

이 결정은 개신교도와 동방정교회 기독교인의 분개한 비판을 불러일으켰고, 지금까지 가톨릭과 언젠가 재결합한다는 희망을 가로막는 주된 장애물로 남았다. 가톨릭교회에서도 이 결정을 둘러싸고 분열이 일어났다. 실제로 무오류의 권력을 발동한 교황은 1950년에 성모 승천 교의를 반포한 비오 12세뿐이지만, 이 문제는 150년이 지나서도 들끓는다.

오늘날의 시각에서는 무오류성을 둘러싼 견해차를 제대로 파악하기가 쉽지 않을지 모른다. 하지만 경제학자들 사이에서 묘하게 비교되는 문제를 둘러싸고 비슷한 논쟁이 여전히 기승을 부리는 것을 보고 무척 흥미로웠다. 이처럼 논쟁적인 경제학 교의 항목의 창시자는 시카고대학교의 유진 파마Eugene Fama다. 그는 일련의 저서와 논문에서 '시장'은 현존하는 입수 가능한 모든 정보에 근거해서 작동하기 때문에 결코 틀리지 않다는 주장을 발전시켰다. 하지만 교황의 무오류성이 교황은 일정한 조건 아래서(즉 교황좌에서ex cathedra 신앙과 도덕의 문제에 관해 전체 교회를 상대로 발언할 때) 오류를 범하지 않는다고 변명의 여지를 남기는 것처럼, 시장 무오류 가설 역시 오직 '효율적인' '시장'에서 무오류성을 주장한다. 파마는 다음과 같이 말한다. "시장의 효율성이란 시장이 입수 가능한 모든 정보를 알고, 그것을 정확하게 활용한다는 뜻이다."[11]

두 교의를 비교하는 것은 흥미로운 일이다. 1차 바티칸공의회에서 교황의 무오류성을 결정한 이래, 이것이 '정말로' 무슨 의미인지 많은 논문과 책자가 나왔다. 가톨릭 신학자 한스 큉Hans Küng이 쓴 《무오류? 하나의 탐구Infallible? An Inquiry》가 그중에 손꼽히지만, 수많은 학문적 보고서가 교황의 거의 모든 발언으로 채워진다.[12] 무오류가 아니라면 이 최근의 발언은 얼마나 권위적인가? 무오류성에 등급이 있는가? 누가 결정하는가? 누가 결정할지는 누가 결정하나? 언젠가 교황이 신경쇠약으로 조현병에 걸리거나 가톨릭 교의의 한계를 훌쩍 넘어서는 것처럼 보이는 생각에 몰두하면 어떻게 될까? 교황이 이단이 되면 어떻게 될까? 과거에는 '대위교황antipope'〔교회법에 따라 선출된 교황에 대립하여 부당하게 교황위를 주장하거나 행사한 성직자. 대립교황이라고도 한다. ─옮긴이〕, 말하자면 이단으로 간주되어 베드로의 후계자 명단에서 소급적으로 이름이 삭제된 경우가 있었다. 교황이라도 하느님의 마음에 관해 알아야 하는 모든 것을 정말로 알지는 못한다고 말하는 게 더 안전하다. 마찬가지로 시장의 효율성의 실제 의미에 관한 토론은 계속 끓어오른다. 이 장의 제사에 등장하는 금융 교과서는 시장이 언제, 어떻게, 정말로 '올바른지' 둘러싼 논쟁을 인정하는 많은 사례 중 하나일 뿐이다.

이 두 가지 유사한 논의를 숙독할 때면 가끔 놀라운 결론에 거의 이를 뻔했다. 내가 아는 한 어떤 신학자나 경제학자도 내리지 않은 결론이다. 두 경우에서 '오류가 없다'와 '올바르다'는 우리가 통상적으로 사용하는 이 단어의 용법과 다른 방식으로 다시 정의된다. 두 교의가 이 단어에 부여하는 의미로 볼 때, 어떤 발언이 진실일 뿐만 아니라 오류가 없는 진실인 것은 단지 교황이 선언하기 때문이 아니라 교황이 사람들의 지배적인 정서(신학자들은 이것을 신앙 감각sensus fidelium이라고 부른다)를 귀로 들었기 때문이다. 많은 사람들이 의견이 일치하지 않아도 교황이 어떤 것을 공식 교의로 반포하면 그것은 새로운 의미에서 '진실'이 된다. 모든 가톨릭 신자들은 교의 반포 전날에 어떤 견해가 있었든, 이제 그것이 진실이라고 믿을 의무가 있다.

마찬가지로 '시장'은 (효율적일 때) 언제나 올바르다. '시장'은 원래 그런 것, 즉 구매자와 판매자, 투자자가 행하는 무수히 많은 결정의 정확한 반영이자 증류물이기 때문이다. 예를 들어 어떤 주식의 진정한 가치는 '시장'이 말하는 그대로다. 그 가치를 평가하는 다른 방법은 존재하지 않는다. 더 상위의 상소법원은 없다. 하지만 우리는 미친 교황이 등장하는 일에 비견되는 시나리오를 고찰할 수밖에 없다. '시장'은 가장 열성적인 옹호자들도 인정하듯이, 아무리 거대하고 복잡해도 인간이 고안한 것이다. 시장을 계절 변화 같은 '자연'현상으로 보는 사람들도 거의 흡사하지만, '보이지 않는 손'을 이야기한 애덤 스미스 같은 소수 사상가들만 시장이 신이 만든 것이라고 넌지시 말한다. 시장이 미칠 수 있을까? 가끔 미친다고 이야기하는 전문가도 더러 있다.

나는 이런 이중적인 딜레마를 벗어나는 길이 있다고 생각하지만, 그러려면 신학자나 경제학자가 특히 이름을 날리지 못하는 겸손이라는 자질이 필요하다. 고전적인 기독교의 7대 주선 중 하나인 겸손humilitas은 요즘 큰 인기가 없다. 하지만 해마다 점점 더 큰 부를 모으는 슈퍼리치와 자기주장 훈련의 시대에도 겸손은 죽지 않았다. 우리는 마더 테레사 같은 보기 드문 개인에게서 겸손을 목격할 때 여전히 겸손을 존경한다고 주장하는데, 이런 사람들은 대개 신앙의 힘으로 움직인다. 경제학자들 사이에서는 겸손이 거의 사라진 것처럼 보인다. 경제학자들은 중세 고위 성직자들이 보였을 법한 확신을 가지고 우리의 경제적 고통에 해답을 내놓는다. 언젠가 예외적인 인물을 발견했을 때 나는 상당한 안도감이 들었다. 경제학자 길드의 정식 회원인 데이비드 칼런더David Colander가 〈경제학자들은 어떻게 실수를 저질렀나How the Economists Got it Wrong〉라는 논문을 발표했을 때, 나는 그런 겸손이 어쩌면 생명 유지 장치에 매달린 지경인지 모르지만, 여전히 경제학계에 숨 쉬는 걸 보았다. 경제학자들이 그런 겸손을 자주 실천하지는 않아도 인정하는 것이다. 2008년 경제 위기 직후, 영국 신문 《텔레그래프》는 엘리자베스 여왕이 전에 런던정치경제대학을 방문했을 때 한 교수에게 왜 위기의 조짐을 아무도 눈치채지 못했느냐고 물었다고 보도했다. 여왕은 모호하고 완고한 대답을 들었을 뿐이다. 칼런더의 논문에서 우리는 여왕의 의문에 마땅한 대답인 '내 탓이오mea culpa'라는 말을 발견한다. 칼런더는 말한다. "우리는 실제보다 많은 것을 이해하는 척한다. 학계 경제학자들의 주류는 자신들이 이해하지 못한 (그리고 여전히 이해하지 못하는) 복잡한 체계를 이해하는 척했고, 일부는 실제로 자신이 이해한다고 믿었다. 따라서 그들은 자신의 사고와 주장을 겸손하게 표현하지 못했다."[13]

적어도 일부 경제학자들이 신학자들이 한때 횡단한 바로 그 길을 걷는 모습을 발견하는 것은 위안이 된다. 경제학자들은 자신의 실수를 인정하고, 실수를 통해 배우는 법을 발견할지도 모른다. 경제학자들은 동료 경제학자, 심지어 예전에 이단이나 주류의 바깥에 있는 존재로 치부된 이들의 말에 귀 기울이고 그들의 집단적 지혜를 우리 시대 가장 시급한 문제에 적용하는 법을 배울지도 모른다. 우리는 심지어 철학자, 신학자, 윤리학자가 이런 관심사를 함께 탐구하기 위해 신출내기인 경제학을 연구하는 시대의 귀환을 볼지도 모른다. 하지만 그런 방향으로 움직이려면 시장이 어떻게 '시장'으로 올라섰는지(시장이 어떻게 수많은 제도 가운데 하나에서 지금처럼 압도적으로 강력하고 준﹡신격화된 자리에 올랐는지)살펴볼 필요가 있다. 이런 신분 상승이 다음 장에서 다룰 주제다.

3. '시장'은 어떻게 신성한 존재가 되었는가

apotheosis: 명사. 1. 어떤 사람을 신의 지위로 높이거나 승격함.

— 랜덤하우스 영어사전

하느님께서 말씀하셨다. "너희는 모두 신들이고, '가장 높으신 분'의 아들들이지만, 너희도 사람처럼 죽을 것이고, 여느 군주처럼 쓰러질 것이다."

— 〈시편〉 82편 6~7절

종교와 '시장'의 관계는 분량이 많고 복잡한 대하소설이다. 이 관계는 언제 시작되었을까? 어느 날 크로마뇽인 남자가 뗀석기로 된 창끝과 사냥꾼이 갓 잡은 검치호랑이 고기 조각 하나를 맞바꿨다. 남자는 이 교환이 흡족해서 이튿날 아침 커다란 바위에 자기가 만든 다른 도구를 몇 개 펼쳐놓고, 지나가는 사람이 멈춰서 거래하기를 기다렸다. 이렇게 첫 번째 시장이 태어났는데, 대략 4만 3,000년 전의 일이다.

물론 이것은 꾸며낸 이야기고, 여느 신화가 그렇듯이 시간과 공간이 다른 차원에서 벌어진 일이다. 사실적인 근거는 전혀 없다. 이 이야기의 취지는 우리 시대의 어떤 특징을 설명하거나 정당화하고자 하는 것이다. 하지만 좋은 신화가 있고 나쁜 신화가 있다. 어떤 신화는 인간의 삶에 대한 우리의 빈약한 이해를 심화하는 반면, 다른 신화는 그런 이해를 모호하게 만들거나 왜곡한다. 내가 보기에 아담과 하와의 타락 신화는 지금 우리가 어떤 존재인지 중요한 이야기를 전해준다. 우월한 아리아인에 관한 나치의 신화는 사악하고 파괴적인 신화다. 크로마뇽인 남자와 그의 창끝에 관한 신화는 어떨까? 어떤 면에서 무해해 보이지만, 오늘날 이 신화가 흔히 활용되는 방식 때문에 나쁜 신화 범주에 속한다. 이 신화는 인상적이지만 위조된 계보를 구성하기 위해, 사실상 영원하고 '자연스러운' 시장의 특질을 주장하기 위해 악용된다.

역사에 아무런 근거가 없다고 해서 무조건 나쁜 신화가 되는 것은 아니다. 좋은 신화도 그런 특징을 보여준다. 이 신화를 활용하는 이들이 종종 이것이 역사적인 사실이라고 주장하기 때문에, 인류학과 역사학 연구를 통해 최초의 인간에게 시장이 없었음이 밝혀졌다는 사실을 기억하는 게 중요하다. 초기 인류가 만든 것은 시장이 아니라 사회 집단 내부의 '선물 문화'였다. 물론 누구든 선물을 받으면 결국 보답해야 했지만, 곧바로 교환해야 한다고 생각되지는 않았다. 그러면 주고받는 거래가 되기 때문이다. 물물교환은 오직 외부인을 상대로 한 것이라서 신뢰, 상호성, 공동체의 중요성 등이 더 근본적이고, 이 경우에 적절한 단어로 표현하면 더 '자연스럽다'. 시장 이전에, 심지어 물물교환이 등장하기 전에 이런 것들이 존재했다.

가장 원시적인 교환에서 두 사람이 만났을 때, 둘은 갈등뿐만 아니라 관계에서도 중첩되는 사회적·상징적 세계의 층위에 속했다. 두 사람은 이전에 만난 적이 있었을 테고, 나중에도 만나기 쉬웠다. 부족 간 연계가 확대됨에 따라 한때 주변적이던 상인의 역할도 커졌다. 하지만 조개껍데기나 구슬처럼 단순한 화폐 형태가 등장했을 때도 구매자와 판매자 모두 자기가 일정한 공통된 가정에 의존하는, 얽히고설킨 더 큰 세계의 일부임을 알았다. 창끝과 고기 조각의 교환이나 유사한 어떤 형태의 교환은 모두 몰역사적이다. 어떤 이들에게는 이것이 유용한 허구일지 모른다. '시장신' 종교에서 신학자들이 말하는 '기원 신화' 기능을 하기 때문이다. 이 신화는 시장가치가 근본적이며, 심지어 인간 영혼에 깊이 박혔음을 시사한다. 우리는 티셔츠에 적힌 문구처럼 '쇼핑하기 위해 태어났다Born to Shop'. 하지만 시장경제는 영원한 것이 아니다. 시장경제가 오랫동안 존재해왔다고 영구한 것은 아니며, 앞으로 우리와 함께할 것임이 보장되지도 않는다.[14]

크로마뇽인 창끝 판매자와 그의 석기 진열에 관해서는 이만하자. 증여가 판매에 길을 내주기 전에도 일부 종교 형태가 등장했다는 사실을 상기하는 것 역시 중요하다. 시장은 결국 중요한 인적 서비스를 수행했을지 모른다. 하지만 시장은 가족, 부족, 종교, 관습, 의례, 통치기구 등 수많은 제도에 둘러싸이고 제약받으면서 그런 일을 했다.

시장은 합창에 한 목소리를 기여했지만, 무반주 아카펠라 솔로를 하거나 알토와 테너의 목소리를 압도한 적이 없다. '시장'이 천상의 중심에서 한껏 즐긴 것은 최근 서양의 역사, 특히 지난 200년의 일이다. 그런 변화는 어떻게 생겼을까?

시간이 조금 걸렸다. 인간의 역사에서 시대는 언제나 몇 가지 핵심적인 은유나 은유의 그물망에 의해 정의되었다. 사람들은 종종 이런 보이지 않는 망을 통해 자신과 타인, 세상을 본다. 한 시대의 은유는 그냥 발명되지 않는다. 그것은 인간의 일상적인 노력의 갈등과 수렴, 일상생활이 펼쳐지는 밑바탕이 되는 더 넓은 삶의 지평에 대한 지각을 통해 자라난다. 철학자 찰스 테일러Charles Taylor를 비롯한 학자들은 최근 이 은유를 '사회적 상상social imaginary'이라고 부르기 시작했다. 루이스 멈퍼드Lewis Mumford는 역사학자들이 도구 제작자로서 인간을 지나치게 강조한 것 같다고 지적했다. 돌이나 부싯돌, 철로 만든 도구는 잃어버린 문명에서 살아남은 인공물이기 때문이다. 멈퍼드는 우리의 초기 선조는 도끼와 망치를 만드는 것 외에 종종 위협적인 세계를 이해하기 위해 기나긴 이야기를 만들기도 했음을 상기시킨다.[15]

인간은 도구 제작자이며 이야기꾼이다. 고고학자들은 도구를 찾아낼 수 있지만, 소리와 몸짓(이 요소를 바탕으로 종교가 만들어진다)으로 엮은 이야기는 사라졌다. 동굴 거주자들의 벽에 소용돌이처럼 장식된, 세심하게 그려진 그림에서 이 이야기의 내용을 흘끗 볼 수 있지만, 메아리는 거의 남지 않는다. 마음을 끌어당기면서도 분명히 포착하기 힘든 이 그림은 우리에게 거의 말을 건네지 않지만, 많은 것을 암시한다. 그림은 우리 선조의 상상 속 세계와 꿈의 세계가 풍부하고 복잡했음을 넌지시 말해준다.

1994년 프랑스에서 동굴 탐험가 장-마리 쇼베Jean-Marie Chauvet가 이런 동굴을 발견했다. 이 동굴에 있는 생생한 그림은 3만 년 전으로 거슬러 올라가, 다른 곳에서 발견된 가장 오래된 동굴 예술보다 1만 년 앞선 것이다. 독일 영화감독 베르너 헤어초크Werner Herzog는 쇼베 동굴에 관한 걸작을 만들고, 〈잊혀진 꿈의 동굴Cave of Forgotten Dreams〉이라는 의미심장한 제목을 붙였다. 이 영화는 심오한 질문을 던진다. 굶주림과 추위의 경계에 그토록 가까운 삶을 고수한 사람들이 왜 일렁이는 횃불에 의지해서 동물과 인간의 형태를 묘사하는 데 소중한 시간을 바쳤을까? 그들은 예측할 수 없고 위협적인 환경에 살았다. 야생동물과 벌레, 폭풍우를 피해야 했다. 사냥과 채집을 하다가 나중에는 씨앗을 심고 열매를 수확했지만, 삶은 언제나 불안정했다.

전혀 납득이 가지 않는 갑작스러운 번개나 지축을 울리는 천둥소리가 나날이 계속되는 일상에 어떻게 구멍을 내는지 상상해보자. 쇼베 동굴은 이 사람들에게 어떤 의미였을까? 그 전체적인 모습은 아무도 모르지만, 적어도 밀접하게 관련된 두 가지 기능을 한 것은 분명하다. 첫째, 동굴은 사람들이 한데 모이고 어쩔 도리 없는 유기체적·공동체적 삶의 성격을 환기하는 안전한 장소를 제공했다. 제정신인 사람이라면 감히 혼자서 사냥이나 채집을 하러 나서지 않았다. 사람들은 상대가 필요하다는 걸 알았다. 둘째, 동굴은 사람들이 끊임없이 자신을 위협하는 무서운 힘을 달랠 수 있는 장소를 제공했다. 쇼베 동굴의 한 통로 후미진 곳에는 크고 평평한 바위가 하나 있고, 양쪽으로 돌그릇처럼 생긴 구조물이 있다. 이게 무엇일까? 이 역시 아무도 확실히 알지 못하지만, 원시적인 제단이라는 데 학자들의 견해가 일치한다. 생생한 색채로 그려진 야생 들소와 인간 몸통에 에워싸인 이 구조물을 들여다보면 가슴이 쿵쾅쿵쾅 뛴다. 여기서 사람들은 어떤 잃어버린 의례와 주문을 읊조렸을까? 위협적인 힘을 막기 위해 어떤 식물이나 동물을 제물로 바쳤을까? 이곳은 성체성사와 유월절 만찬이 제일 먼저 치러진 장소일까?

동굴은 그 비밀을 드러내기 꺼린다. 하지만 우리 조상은 분명 손도

끼와 가죽 밀개hide-scraper를 만들었을 뿐만 아니라 상상하고, 꿈을 꾸고, 그림을 그리고, 기도도 했을 것이다. 《로스앤젤레스타임스》의 영화 비평가 케네스 투런Kenneth Turan이 말하듯이, 쇼베 동굴은 "인간적인 것과 신비적인 것이 손쉽게 얽히고설키는 신성한 장소"[16]다. 이 그림과 제단을 만든 사람들은 가족이나 부족 등 자신이 속한 집단의 안녕이 개인의 생존에 절대적으로 중요하다는 사실을 상기하기 위해 주기적인 의례가 필요했을 것이다. 무서운 세계에 직면한 그들은 그 세계에 일정한 의미를 투사하고, 세계가 최악의 행동을 하는 것을 막고, 자신들이 살아남을 수 있는 공간을 분명히 표시하기 위해 제한적이나마 힘닿는 데까지 노력했다. 그들은 인간의 이기적인 정념과 신의 변덕스러운 기분에 대처해야 했다. 그들의 삶을 채우는 세계world—은유metaphor는 안에서나 밖에서나 위험이 슬금슬금 다가오는 칠흑같이 어두운 숲이었다. 어떤 교환이든 집단 생존의 가치를 개인 이익의 가치보다 위에 두는 폭넓은 인간 기획의 상징적·의례적 요인에 둘러싸인 채 진행되었다. 시장과 제단은 둘 다 오랜 역사가 있다. 하지만 제단과 일정한 형태의 영성은 시장의 도래보다 먼저 일어난 것처럼 보인다. 때로는 우호적이고 때로는 적대적인 양자의 상호작용의 서사시는 진행 중인 드라마의 재료다.

부족에서 제국으로

한 걸음 한 걸음 마을과 마을로 모여든 부족 집단은 도시가 되었다. 강력한 도시는 약한 도시를 정복했고 제국이 생겨났다. 헨리 프랭크

포트Henri Frankfort 같은 고고학자들의 획기적인 연구를 통해 보았듯이, 고대 제국의 도시에서 구별되는 시장 공간을 찾기란 거의 불가능하다. 시장은 항상 도시의 물리적 중심인 사원 구역에 자리했다.[17]

예수가 끈으로 채찍을 만들어 예루살렘신전에서 환전상을 쫓아낸 유명한 일화를 떠올려보라. 환전상이 펼쳐놓은 상을 뒤엎고 그들을 강도라고 꾸짖은 이야기는 오랫동안 엄청난 오해를 받은 주제다. 많은 설교자들이 예수가 신성한 장소의 담장 안에서 이런 상업 활동을 한다고 비난했다고 주장했다. 이는 명백한 오독이다. 그 전이나 후의 여느 신전처럼 이 유대교 신전에도 담장, 즉 바깥마당 안에 다양한 물건을 파는 사람들이 사용하는 장소가 있었다. 무엇보다 희생 제물로 사용하는 짐승과 새를 파는 장사치가 많았다. 순례자들은 팔레스타인과 로마제국의 멀리 떨어진 여러 지역에서 왔으니 서로 다른 돈을 갖고 있었을 것이다. 예루살렘 지역 화폐로 짐승 값을 치러야 하니 '환전'은 필수적인 서비스를 제공했다. 예수는 왜 적어도 잠시나마 환전상 문을 닫게 만들었을까?

예수가 의례 제물에 반대했기 때문은 아니다. 실제로 다른 구절에서 예수는 신전에 제물을 바치러 가는 길인데 이웃에게 원한을 품었다면, 우선 그 이웃과 화해하고 그다음에 신전으로 가서 제물을 바치라고 말한다. 예수가 환전상에게 채찍을 휘두른 것은 그들이 하는 장사나 희생 의례에 반대했기 때문이 아니라, 그들이 받는 수수료가 터무니없이 비쌌기 때문이다. 그들은 '강도들의 소굴'이 되었다. 예수는 그들이 가난하고 무방비 상태인 순례자를 속이고, 신전의 사제들이 환전상이 버는 수입에서 자기 몫을 쏠쏠히 챙긴다는 걸 알았을 것이다. 다시 말해 예수는 유서 깊지만 종종 위반되는 종교 관행을 지키라고 강요한 것이다. 타산적인 이윤 추구자의 약탈에 맞서 약하고 힘없는 이들을 보호하라는 것이다. 예수는 이 책에서 우리가 추적하는, 가난한 이를 편드는 성서 속 하느님과 '시장신'의 기나긴 투쟁에서 한 일화를 보여주었다.

고대 세계가 점차 중세로 접어듦에 따라 쇼베 동굴과 고대 제국의 종교는 (적어도 서구에서는) 기독교에 흡수되었다. 이 시점에 이르면 야생동물은 이제 큰 걱정거리가 아니다. 굶주림의 위협은 여전했지만, 먹거리를 훈제해서 보관할 수 있었다. 대다수 사람들은 제멋대로 뻗어 나가는 장원과 영지에 속한 마을에 살았다. 이 체제에서 개인은 사회적 위계의 바로 윗사람에게 충성을 바쳤다.

맨 꼭대기에는 '머리', 즉 토지의 주인인 국왕이나 주교, 교황이 있었다. 그 아래는 귀족과 성직자 집단이 있었다. 그들은 전투하는 손과 심장이자, 기도하는 무릎이었다. 상인, 땜장이, 행상인은 곳곳에 흩어져서 사람들이 직접 만들지 못하는 재화와 용역을 분배했다. 맨 밑바닥에는 다리, 즉 매일같이 동틀 녘부터 해 질 녘까지 터벅터벅 일터를 오가는 농민이 있었다. 이론상 이 모든 부분이 맞아떨어져서 유기적 통일체를 구성했다.

거의 보편적인 신앙에 의해 규정된 중세 사회에서 성서에서 유래한 지배적인 은유는 인체의 은유다. 하지만 이것은 단순한 물리적 신체가 아니다. 모든 부분은 공통된 영적 목적을 공유하기 때문에 맞아떨어졌다. 성 바울은 이런 사고의 주된 권위자다.

그런데 실은 하느님께서는, 원하시는 대로, 우리 몸에다가 각각 다른 지체를 두셨습니다. …… 몸의 지체 가운데서 비교적 더 약하게 보이는 지체들이 오히려 더 요긴합니다. 그리고 우리가 덜 명예스러운 것으로 여기는 지체들에게 더욱 풍성한 명예를 덧입히고, 볼품없는 지체들을 더욱더 아름답게 꾸며줍니다. 그러나 아름다운 지체들은 그럴 필요가 없습니다. 하느님께서는 몸을 골고루 짜 맞추셔서 모자라는 지체에게 더 풍성한 명예를 주셨습니다. 그래서 몸에 분열이 생기지 않게 하시고, 지체들이 서로 같이 걱정하게 하셨습니다.

—〈고린도전서〉 12장 18, 22~25절

중세 사람들에게 신체의 이미지는 강력하지만 불안정하기도 했다. 크로마뇽인에게 그랬듯이 위협은 엄습했다. 이제 천둥소리나 번쩍이는 번개가 위협이 아니었다. 그것은 끓어올라서 신체 각 부분을 하나로 묶는 취약한 구조를 잠식할 수 있는 인간의 정념이었다. 분노, 정욕, 탐욕, 탐식은 몸에 해독을 끼치고, 하나의 목적을 위해 머리와 심장과 다리를 서로 묶어두는 끈을 썩게 만들 수 있었다. 동굴 대신 교회와 성당이 용기와 동정심, 아량 같은 덕을 구현하는 모범적인 인물의 이미지로 채워진 채 하늘로 뻗었다. 벽도 가고일gargoyle〔기독교 교회 처마 끝의 홈통 등에 괴물 모양으로 만든 석상—옮긴이〕과 괴물로 장식되었다. 공동체의 건강을 위협하는 탐욕과 탐식, 시기심 같은 악덕을 상징한다. 천국과 지옥의 이미지인 성자와 가고일이 교회 안팎의 벽감에 자리잡았다. 쇼베 동굴에서 샤르트르대성당으로 이어지는 길은 멀고 멀지만, 우리는 그 길을 추적할 수 있다.

오늘날 관광객이 관찰할 수 있듯이, 샤르트르대성당은 여느 성당처럼 열린 광장에 면해 있다. 시장이 말 그대로 성당 건물 정면의 그림자 안에서 번성했다. 하지만 상업과 여행과 순례가 증가함에 따라, 선조들이 고대 세계에서 그랬던 것처럼 진취적인 상인들이 일부 시장 기능을 성당과 멀리 떨어진 곳으로 옮겨 갔다. 처음에는 이런 이동이 일시적인 것이었다. 오늘날 팔라펠 노점상이 돌아다니는 것처럼, 행상인이 사람들이 있는 곳으로 옮겨 다녔다. 행상인은 인기 있는 순례지에 노점과 가판대를 세우고 음식과 음료, 행인을 유혹할 만한 모든 상품을 사라고 외쳤다. 성인 기념일이나 축제가 끝나면 이런 상점을 쉽게 철거해서 자리를 옮겼다. 오늘날 관광객은 루르드나 파티마 같은 순례 성지에서 장사꾼이 판치는 것을 보며 기분이 상하는 모양이지만, 처음 성지가 됐을 때부터 그곳에는 장신구나 음료, 종교 공예품을 파는 사람이 있었다.

강과 마찻길이 합류하는 지점마다 점차 상설 시장 천막촌이 등장했다. 고대의 또 다른 관습이다. 시장을 뜻하는 수메르의 표의문자는 Y로, 교차점을 의미한다. 하지만 어디서 등장하든 시장은 신전 담장 안에서 장사할 때부터 통용된 도덕적·종교적 제약 아래 거래해야 했다. 도시와 자치구 그리고 회원들이 '공정가격'이라는 신학적 개념과, 엄지손가락으로 슬쩍 저울을 누르고 이중 바닥을 깐 바구니를 사용하는 사기꾼에 속지 않게 구매자를 보호해야 한다는 인식을 내면화하던 길드와 동업조합이 이런 제약을 강제했다. '구매자가 조심해야 한다caveat emptor'는 인식은 주지의 사실이지만, 구매자는 자신의 신중함뿐만 아니라 파렴치범의 약탈에서 자신을 보호해주는 도덕적 교훈의 오랜 전통에도 도움을 받았다. 당시 사람들은 시장이 자동적으로 자기 조정을 한다는 사고를 기괴하게 받아들였을 것이다. 거래자나 구매자, 판매자는 모두 그 세계를 떠받치는 토대에 엮인 신뢰, 예절, 의무가 가정된 관계에서 거래했다. 인류학자 데이비드 그레이버David

Graeber가 지적하듯이, 우리가 물건을 산 뒤 "고맙습니다" "감사합니다"라고 말하는 습관은 (완전경쟁에 따라 가격이 정해지면 거래하는 어느 쪽도 상대방에게 호의를 베푸는 게 아니라고 보는 경제 세계에서는 불필요하겠지만) 이런 넓은 맥락을 상기시킨다. "인간이란 어떤 존재이며 서로 어떻게 신세를 지는지에 관한 일정한 가정"을 공유하는 맥락 말이다. 그레이버는 낯선 사람에게 길을 묻고, 상대가 아무 대가를 기대하지 않고 자기 지식을 공유해주기 바라는 단순하고 흔한 행위는 우리가 행하는 모든 금전적인 거래의 밑바탕이 되는 상호 의존과 사회적 평화에 대한 약속을 기본적으로 인정한다는 점을 증명한다고도 말한다.[18]

도시가 성장함에 따라 구매와 판매 역시 기하급수적으로 늘어났다. 시장은 약사나 속기 쉬운 사람을 등쳐 먹는 것을 막기 위해 고안된 명시적인 규칙이나 전통적인 제약의 힘을 앞질렀다. 왕궁의 국왕과 제위의 황제들은 종종 한때 성전이 그랬듯이 시장을 통제하려고 했다. 이런 왕들은 화려한 왕궁을 짓고 전쟁을 치르기 위해 돈을 빌려야 하기 때문에 상인과 (그들이 나중에 무대에 등장했을 때는) 금융 업무를 다루는 이들이 필요했다. 투자자와 은행가는 기꺼이 돈을 빌려주었지만, 그 대가로 애초에 그런 돈을 버는 것을 가로막는 갖가지 장애물을 왕이 치워주기 바랐다. 거래의 기본 원리는 분명했다. 국왕 폐하께서 사제와 길드, 돈벌이를 가로막는 다른 이들을 치워주신다면, 우리는 기꺼이 폐하께서 가용할 수 있는 돈을 마련해드리겠습니다. 물론 이자는 두둑하게 쳐주셔야지요. 바야흐로 세상이 바뀌었다. "이제는 카이사르가 아니라 돈이 전부다"라고 말한 12세기의 수사 알랭 드 릴Alain de Lille〔라틴어 이름은 알라누스—옮긴이〕이 약간 과장했는지 모르지만, 그는 분명 선견지명이 있었다. 왕좌와 제단은 통치 기구의 자리를 증권거래소와 회계 사무소에 내주었다.

우리는 이제 시장이 신전의 제약을 받고 사람들이 탐욕을 의심하던 쇼베 동굴이나 샤르트르대성당에서 멀리 떨어져 있다. 중세가 저물기 시작하면서 완전히 새로운 정신이 퍼져 나갔다. 루이스 멈퍼드는 다음과 같이 말했다.

> 도매시장이 확대됨에 따라 …… 화폐와 신용의 도움으로 상당한 투기 이윤을 추구하면서 삶에 대한 새로운 태도가 성장했다. 금욕적인 규칙성과 투기적인 사업, 체계적인 탐욕과 뻔뻔한 자부심이 결합된 것이다. 중세를 지배한 주제가 보호와 안전이라면, 새로운 경제는 계산된 위험의 원칙에 토대를 두었다.[19]

이제 멀리 떨어진 도시들 사이에, 심지어 다른 민족들 사이에도 교역이 발전함에 따라 묘하게 새로운 현상이 나타났다. 담보대출, 환전, 운송보험, 합자 사업 등이 등장했다. 지폐가 황금 자루를 대체했다. 역사학자들이 말하는 '추상적 시장'이 시야에 들어왔다. 신용장을 비롯한 여러 '증서'가 등장함에 따라 노점과 가판대는 필요 없어졌다. 돈으로 돈을 벌고 빚을 져서라도 돈을 벌 수 있다면, 무자비함과 사기에 매혹된 이들을 보호하기 위해 지나치게 커진 돈 상자를 억제할 가능성은 줄었다. 이제 구매자와 판매자, 차용인과 대부자가 만나서 암묵적이거나 공공연한 도덕규범 안에서 거래할 필요가 없었다. 클릭한 번으로 세계 어디서든 수십억 달러를 예치하거나 인출할 수 있는 시대가 열릴 토대가 마련되었다. 주택 담보부 증권과 차입 매수leverage buyout의 씨앗이 뿌려졌다. 멈퍼드가 묘사하는 '새로운 태도'는 도덕론자와 규제론자의 최선의 의도를 물리치기 위해 눈부신 기술과 결합되었다. 정말로 구매자가 조심해야 한다.

오늘날 시장을 단순히 특정한 구역이나 여러 사회제도 중 하나라고 생각하는 것은 도움이 되지 않는다. 우리는 새로운 '시장주의' 시대에 산다. 이제 '시장'은 우리의 사회적 상상에 구석구석 스며들었다. 태도의 변화는 모든 것에 영향을 미쳤다. 물리적 시장은 제한된 관습이나 규제와 함께 도시를 벗어났고, 아예 물리적 공간에서 벗어났다. 새로운 계산 습관이 예술과 가정생활에 침투했다. 종교 역시 이런 변화에 영향을 받았다. 이런저런 죄를 씻기 위해 며칠 동안 연옥을 견뎌야 하는지, 일정한 값을 치르고 관면이나 면벌부를 사면 그중 며칠을 지울 수 있는지 계산하는 관행은 이런 재무적 사고가 완벽하게 논리적으로 연장된 것이다. 밀라노에서는 성당 광장 맞은편에 거대한 시장(역사상 최초의 쇼핑몰)이 세워졌다. 이 시장은 모든 면에서 교회를 빼닮았다. 본당 회중석은 신자들이 거닐 수 있게 비바람을 막아주는 통행로가 되었고, 관례적으로 각기 다른 성인에게 바쳐진 양옆 제단은 상점들이 상주하는 공간이 되었다. 두 건물은 지금도 포장도로 양편에서 마주 보며, 관광객은 두 건물의 사진을 찍고 비둘기들이 퍼덕거린다. 하지만 어떤 동등성도 오래 지속되지 못했다. 18세기 말에 이르면, 성서의 하느님과 신격화된 '시장'의 기나긴 갈등이 끝난 것처럼 보였다. '시장'이 승리를 거둔 것이다. 오늘날 도시 건축은 이런 이야기를 들려준다. 대다수 서구 도시에서 강철과 유리로 된 보험회사와 금융 대기업의 고층 건물이 아무리 큰 교회의 첨탑도 멀찍이 내려다본다.

기나긴 경쟁이 완전히 끝난 것은 아니고, 이따금 종교와 도덕의 가치를 '시장'에 다시 끼워 넣으려는 시도나 심지어 인생에 행복을 안겨주는 것을 분배하는 다른 방법을 찾으려는 시도가 어렴풋이 나타났다. 군림하는 '시장'을 폐위하고, 과거처럼 명예롭지만 전능하지는 않은 지위로 되돌리려는 운동이 일어나고 있다. 1891년 레오 13세가 〈레룸노바룸Rerum Novarum〉이라는 회칙에서 노동자의 단체교섭권을 주장한 것처럼, 역대 교황들은 강한 어조로 회칙을 발표했다.[20] 20세기 첫 번째 10년에 침례교 목사 월터 라우셴부시Walter Rauschenbusch는 뉴욕의 우범 지구인 '헬스 키친Hell's Kitchen'에 있는, 자신이 재직하는 교구에서 목격한 상황에 충격을 받아 뒷날 '사회적 복음'이라는 이름이 붙은 개념을 주창했다. 기독교의 원리를 경제에 적용하자는 것이다. 라우셴부시는 자신의 메시지를 표현하기 위해 간혹 거의 묵시록적인 언어를 구사하기도 했다. "19세기가 우리를 위해 자연의 힘을 통제해준 것처럼 20세기가 우리를 위해 사회적 힘을 통제할 수 있다면, 우리 후손은 지금 우리의 사회적 삶을 반*야만으로 간주하는 것이 마땅한 사회에 살 것이다." 그는 기독교인에게 "악의 속박을 끊고, 현존하는 전대미문의 경제적·지적 자원을 참된 사회적 삶의 조화로운 발전으로 돌려라"라고 요구했다. 라우셴부시는 헬스 키친에서 자신이 목격한 비참한 광경은 뿌리 깊은 구조적 부정의로 야기된 것임을 깨닫고 민주적 사회주의에 공감했다.[21]

라우셴부시의 영향을 받으면서도 한 걸음 더 나아간 저명한 개신교 신학자 라인홀트 니부어는 자본주의의 부절제를 가차 없이 비판하는 글을 썼으며, 사회당 후보로 뉴욕주 상원 의원에 출마하기도 했다. 니부어의 동료 폴 틸리히Paul Tillich는 미국으로 이주하기 전에 독일에서 '종교 사회주의' 운동을 창건하는 일을 도왔다. 2차 세계대전이 끝나고 프랑스의 가톨릭 인사 수십 명이 '노동자 사제'가 되어 공장과 항만 노동자 사이에서 생활하며 일했다. 무엇보다 중요한 점으로, 2차 바티칸공의회 직후 '해방신학' 운동이 라틴아메리카 전역에 급격히 확산되면서 교회와 지배 엘리트의 오랜 동맹에 도전했다. 해방신학은 요한 바오로 2세를 비롯한 여러 교황이 억제하려고 분투하는 가운데 몇 년 동안 번성하면서 아프리카와 한국으로 퍼져 나갔다. 최근에 프란치스코 교황이 교지에서 해방신학의 중심 주제를 강조하고 몇몇 핵심 인물을 공개적으로 지지함에 따라, 해방신학이 다시 크게 주목받는다. 간혹 해방신학 운동을 창설한 신학자로 여겨지는 페루의 구스타보 구티에레스Gustavo Gutiérrez 신부, 멕시코 치아파스의 사무엘 루이스Samuel Ruiz 주교, 순교한 산살바도르의 대주교 오스카 로메로Óscar Romero 등이 대표적인 인물이다. 이런 운동이 일시적으로 부상하는 것을 보면, 이 장에서 개략적으로 살펴본 경쟁하는 신들의 장기적인 냉전이 언제든 열전으로 바뀔 가능성이 있음을 알 수 있다.[22]

신과 '시장'의 오랜 대결은 아직 끝나지 않았다. 이 대결을 이해하려면 '시장'이 사람을 창조하는 능력처럼 전통적으로 신의 속성으로 간주되던 힘을 어떻게 가로챘는지 탐구할 필요가 있다. 다음 장에서 이 문제로 돌아가자.

4. '시장'은 사람을 어떻게 창조하는가

하느님이 당신의 형상대로 사람을 창조하셨으니, 곧 하느님의 형상대로 사람을 창조하셨다. 하느님이 그들을 남자와 여자로 창조하셨다.

—〈창세기〉 1장 27절

하느님이 아담을 창조했을 때(성서 이야기에는 이렇게 되어 있다) 흙한 줌을 떠서 사람 모양을 만들고 숨을 불어넣으니 첫 번째 인간이 만들어졌다(〈창세기〉 2장 7절). 얼마 뒤 하느님은 아담의 갈비뼈로 하와를 만들었다. 어떻게 보면 이렇게 해서 인간을 창조하는 일이 마무리되었지만, 다른 면에서 보면 이 첫 번째 쌍은 긴 과정의 첫 단계에 불과하다. 아담과 하와가 단순한 인간 존재에 만족하지 못함을 드러내고 '하느님처럼' 되기를 원했을 때(〈창세기〉 3장 5절) 하느님은 그들을 동산에서 쫓아냈고, 그들은 이제부터 자신이 신과 달리 죽음을 면치 못하는 것을 계속 깨달으며 에덴의 동쪽에 살아야 했다.

이 오랜 이야기에 담긴 온갖 기묘한 언어의 이면에서 인간이란 존재는 무엇인가에 관한 두 가지 점이 두드러진다. 첫째, 우리의 필멸성, 더 정확히 말해서 필멸성에 대한 인식은 우리의 의식을 날카롭게 규정한다. 이는 우리가 인간으로서 갖는 특수성을 이루는 가장 중요한 특징일 것이다. 진화 과정에서 분명히 인간이라고 할 수 있는 생물이 언제 나타났는가 하는 문제를 두고 골몰하는 인류학자들은 때로 인류의 등장을 최초의 묘지 표석이 나타난 시점으로 생각한다. 가장 진보한 침팬지조차 동료가 죽으면 동요하는 듯 보이지만, 그 주검이 누운 곳에 돌을 쌓는 일은 하지 않는다. 침팬지가 자신도 언젠가 죽는다는 사실을 안다는 걸 보여주는 증거는 전혀 없다. 동물학자들은 늙은 코끼리가 덤불을 지나 '자기들이 죽는 장소'로 터벅터벅 간다는 이야기도 똑같다고 확인한다. 말 그대로 우화라는 것이다. 자신이 언젠가 죽는다는 사실을 안다고 일부 문화에서 그런 것처럼 반드시 내세에 관한 고찰이 생기는 것은 아니다. 하지만 현생의 의미라는 문제에 '정신을 집중'한다.

〈창세기〉 이야기가 보여주는 다른 통찰은 사람은 자신이 내린 결정에 책임을 지기 전에는 완전한 인간이 아니라는 것이다. 아담과 하와가 쫓겨난 것은 금지된 과일을 맛본 행동 외에도 그 뒤에 서로 책임을 떠넘겼기 때문이다. 아담은 과일을 딴 죄를 재빨리 하와에게 돌렸다. 하와는 뱀이 자기를 속였다고 책임을 전가하려 했다. 조물주는 이런 파렴치한 손가락질을 그냥 두지 않았다. 아담과 하와는 금지된 과일을 먹은 자신의 행동에 책임져야 했다. 이제 낙원은 불타는 검을 든 천사가 버티고 서서 가로막았고, 아담과 하와는 자신의 필멸성을 인식하고 자기 행동에 책임지는 피조물로 살아야 했다. 이것이 인간의 조건이다.

정확히 말하면, '시장신'과 이 신이 만들어낸 법의 정신이 권세를 얻을 때까지 이런 것이 인간의 조건이었다. 지금 시대에 우리는 새로운 '창조 신화', 새로운 인간의 창조를 목도한다. 이 새로운 인간이 가진 힘은 최초의 부부와 그 후손 수십억 명의 힘을 극적으로 넘어선다. 최근 몇 년 사이에 가속화되었지만, 이번에도 이 과정은 점진적인 것이다. 이런 진보가 진행되는 동안 '시장신'은 새로운 사람에게 생명을 불어넣으며, 아담과 하와가 얻지 못한 불멸성과 책임 없음blamelessness을 부여한다. 후자는 법률 용어로 '유한책임'이라고 한다. 여기서 내가 말하는 것은 법인 기업과 그 법적 정의가 복잡하게 얽힌 대하소설, 즉 '시장신'이 주권의 정점에 다다른 뒤에야 가능해진 역사다.

아폴론, 디오니소스, 아테나 등 그리스 종교와 신화에 등장하는 신은 인간의 모든 약점을 보여준다. 신은 남을 속이고 질투하기도 한다. 게다가 (미천한 인간과) 사랑에 빠지고, 죽일 듯한 원한을 품는다. 하지만 큰 차이가 하나 있다. 신은 죽지 않는다.[23] 신은 불사의 존재다. 이제 새로운 인간을 보라ecce homo novus, 현대의 법인corporation-person을 보라. 지난 세기에 장황하게 얽힌 법률과 판례를 통해 등장한 현대의 법인 기업은 제우스와 아테나 같은 올림포스산의 지위에 다다랐다. 법인 기업은 생명을 무기한 이을 수 있다. 법인 기업을 창설하고 조직하고 경영하는 미천한 인간은 나이 들어서 죽지만, 법인 기업은 여전히 존재한다. 법인 기업은 마법의 영약이나 청춘의 샘, "나사로야, 나오너라!"라고 외치는 목소리가 필요하지 않다. 3월 15일Ides of March〔카이사르가 암살당한다고 예언된 날―옮긴이〕을 두려워할 필요가 없다. 법인 기업은 애초에 유통기한이 무제한으로 창조되었다. 한 '인격'으로서 법인 기업은 적어도 하느님이 흙 한 줌으로 만든 불완전한 인간 원형에 비해 뚜렷한 진보를 보여주는 것 같지만, 더 많은 것이 존재한다.

구식 모델에 비해 상당한 변화를 나타내는 새로운 법인의 다른 특징은, 많은 경우 법률이 법인에 '유한책임'을 부여한다는 것이다. 이 것은 흥미로운 개념이다. 아담과 하와는 역사적인 '하느님 대 최초의 쌍God v. Primal Pair' 사건에서 유한책임에 호소하려 한 것 같다("뱀이 저한 테 말했습니다. …… 그렇지만 여자가 저한테 말했습니다."). 이 사건에서 재 판관인 조물주는 그 호소를 받아들이려 하지 않았다. 하와는 아이 낳 는 고통을 떠안고, 아담은 이마에 땀 흘리며 땅을 갈아야 하고, 뱀은 땅바닥을 배로 기어 다니는 운명을 받은 채 낙원에서 쫓겨났다. 인간 (혹은 뱀)에게는 에덴동산에서나 거기서 쫓겨난 뒤에나 유한책임이란 없었다.

이 문제의 근원에는 신학이 인간의 조건에 일관되게 부여한 사고 한 쌍이 놓였다. 첫째는 '자유의지', 둘째는 '죄'다. 둘 다 과거에 한 차 례 이상 진부한 것이라고 선언되었다. 심리학의 여러 결정론은 우리 가 자유의지라고 생각하는 것이 환상이라고 가르친다. 우리는 진화나 조기 배변 훈련, 시냅스에서 이루어지는 화학적 상호작용 등에 의해 행동하도록 조종된다. 죄의 개념 역시 걸핏하면 시대에 뒤진 것이라 는 선언을 받았다. 때로는 빅토리아시대 일부 훈계에서 죄가 사소한 도덕 위반으로 축소된 경우처럼 죄를 추방하는 일이 정당화되었다. '죄'라는 단어가 향수나 초콜릿 아이스크림에 따라붙기 시작했을 때, 신학 분야에 속한 우리는 이 개념이 크게 뒤틀렸음을 깨달았다.

하지만 '죄'라는 단어가 아니면, 그 단어가 가리키는 현실이 그처럼 쉽게 무시될 수 없다. 이 단어는 우리가 인간으로서 자각하는 역설적 인 곤경, 즉 우리가 자유로운 선택을 한다는 걸 깨닫지만 어느 신학자가 말한 '실존적 소외'와 '비극적 얽힘tragic entanglement'에 빠졌음을 인식한다는 사실을 가리킨다. 폴 틸리히나 라인홀트 니부어 같은 현대신학의 거장들이 '죄'를 도덕주의적으로 환원하는 것을 비난하면서 죄의 절대적 필요성을 주장한 것은 이 때문이다.[24] 인간의 최초 모델을 새롭게 주조된 법인 모델과 비교해보면, 그 차이가 너무나 분명하다. 구식 인간은 우리가 꿈틀거릴수록, '비극적 얽힘'에도 우리는 자기 행동에 책임이 있다(책임져야 한다)는 걸 깨닫는다. 자유의지와 죄와 책임이라는 사고는 떼려야 뗄 수 없이 연결되었다.

법인은 필멸성으로 고통 받지 않기 때문에, 많은 경우 자기 행동에 유한책임을 주장할 수 있기 때문에 성 바울이 말한 '죄와 죽음의 법'이 적용되지 않는다. 이런 이례적인 특성 외에도 '시장'이 창조한 '인격'은 어느 작가가 '변신shape shifting'이라고 말한 또 다른 특징이 있다. 비교종교학, 특히 민속 종교를 연구하는 우리 같은 사람들은 이 개념에 익숙하다. 예를 들어 인간이 코요테나 사슴으로 변할 수 있는 힘은 일부 아메리카 원주민의 세계관에서 필수적인 요소다. 하지만 다른 많은 지역에서도 이런 변신 능력이 나타난다. 이런 능력은 늑대 인간과 커다란 검은 박쥐와 사람이 거의 자유자재로 바뀌는 최근 뱀파이어 영화의 팬들에게도 널리 알려졌다.

법인의 세계에서 변신은 다음과 같은 방식으로 작동한다. 법인 기업은 불멸의 존재지만, 예를 들어 성가신 소송을 피해야 할 때는 다른 법인 기업으로 들어가는 식으로 간단히 몸을 숨길 수 있다. 이 과정은 부분적으로 변신이지만, 화신化身과도 기괴한 유사성이 있다. 그 결과 이전의 법인은 사멸하는 게 아니라 이전의 형태로 '존재'하지 않을 뿐이며, 이전에 한 행동에 책임을 지지 않아도 된다. 단언컨대 존 딜린

저John Dillinger와 화이티 벌거Whitey Bulger는 이런 능력이 무척 갖고 싶었을 것이다.

법인이 자신의 변신 능력을 어떻게 활용할 수 있는지 생생하게 보여주는 사례가 인도 보팔에서 벌어진 악명 높은 참사다. 1984년 12월 3일, 마디아프라데시주에 있는 이 소도시 시민들은 자정 직후에 군중이 거리로 몰려나오는 소리와 이웃의 비명에 깼다. 몇 분 전에 유니언카바이드Union Carbide 공장에서 발생한 사고로 사이안화칼륨(청산가리)보다 독성이 500배나 높은 가스 27톤이 유출된 것이다. 경고 조치가 전혀 없었다. 공장의 안전 예방책은 작동하지 않았다. 유독가스가 거리를 휩쓸고 집 안까지 침투하면서 사람들의 눈과 코와 목이 타들어갔다. 일부는 즉사했다. 많은 사람이 방광과 장을 제어하지 못했다. 다른 이들은 피가 섞인 가래를 토하거나, 숨이 막히거나, 눈이 멀었다. 사람들은 공포에 빠졌다. 앞이 보이지 않아 더듬더듬 움직이는 사람들이 서로 걸려 넘어졌다. 불과 몇 시간 만에 거리가 시체로 넘쳐났다. 사망자가 2만 명에 달하는 것으로 추산되었다.

보팔 참사 생존자들은 법원에 시정과 손해배상을 호소했다. 이 사건은 이런저런 이유로 8년이 지난 1992년에야 비로소 재판에 회부되었다. 유니언카바이드는 '과실치사죄'로 기소되었고, 이후 변신이 시작되었다. 처음에 회사는 기소에 대응하기를 거부하며 보팔 공장은 엄밀히 말해서 인도 해당 주의 소관이라고 주장했다. 사건은 계속 질질 끌었다. 2001년에 마침내 변신 혹은 부분적 화신이 이뤄졌다. 다우케미컬Dow Chemical이 유니언카바이드를 인수한 것이다(공교롭게도 다우케미컬은 베트남전쟁에서 미국이 사용한 고엽제 '에이전트 오렌지agent orange'를 처음 만든 기업이다). 다우는 보팔 사건에 대한 모든 책임을 부정하면서 생존자에게 배상하거나 여전히 가스의 영향을 받는 지역을 정화하는 일을 거부했다. 다우는 이제 유니언카바이드가 존재하지 않는데, 있지도 않은 회사에 어떻게 책임을 물을 수 있느냐고 주장했다. 사건이 질질 끄는 동안 약 12만 명이 가스 때문에 병에 걸렸다. 사건은 전혀 해결되지 않았다. 코요테는 사슴으로 변신한 뒤였다.

슈퍼히어로에 비견할 만한 속성을 지닌 법인격person-corporation의 창조는 아무 논란도 겪지 않았다. 상법 저널을 중심으로 이 주제에 관한 충실하고 흥미로운 문헌이 여럿 있다. 법인격에 관한 설명은 때로 성서 같지는 않더라도 열정적이다. 한 법학자는 찬가를 부를 정도가 되어 법인의 구성 부분을 각자 책임이 있는 인체의 머리와 손발에 비교한다. 그의 설명을 읽다 보면, 기원전 1600년경 우주만 한 남자로 묘사되는 푸루샤Purusha에게 바쳐진 힌두 베다의 찬가가 떠오른다. 푸루샤는 다른 신들에 의해 희생 제물이 되었는데, 그의 신체 부위에서 다양한 카스트(일명 바르나Varna)가 만들어진다. 머리는 브라만(사제 계급), 팔은 크샤트리아(전사), 몸통은 상인인 바이샤, 다리는 노동자인 수드라가 된다. 완고하게 지속되는 인도의 카스트는 이런 고대 신화에 뿌리를 두는데, 간디를 비롯한 개혁가들이 이 제도를 폐지하는 데 실패한 것은 어느 정도 이런 사정 때문이다.

법인이나 사회를 인체에 비유하는 것은 널리 퍼진 발상이다. 기독교 성서에 익숙한 사람은 이번에도 〈고린도전서〉 12장에서 성 바울이 한 말이 어렵지 않게 떠오를 것이다.

몸은 하나의 지체로 되어 있는 것이 아니라, 여러 지체로 되어 있습니다. 발이 말하기를 "나는 손이 아니니까, 몸에 속한 것이 아니다" 한다고 해서 발이 몸에 속하지 않은 것이 아닙니다. 또 귀가 말하기를 "나는 눈이 아니니까, 몸에 속한 것이 아니다" 한다고 해서 귀가 몸에 속하지 않은 것이 아닙니다. 온몸이 다 눈이라면, 어떻게 듣겠습니까? 또 온몸이 다 귀라면, 어떻게 냄새를 맡겠습니까? …… 하느님께서는 몸을 골고루 짜 맞추셔서 모자라는 지체에게 더 풍성한 명예를 주셨습니다. 그래서 몸에 분열이 생기지 않게 하시고, 지체들이 서로 같이 걱정하게 하셨습니다. 한 지체가 고통을 당하면, 모든 지체가 함께 고통을 당합니다. 한 지체가 영광을 받으면, 모든 지체가 함께 기뻐합니다.

—〈고린도전서〉 12장 14~17, 24~26절

하지만 〈고린도전서〉에 담긴 평등주의 정신과 반대로, 법인격을 구성하는 각기 다른 기관은 종종 매우 상이한 가치를 부여받는다. 법인은 때로 가장 낮은 직급에 형사 기소를 초래할 수 있는 행동을 떠맡긴다. 로버트 멍크스Robert Monks와 넬 미노Nell Minow의《기업 거버넌스Corporate Governance》에 따르면, 이런 관행은 실제로 "성공적인 형사소추가 거의 불가능함"을 의미한다.[25] 법인격을 구성하는 여러 층위가 어떤 관계를 맺는지는 의견이 크게 갈린다. 일부 판사는 법인은 그것을 구성하는 사람들과 동일하다고 생각한다. 하지만 영국 같은 나라에서는 판사들이 법인은 하나의 "생명체"이며, "법적으로 그 구성원의 인격과 구별되는 인격이 있고, 영국 국민으로서 영국 법원에 소송을 제기할 수 있다"고 주장한다.[26] 다른 판사들은 전혀 그렇지 않다고 말한다. 법인은 교수형에 처하거나 투옥할 수 없다는 것이다. 법인은 의도와 행위성이 없고 자신만의 의식도 없다. 그러므로 법원은 법인에 책임을 지워서는 안 되고, 그 개별 구성원에게 책임을 돌려야 한다.

소송에서 강조의 대상을 '법인'이 아니라 실제로 조사 중인 결정을 한 개인에게 둔다는 사고는 2015년 9월 미국 법무부가 연방 검사들에게 새로운 정책 지침을 내렸을 때 많은 이들이 보기에 지지를 받았다. 법무부는 지침에서 검사들에게 주택 대란이나 금융 붕괴, 기타 여러 법인 기업 스캔들에 관련된 실제 중역에 좀 더 초점을 맞추도록 지시한다. 대규모 금융 붕괴 이후 진행된 법인 기업 수사 내내 일부 법인 기업에는 고액의 벌금이 부과되었지만, 실제로 징역형을 산 기업 중역은 하나도 없다. 예를 들어 프랑스 최대 은행인 BNP파리바를 대상으로 한 형사사건에서 은행은 벌금 89억 달러를 내야 했지만, BNP 직원 가운데 기소 당한 사람은 한 명도 없었다.[27]

이런 현실이 미국 법무부가 새로운 지침으로 시정하고자 한 딜레마다. 미국 법무부 장관 샐리 예이츠Sally Yates는 말했다. "법인 기업은 육체를 가진 인간을 통해 범죄를 저지를 수 있습니다. 이런 범죄를 저지른 책임이 있는 사람에게 책임을 묻는 것이 공정한 일이지요." 새로운 정책은 법인 기업에게 고발된 중역의 "직급이나 지위, 연공"에 관계없이 소추를 지속하는 데 필요한 증거를 제출할 것을 촉구한다. 예이츠 장관은 말했다. "'개별 책임자를 내놓아야 한다'는 말은 진심입니다."[28]

이 새로운 지침이 얼마나 효과를 발휘할지는 지켜볼 일이다. 법무부의 발표는 어느 정도 상징적인 것이다. 법무부는 메시지를 보내고자 한다. 하지만 법무부가 지침을 내린 수많은 검사들은 이 지침을 적용하는 데 상당한 재량권이 있다. 관련된 법인 기업은 소추를 늦추거나 아예 좌절시킬 유능한 변호사를 떼거리로 활용할 수 있다. 흔히 기업이 조사받는 일이 생기면 해당 기업의 법무 팀이 자체 수사에 맞먹는 '내부 조사'를 하는데, 그에 따른 약점도 고스란히 존재한다. 변호사들은 이후 자신이 밝힌 내용을 법무부에 전달하는데, 모종의 합의로 마무리되고 벌금을 내는 경우도 있다. 과거에 은행을 비롯한 기업들은 합의된 이후에도 개별 직원에 관한 정보를 내주지 않아서 직원을 처벌하는 게 아예 불가능했다. 유능한 변호사들로 구성된 대부대가 갖가지 장치를 활용해서 높은 급여를 받는 고객이 잠깐이라도 수감되는 사태를 막는 상황에서, 심지어 미국 법무부도 모든 법적 대결에서 대단히 어려운 도전에 직면한다. 따라서 법인격과 그것을 구성하는 사람들의 불가사의한 관계를 둘러싸고 끝이 보이지 않는 논쟁이 계속된다.

때로 법인격의 본성에 관한 이런 논쟁을 읽다 보면 기독교 역사에서 이어진 삼위일체의 성격에 관한, 종종 난해한 논의가 떠오른다. 이 문제는 뒤에 다시 다룰 것이다. 한편 법인격이 무엇인가라는 정의는 결코 고정되지 않는다는 점을 지적해야 한다. 미국 법원은 법인 기업이 주인공인 '시장'의 긴급한 요구에 부응하여 법인의 '인격'을 확장해 왔다. 법인 기업은 미국 헌법 수정 조항 1·4·5·7조에 따라 권리를 얻었다. 법인 기업은 일사부재리를 적용받으며, 배심재판의 권리를 누린다. (누가 법인격의 '동료 시민'일까?) 영장 없이 수색이나 체포당하지 않을 권리도 부여받았다. 법인격 개념은 또 정치의 장으로 이동했는데, '시장' 영역에서 보면 정치의 장은 '시장'이 시자된 경제의 장과 점점 분리하기 어려워진다. 이런 이동은 2010년 미국 대법원이 판결한 '시민 연합 대 연방 선거관리위원회Citizens United v. Federal Elections Commission' 사건에서 정점에 달했다. 이 사건은 뒤에 다시 다룰 것이다.

앞에서 언급한 것처럼, 이런 논쟁적인 역사를 찬찬히 읽다 보면 삼위일체에 관한 논의의 메아리를 감지할 수밖에 없다. 기독교에서는 초기 교부들이 유대교의 유산과 그리스-로마의 환경에 의지한 채, 신성을 지녔다고 믿기에 이른 예수를 유대교의 일신론과 어떻게 화해시킬 수 있는지 끼워 맞춰야 했다. 오순절에 강림한 성령도 신성이 있다고 믿었기에 교부들은 더 복잡한 딜레마에 빠졌다. 삼위일체를 설명하기는 쉬운 일이 아니었다. 하느님이 하나면서 동시에 셋일 수 있는가?

이 문제는 적어도 400년 동안 서구 교회를 괴롭혔으며, 여전히 해결되지 않았다. 많은 견해가 제시되었지만 그중 세 가지가 지배적이었다. '양자론자Adoptionist'는 예수가 세례를 받기 전에는 보통 사람이었다고 가르쳤다. 하늘이 갈라지자 비둘기 한 마리가 내려왔고, 예수는 하느님에 의해 아들로 입양되었다. (비둘기는 지금도 기독교 미술과 도상에서 성령의 주요한 상징이다.) 최근에 양자론의 주장을 강화하는 새로운 증거가 밝혀졌다. 학자들이 "너는 내 사랑하는 아들이다. 내가 너를 좋아한다"(〈마가복음〉 1장 9~13절)는 구절에 사용된 단어들이 당시 법적 입양에 사용된 법률 문구에서 빌려온 것임을 밝힌 것이다. 유감스럽게도 그들은 현대 성서 연구가 등장하기 1,500년 전에 이런 주장을 펼쳤기 때문에 당시 이런 사실을 알지 못했다.

삼위일체 논쟁에서 두 번째 학파인 사벨리우스파Sabellian는 이에 동의하지 않았다. 그들은 성부와 성자와 성령은 동일한 신의 세 양태로, 말하자면 우주의 연극에서 이 셋이 각기 다른 역할을 한다고 주장했다. 사벨리우스파는 결국 이단 선고를 받았지만, 여전히 이 견해를 옹호하는 사람들이 있다. 이들은 그리스 연극에서 다른 인물을 묘사하기 위해 각기 다른 가면을 쓰고 무대에 오르는 배우의 비유를 즐겨 사용한다. 가면 안에는 동일한 배우의 얼굴이 있는 것이다.

세 번째 입장은 3세기 알렉산드리아의 유명한 사제이자 신학자인 아리우스Arius의 추종자들이 주장한 것이다. '아리우스파'라고 불린 이들은 논리적 궁지의 탈출구를 찾으려 하면서 세 위격은 동격이고 실체가 같으며, 그리스도는 물론 하느님의 아들이라고 말했다. 하지만 그들은 "그리스도가 하느님의 아들이 아닌 때가 있었"는데, 그 시기는 세상이 창조되기 전이라고 주장했다. 이런 주장은 삼위일체 신조를 작성하면서 동격인 세 위격에서 영원히 삼위일체가 존재했다고 주장하는 엄격한 삼위일체론자를 만족시키지 못했다.

마침내 잇따라 열린 교회 공의회에서 삼위일체 교의의 주된 윤곽이 정해졌고, 이에 동의하지 않는 이들은 파문당했다. 하지만 논쟁은 결코 끝나지 않았다. 이 문제는 세 위격이 정확히 어떤 관계인지에 대한 질문이 되었다. 말하자면 세 위격은 각각 본업이 있는가—예를 들어 성부는 창조하고, 성자는 대속代贖하고, 성령은 위안을 주는가? 엄격한 삼위일체론자는 그렇지 않다고 주장했다. 그러면 그리스 연극의 역할 연기나 마찬가지가 되기 때문이다. 세 위격이 모든 걸 다할까? 그렇다면 왜 세 위격이 존재할까? 이는 해결해야 할 또 다른 주장이지만, 그 사이에 푸아티에의 힐라리오Hilary, the Bishop of Poitiers(300~368)가 삼위일체의 세 위격의 관계에 관한 고전적 정식화가 된 답을 제시했다. 힐라리오는 '골고루 돌아간다'는 뜻이 있는 그리스어 'perichoresis'를 사용했다. 그는 세 위격이 "서로 상대를 포함해서 하나가 영원히 감싸고, 그것이 감싸는 나머지 위격에 의해 영원히 감싸진다"고 말했다. 현대 독자에게 이 말은 신학적 명료화보다 선불교의 공안公案에 가까워 보일 것이다. 하지만 이 정식화는 오늘날까지 많은 교과서에서 삼위일체 신학의 주춧돌로 남았다.

이런 힘찬 논증은 결코 기독교 진영에 국한되지 않았다. 힌두교 사상은 각각 우주의 창조자, 보호자, 파괴자인 브라흐마, 비슈누, 시바에 관해 이야기하는데, 세 신의 관계에 대한 논의는 수천 년 동안 계속되었다. 힌두 사상에 심오한 지식을 갖춘 인도의 가톨릭 신학자 레이먼드 파니카Raymond Panikkar는 기독교의 삼위일체 교의가 옳은 것은 현실 자체가 세 부분으로 구성되기 때문이라고 말했다. 힌두교도는 기독교인이 등장하기 오래전에 이런 사실을 깨달았다는 뜻이 담겼다.

간혹 기독교인이 참된 유일신론자가 아니라고 의심하는 유대인도 예외는 아니다. 몇 년 전 나는 예루살렘의 하트만센터Hartman Center에서 저명한 유대교 신비주의 연구자의 감독 아래 몇몇 학자들과 그룹으로 공부했다. 그가 어느 날 우리에게 중세 이슬람의 논박 문서 영어 번역본을 건네주었다. 이슬람교도가 코란에서 주장한다고 믿는 엄격한 일신론을 고수하지 못하는 유대인을 통렬하게 비난하는 내용이었다. "알라 외에 다른 신은 없다……." 논박 문서는 하느님의 자비가 하느님의 심판과 논쟁하는 유대교 문헌을 인용했다. 이런 논쟁은 순수한 유일신과 달라 보였다. 선생님이 질문을 던졌다. "자, 이슬람교도가 틀렸을까요?" 우리는 잠시 주저했다. 선생님이 말했다. "아닙니다. 그들이 옳았어요. 보세요, 유대교 사상에도 삼위일체론의 맹아가, 아니 공공연한 삼위일체론이 있고, 항상 있었습니다. 이 이슬람교도는 뭔가 알았어요. 그러니 여러분 기독교인은 삼위일체를 여러분이 독점한다고 생각하면 안 됩니다."

현대인은 이 모든 이야기가 어쩔 도리가 없을 정도로 난해하게 들리겠지만, 이런 논쟁은 법인의 내적·외적 구성 부분('인격')에 관해 방금 이야기한 얽히고설킨 논란에 비하면 단순하기 짝이 없다. 이 논의에는 교부들이 필적하지 못할 만큼 난해한 내용이 담겼다. 하지만 나는 이 논의를 생각하면서 어느 정도 이해하는 데 도움이 되는 한 가지 방식을 찾아냈다. 발달심리학의 렌즈를 통해 이 논의를 바라보는 것이다.

법인격은 대다수 인간처럼 상이한 성숙 단계를 거친다고 이해할 수 있을까? 법인격도 우울증이나 망상증에 빠질까? 혹은 발달 지체나 정체성 위기를 겪을까? 이 분야 연구자나 임상의의 연구에서 몇 가지 유용한 통찰을 얻을 수 있다. 장 피아제Jean Piaget와 에릭 에릭슨Erik Erikson이 좋은 본보기다. 두 사람 모두 유아기에서 청소년기, 성인기를 거쳐 노년기까지 표준적인 궤적을 작성했는데, 일부 개인은 한 단계에서 다음 단계로 넘어가는 일이 어려울 수 있다고 말한다. 하지만 이 사상 학파를 법인에 적용하려는 나의 시도에서는 피아제와 에릭슨에게 영향을 받은 로런스 콜버그Lawrence Kohlberg의 선구적인 연구가 가장 적절해 보인다. 그의 연구는 법인, 특히 미국 법인 기업의 험난한 역사와 현재 법인 기업의 위치에 관해 많은 시사점을 준다.

콜버그는 인간의 도덕 발달에서 일곱 단계를 발견했다. 첫 번째 단계는 '복종과 벌'이라고 부른다. 대다수 어린이들이 이런 식으로 추론한다. 어린이는 도덕을 성인이 만드는 규칙을 준수하는 것으로 생각한다. 어린이는 벌을 피하기 위해 이 규칙을 따른다. 두 번째 단계는 '개인주의와 교환'이라고 부른다. 이제 좀 더 자란 어린이는 선택을 요구하는 상황에서 질문을 한다. 단순히 벌을 피하는 게 아니라 가능하면 관련된 다른 사람에게 지지를 받고, 더 나아가 그 대가로 뭔가를 받기 위해 어떻게 하면 내 최선의 이익을 가장 잘 찾을 수 있을까?

10대에 이르면 어린이는 자신에게 중요한 사람, 특히 가족이나 공동체, 또래 집단과 좋은 관계를 유지하는 관점에 치우쳐서 생각한다. 어린이는 단지 관계를 다듬는 게 아니라 모든 사람이 필요로 하는 신뢰 구조를 유지하기 위해 행동한다. 이 단계에서 어린이는 동기를 더욱 인식하고, 종종 어떤 도덕적 행위자의 내적인 의도가 무엇인지 식별하려고 노력한다. 이 시기는 성인기로 나아가는 단계를 뚜렷하게 표시하지만, 발달하는 개인의 지평은 아직 어느 정도 한계가 있다.

사람이 청년기에 접어들면 도덕적 추론의 네 번째 단계가 나타난다. 이제 이 사람은 가까운 주변 집단이 자신이 내리는 선택에 영향을 받을 뿐만 아니라, 전체 사회의 구조도 그 선택의 영향을 받는다는 사실을 깨닫기 시작한다. 임마누엘 칸트까지 거론하지 않더라도 사람들은 이런 질문을 던질 수 있다. 모든 사람이 이런 식으로 행동하면 어떤 일이 벌어질까? 이전 단계에서 존재한 자기 자신을 넘어서는 영향에 대한 인식은 여전히 작동하지만, 이미 친밀한 집단 자체가 확대되었다. 이 단계는 보통 다음 단계와 뒤섞이는데, 다섯 번째 단계에서는 도덕적 추론이 사회의 상호적인 배치는 물론 사회 전반의 건강과 활력까지 시야에 넣는다. 이것은 분명 어느 정도 진정한 성숙과 최소한 일정한 추상적 사고 능력이 필요한 추론 방식이다. 이제 단순히 내가 선택을 해서 어떻게 그 네트워크를 유지하는가 하는 문제가 아니라, 나의 선택으로 어떻게 그 네트워크를 개선하거나 손상하는가 하는 문제가 된다.

콜버그는 연구의 한 시점에서 여섯 번째인 '보편적' 단계를 묘사했다. 이 단계에서 개인은 전체를 위해 자신의 권리나 특권, 심지어 생명까지 희생할 각오가 되었다. 하지만 그는 간디나 마틴 루서 킹 주니어 같은 극소수 개인이 이런 경지에 이른다는 사실을 인정했기에 도덕 발달의 정상적 단계를 그린 도표에 이 단계를 포함하지 않았다.[29]

도덕 발달단계에 관한 콜버그의 선구적인 연구 관점에서 보면, 법인 기업은 독특한 양상을 띤다. 법인 기업은 1790년대 미국에서 처음 설립되었을 때 소규모였고, 특별한 목적을 위해 각 주에서 인가를 받았다. 이 기업들의 주식은 보통 해당 기업의 활동에 적극적인 관심을 보일 수 있는 지역 주민이 샀다. 설립 취지문에는 보통 기업이 어떤 식으로 운영되어야 하는지 규정되었고, 이 기업들은 영원히 존재하도록 설립되지 않았다. 무엇보다 법인 기업에 설립 허가를 내준 정부는 기업이 대중에 의해 허가를 받았기 때문에 분명히 대중에게 일정한 책임을 져야 한다고 주장했다. 다시 말해 주주shareholder뿐만 아니라 이해당사자stakeholder(법인 기업이 이해를 충족해야 하는 사람과 기관)도 있었다. 초창기 법인 기업은 태어날 때부터 평범한 사람이 성장하면서 획득하는 일부 특질을 갖춘 것 같다.

갓난아기와 어린이는 요람과 어린이집에 머무르지 않는다. 그리고 법인 기업은 성장함에 따라 부모의 감독에 반기를 들었다. 여느 부모들이 인정하듯이 두 살 때 인간이 나타내는 단계에 들어선 것이다. 법인 기업은 덩치가 훨씬 더 커지고 부와 정치적 영향력을 쌓으면서 이윤 획득에 부당하게 간섭한다고 여기는 정부 감독을 물리치는 데 성공했다. 이런 변화는 그 유명한 '강도 귀족robber baron'의 시대를 열었다. 철도와 석유, 기타 여러 산업의 정력적인 수장들은 재력과 높은 테스토스테론 수치를 내세워 정부의 지나친 감독을 물리칠 수 있었다.

이런 현상을 대다수 부모가 익숙한 청소년 발달단계, 그러니까 늦은 시간까지 돌아다니고 시끄러운 음악을 연주할 수 있는 자신의 권리를 질식시킨다고 여기며 제약을 벗어던지려고 애쓰는 많은 10대와 비교할 수 있을까?

이런 상황에서 부모의 역할을 떠맡은 사람이 바로 시어도어 루스벨트다. 그는 강도 귀족의 기행에 대한 대중의 분노가 치솟은 상황에 편승해서 법인 기업이 생겨날 때 있던 제약을 일부 복원하려고 했다. 1901년 첫 연두교서에서 테디(시어도어의 애칭—옮긴이)가 말했다. "거대 법인 기업이 존재하는 건 이 기업들이 우리의 제도에 의해 설립되고 보호받기 때문입니다. 따라서 법인 기업이 이런 제도와 어우러져 움직이도록 감독하는 것은 우리의 권리이자 의무입니다."[30] 루스벨트가 노력하고 다른 많은 요인이 작용한 결과, 청소년기의 혈기 왕성한 법인 기업들은 적어도 당분간, 어느 정도는 길들여졌다.

미국 법인격의 불균등한 성숙 과정에서 다음 단계는 '경영자 혁명managerial revolution'이라고 불렸는데, 아돌프 벌리Adolf Berle와 가디너 민스Gardiner Means가 영향력 있는 저서를 통해 대중의 관심을 불러일으킨 것이다.[31] 두 저자는 법인 기업이 몸집이 커지고 일부는 이례적인 규모로 커질 때, 그 전에 주식을 사서 엄밀히 말해 소유주가 된 사람들이 어떻게 더는 이 기업들을 운영하는 실질적인 권한을 행사하지 못했는지 보여준다. 그들은 부재지주에 해당하는 '수동적인 소유주'가 되었다. 그 결과 소유주들이 처음에 자신의 이익을 지키기 위해 고용한 전문 경영자들이 자신(경영자)의 이익을 우선순위로 지켰다. 경영자들은 때로 자체적인 이사회 성원을 선출했는데, 그중에는 다른 법인 기업의 최고경영자도 있었다. 일부 최고경영자는 심지어 자체 이사회 의장이 되었다. 당연히 중역의 연봉이 급등했다. 주주들은 기업과 떨어진 곳에 분산된 터라, 이런 경영자의 궁정 쿠데타를 좌절시키기 위해

할 일이 거의 없었다. 법인 기업 내부에서 경영자와 주주들이 다툼을 벌이면 결국 이 기업 일부가 몰락했겠지만, 아주 약삭빠른 조치가 취해졌다. 경영자의 급여 일부를 스톡옵션으로 지불하는 결정이다. 이런 조치는 주주와 경영자의 재정적 이해가 어느 정도 겹칠 것임을 의미했다.

하지만 이 계획에는 심각한 결함이 하나 있었다. 이 두 집단이 유일한 이해 당사자가 아니었다. 피고용인, 공급자, 소비자, 지역사회, 국가, 지구 전체(생태 위기가 발생하는 시기에는 충분히 고려할 가치가 있는 이해 당사자로 보인다)도 이해 당사자였다. 이런 다른 이해 당사자들은 경영자와 주주의 새로운 유착 관계에서 전부 어느 정도 무시되었다. 자기중심적이고 이기적인 자격 부여가 폭발할 무대가 마련되었다. 이런 현상은 젊은이들, 특히 특권 계층 출신 젊은이들 사이에서는 생소한 증후군이 아니다. 심리학자 로버트 콜스Robert Coles는 이 연령과 계급 부류에 속한 많은 젊은이를 연구하고, 그들의 사고방식을 묘사하기 위해 '나르시시즘적 자격 부여narcissistic entitlement'라는 용어를 만들었다. 이런 사고방식은 경영자와 주주가 생산성 이익을 나눠 가지면서 다른 이해 당사자는 거의 고려하지 않는 법인 기업과 유사한 특징처럼 보인다.

이 단계에서 사람이나 법인이 자신의 이해관계와 이익을 세계 전체는 아닐지라도 더 큰 사회의 이해관계나 이익과 동일시하는 것은 강력한 유혹이다. 제너럴모터스의 화려한 최고경영자 찰스 윌슨Charles Wilson은 유명한 말을 했다. "제너럴모터스에 좋은 것은 미국에도 좋은 것이며, 미국에 좋은 것은 제너럴모터스에도 좋은 것이다." 하지만 법인 기업이 점점 더 나르시시즘에 빠지는 바로 그 순간에도 기업 공동체 안에서 성숙한 목소리와 도덕적 관점이 더 넓은 목소리를 들었다. 1981년 비즈니스라운드테이블Business Roundtable은 법인 기업 경영진은 정책 결정 과정에서 "모든 운영 결정과 정책 결정이 법인 기업의 구성원 각각에 미치는 영향"을 염두에 둬야 한다고 말했다. "이 모든 구성원에 대한 책임이 전부 사회에 대한 책임을 구성하는데", 여기에는 일자리를 제공하고 경제 전체를 세우는 것이 포함된다.[32]

이 선언은 모든 법인 기업이 실행할 수는 없는 일종의 이상을 구성한다. 이런 이상적 목표와 심상이 성숙 과정에 필수적이라고 주장한 발달심리학자 에릭 에릭슨은 '정체성 모델'이라는 용어를 만들었다. 이 용어는 사람들이 성숙함에 따라 대개 부모인 한 사람이나 여러 사람을 염두에 두면서 때로 무의식적으로 닮으려고 한다는 사실을 보여준다. 하지만 임상 심리 치료사로서 에릭슨은 환자들이 의지하는 모델이 단순히 아버지가 아니라 아버지의 모델이며, 결국 이것은 이전 모델에서 끌어온 것임을 거듭 지적함으로써 정체성 형성 과정을 종교와 문화의 영웅과 성자를 포함한 역사로 옮겨 갔다. 다시 말해 에릭슨이 보기에 완전한 인간이 된다는 벅찬 과제는, 단순히 내적인 심리적 과업이 아니다. 그것은 문화와 역사 속에 한 층위로 묻혔다.

에릭슨은 유아에서 노년까지 다양한 단계를 관통하는 경로에 관해 다른 어떤 것도 발견했다. 그는 사람들이 너무나 쉽게 고착되거나 탈선한다는 사실을 간파했다. 사람들은 개인적이고 사회적인 여러 이유 때문에 청소년에서 청년기로, 성인기에서 노년기로 힘든 이행을 교섭하는 데 실패하게 마련이다. 그러면 사람들은 방향을 잃고 '정체성 위기'를 드러낼 수 있다. 이 용어 역시 에릭슨이 고안했다. 때로는 어떤 사람이 자신이 같이 사는 이들의 변하는 요구와 기대에 부응하기 어렵다는 걸 깨달으면서 이런 일이 발생한다. 이런 일이 생기면, 이런 요구와 기대를 일부 차단하고 한결 축소된 몇 가지 의무에 초점을 맞추기가 너무나 쉽다. 피터 팬처럼 성장하는 것은 원하지 않고 영원한 아이puer aeternus로 남고 싶어 하는 10대는 이런 인격 유형의 고전적인 표현을 나타낸다. 이것은 카를 구스타프 융의 심리학 연구에서 두드러진 역할을 한 유형이다.

에릭슨이 보기에 정체성 위기는 한 단계에서 진창에 빠져 다음 단계로 나아가기 위해 자원이나 상상력을 발휘하지 못하는 상태일 수 있다. 이런 상황은 개인이 거친 물결이나 변화된 환경, 전례 없는 도전에 직면할 때 발생한다. 1970~1980년대 미국 법인 기업들은 바로 이런 상황에 맞닥뜨렸다. 2차 세계대전에서 승리한 뒤 글로벌 시장이 활짝 열리고 달러가 기축통화로 자리 잡으며 승승장구하던 미국 기업들은 갑자기 일본과 유럽에서 부활한 튼튼한 경제와 맞닥뜨려야 했다. 토요타와 폭스바겐이 심지어 미국 도로에서도 포드와 쉐보레를 밀어냈다. 뒤이어 중국이 눈부시게 부상하면서 미국 제품보다 훨씬 싼 소비재와 의류, 전자 제품을 쏟아냈다.

이제 경영진-주주의 협력은 비즈니스라운드테이블의 고결한 이상을 신봉하지 않는 정책 결정에 직면했다. 이윤 극대화가 중심 무대로 밀고 들어왔다. 경영진이 노동자 가운데 3분의 1을 해고하거나 폐기물을 근처의 강에 투기하거나 조업 전체를 중국으로 이전하면 재무제표가 개선될 것이라고 판단하면, 피고용인이나 지역사회, 자연환경 같은 이해 당사자를 무시하고 그렇게 했다. 그리고 1981년에 책임 있는 법인 기업의 이상을 자세히 설명하던 비즈니스라운드테이블이 입장을 바꿨다. 1997년 비즈니스라운드테이블은 "기업체의 주된 목표는 소유주에게 경제적 수익을 발생시키는 것"이라고 선언했다. "최고 경영자와 이사들이 주주 가치에 초점을 맞추지 않는다면, 기업이 그 가치를 실현할 가능성은 줄어들 것이다."[33] 이 선언에서 다른 이해 당사자는 언급조차 되지 않는다는 점에 주목하자. 개별 인간과 새로운 법인격 둘 다 어떻게 시대의 요구에 맞춰 양심을 조정할 수 있는지 놀랄 만한 일이다.

심리학적으로 보면, 우리는 일부 법인 기업이 사춘기의 발정(고전적인 '정체성 위기')이라는 진창에 빠졌다고 말할 수 있다. 태평양과 대서양 건너편, 지금은 리오그란데 강 남쪽에서도 날아오는 일제사격에 직면한 법인 기업은 일종의 나르시시즘적 자격 부여 입장으로 파고들었다. 일부 법인 기업은 심지어 찰리〔찰스의 애칭 — 옮긴이〕 윌슨이 줄곧 옳았다고 확신한다. 법인 기업이 지역사회와 피고용인, 사회 전체에 기여하는 길은 "소유주에게 경제적 수익을 발생시키는 것"이다. 일반적인 말로 하면, 전체 파이(더 정확하게는 **나의** 전체 파이)를 키우고 그 파이를 잘라서 나눌 방법은 남들이 걱정하게 두는 것이다. 이런 특별한 정체성 위기의 기묘한 특징은 어떤 면에서 전형적인 법인 기업이 그 역사의 초창기, 그러니까 법인 기업이 여러 가치 있는 이해 당사자를 염두에 두고 설립 허가를 받은 때 더 건전하고 성숙했다는 것이다. 하지만 심리적 질병이 대개 그렇듯이, 사람들이 오랫동안 정신 질환에 사로잡힐수록 현실에 대처할 능력은 줄어든다.

오늘날 기업 경제학자들은 때로 이윤 극대화에 초점을 맞추는 이런 사고가 기업 전체와 경제, 자연환경에 미치는 효과를 걱정한다. 사려 깊은 전문가들은 부와 소득 분배의 격차 확대가 민주적 거버넌스에 미칠 영향을 걱정한다. 이 모든 점을 고려할 때, 움직임이 고정된 법인 기업의 예후는 좋지 않다. 오늘날 법인 기업이 속박에서 벗어나 비즈니스라운드테이블이 말한 '책임 있는 기업'으로서 더 성숙한 삶으로 나아갈 길이 있을까?

개인은 때로 자신의 내면을 들여다보고 필요한 변화를 이루도록 강요하는 강화된 상황에서 충격이 온다. '익명의알코올중독자모임Alcoholics Anonymous'의 베테랑들은 알코올중독자가 집 앞 잔디밭에서 깨어나거나 전날 저녁의 일을 깡그리 잊어버리는 식으로 '바닥을 치면', 자신이 가진 자원이 동났고 이제 다른 곳에서 도움을 받아야 할 것이라는 고통스러운 깨달음이 시작된다고 보고한다. 그제야 치유 과정이 시작될 수 있다. 하지만 이런 주체적 깨달음은 저절로 생기지 않는다. 때로 이 깨달음을 촉진하기 위해 다양한 전략이 가동된다. 이런 전략 중 하나는 '개입'이라고 불린다. 그 개인의 삶에서 중요한 사람들, 마음속에 그에 대해 가장 관심이 많은 사람들이 그와 함께 모여서 부정과 방어적 태도 때문에 그가 스스로 인식하지 못하는 것을 살펴본다. 이해 당사자에 해당하는 이 사람들은 최선을 다하지만, 다음 행동은 본인 스스로 해야 한다.

강박적으로 이윤에 집중하는 법인 기업이 술꾼과 비슷하다는 말이 아니다. 하지만 미성숙한 발달단계에 고정된 당사자는 대개 자신의 상태를 인식하거나 출구를 찾는 데 어려움을 겪는다. 그들은 자신의 내적인 힘을 확인해주고, 그들이 부응하고 책임지기 위해 필요한 사람들의 집단을 확대하는 데 도움을 줄 수 있는 다른 행위자가 필요하다. 부풀려진 자격 부여 의식이 수반하는 왜곡된 세계관과 자아관을 넘어서기 위해서 말이다. 법인 기업은 특히 무기력한 상황처럼 보이는 경우에도 기업의 힘을 확인하는 것이 중요하다.

많은 중역들이 걱정스럽고 심지어 잠재적으로 파국적이라고 생각하며, 자신의 전반적인 경영 전략에 관해 좀 더 비판적으로 생각하게 만들 수 있는 심각한 도전은 미국의 대중국 무역 적자다. 이 적자는 현재 2조~3조 달러인데, 중국이 최근에 경제적 곤란에 처했음에도 이 적자가 계속 확대된다면 미국 경제 전체가 위험에 빠질 것이다. 그럼에도 많은 미국 기업은 중국에 제조 기지를 두는 게 수익성이 좋다고 판단하며, 최근에는 연구·개발 사업까지 중국으로 옮긴다. 중국인은 얼마 동안 막대한 달러를 사용해서 미국 재무부 채권을 사들였지만, 최근에는 제너럴일렉트릭의 한 부문을 포함해서 미국 기업의 일부나 전체를 사들인다.

중국이 시카고 증권거래소를 사들였다는 2016년 초의 보도는 특히 많은 기업 지도자의 불안을 부추겼다. 이런 상황 변화는 알코올중독자가 집 앞 잔디밭에서 잠을 깨는 것처럼, 아무리 나르시시즘에 빠진 기업이라도 정신이 번쩍 들게 만들 것이다. 일부 지도적 중역이 이 점을 안다는 사실은 고무적이다. 2001년 제너럴일렉트릭 최고경영자 제프리 이멜트Jeffrey Immelt는 말했다. "미국 정부가 무역 적자를 바로잡기를 원한다면 밀어줘야 합니다. 제너럴일렉트릭은 수출업자가 되기를 원합니다. 우리는 선량한 시민이 되고 싶어요. 우리는 많은 돈을 벌기를 원할까요? 물론 그렇습니다. 하지만 내 생각에 가장 중요한 것은 우리에게 정부가 하고 싶어 하는 일을 장려하는 조세체계나 인센티브가 있어야 한다는 겁니다."[34] 시민권과 정부의 역할, 심지어 조세 인센티브에 관한 언급까지 담긴 이 발언은 일부 법인 기업이 의지할 힘이 있음을 보여주는 분명한 표시다. 이윤 획득을 배제하지 않는 이 발언은 더 넓은 이해 당사자들에 대한 기업의 책임이라는 사고가 완전히 망각되었음을 시사한다. 점차 유력해지는 해외의 경쟁자나 기후변화의 위협 같은 기업에 대한 외적인 압력이 이멜트가 드러내는 내적인 성찰과 결합될 수 있을까? 그렇다면 적어도 일부 법인 기업은 이기적인 청소년기에서 벗어나 청년기로 들어갈 수 있을 것이다. 누가 알겠는가? 언젠가 일부 기업은 성인의 지위를 얻을지 모른다. 결국 이 기업들은 (비록 지금은 몇몇이 무제한의 생명을 얻었다고 주장하지만) 제아무리 월마트나 애플이나 맥도날드라도 영원히 살지 못한다는 사실을 기꺼이 인정할지 모른다. 이 기업들은 인간의 역사에서 필멸의 존재로 지상에 나타났고, 지구와 인간의 역사가 미래에도 존재하도록 보살필 일정한 책임이 있다.

5. 고리대금업과 피싱을 둘러싼
   갈등에 관한 성서 자료

> 아무도 두 주인을 섬기지 못한다. 한쪽을 미워하고 다른 쪽을 사랑하
> 거나, 한쪽을 중히 여기고 다른 쪽을 업신여길 것이다. 너희는 하느님
> 과 재물을 아울러 섬길 수 없다.
>
> ―〈마태복음〉 6장 24절

앞 장에서 우리는 '시장신'과 성서 속 신의 관계가 종종 껄끄러웠음
을 살펴보았다. 거의 시장이 처음 출현한 때부터, 특히 18~19세기에
'시장'이 일련의 승리를 거둔 이래, 종교 지도자와 평신도 모두 걸핏하
면 '시장'에 반기를 들면서 양자의 갈등이 타올랐다. 오랜 충돌의 근원
에는 부의 의미에 관한 두 가지 일관된 성서의 주제가 있다.

첫째 주제는 하느님이 만물의 창조주라는 것이다. 하느님은 세계의
부의 참된 주인이며, 인간은 그 부를 보살피는 관리인이자 청지기로
창조되었다. 〈시편〉 24편 첫머리에 나오듯이, "땅과 그 안에 가득 찬
것이 모두 다 주님의 것, 온 누리와 그 안에 살고 있는 모든 것도 주님

의 것이다. 분명히 주님께서 그 기초를 바다를 정복하여 세우셨고, 강을 정복하여 단단히 세우셨구나". 우리가 사람으로서 '소유하는' 부는 무엇이든 일종의 신탁으로 가진 것이고, 이런 보관은 무조건적인 것이 아니다.

하느님이 사람에게 땅이나 동물, 돈 같은 부를 맡긴 취지는 모든 인간과 지각 있는 피조물의 요구를 충족하기 위함이다. 성서에는 이따금 단식하는 경우를 제외하고 금욕주의를 지지하는 내용이 거의 없다. 하느님은 사람들이 잘 먹고 잘 입기 바란다. 하느님은 우리가 모두 '번영'하기를 원한다. 우리가 번영한다면 번영하지 못하는 이들에게 관용을 베풀 의무가 생긴다. 이런 점에서 볼 때, 많은 비방을 받은 '번영 복음prosperity gospel'도 일리가 있다. 나중에 설명하겠지만 번영 복음은 번영한 이들은 신앙심이 넘쳐서 그런 덕을 누리고, 번영하지 못한 이들은 영적 열의가 부족해서 벌을 받는 것이라고 주장하면서 길을 잃는다.

'시장'과 불가피하게 긴장을 야기하는 성서의 둘째 주제는 하느님이 가난한 사람, '과부와 고아', 그밖에 자신을 지켜주거나 대변해줄 이가 없는 사람을 확고하게 편든다는 것이다. 성서는 부가 심각한 영적 위험을 제기할 수 있다고도 경고한다. 재산이 많은 사람은 그것이 주는 듯한 안락과 안정 때문에 '땅에다 쌓아둔' 보물을 믿음직하게 여기고 싶은 유혹을 받는다. 예수가 걸핏하면 경고했듯이 그런 보물은 하룻밤 새에 사라질 수 있다. 또 부유한 사람은 많은 재산이 가져다주는 그릇된 안락 때문에 가난한 사람과 고아, 과부에 대한 책임을 잊어버리기 십상이다. 프란치스코 교황이 말한 것처럼, 이런 그릇된 안락은 '무관심의 세계화'로 이어질 수 있다.

부는 종종 특권층이 부가 가져다주는 혜택에서 배제된 이들에게 자행한 불의의 소산일 수 있으며, 성서는 특권층이 천벌을 피하지 못할 것이라고 경고한다. 예언자 아모스나 이사야가 쓴 책 아무 쪽이나 펼쳐도 이런 주제를 강조하는 내용을 볼 수 있다. 여기 아모스가 이스라엘의 부자와 권력자에게 경고하는 말이 있다. "너희가 가난한 사람을 짓밟고 그들에게서 곡물세를 착취하니, 너희가 다듬은 돌로 집을 지어도 거기에서 살지는 못한다. 너희가 아름다운 포도원을 가꾸어도 그 포도주를 마시지는 못한다."(〈아모스〉 5장 11절) 예수는 특히 고향인 나사렛의 회당에서 첫 번째 설교를 할 때 이 주제를 이어받는다. "주님의 영이 내게 내리셨다. 주님께서 내게 기름을 부으셔서, 가난한 사람에게 기쁜 소식을 전하게 하셨다. 주님께서 나를 보내셔서, 포로 된 사람들에게 해방을 선포하고, 눈먼 사람들에게 눈 뜸을 선포하고, 억눌린 사람들을 풀어주고, 주님의 은혜의 해를 선포하게 하셨다."(〈누가복음〉 4장 18~19절)

세상의 부는 하느님의 것이고, 하느님은 가난한 자의 편이라는 기본적인 원리는 성서에서 두 가지 관례에 표현된다. 두 관례는 고대 히브리인의 초창기까지 거슬러 올라가지만, 이런저런 방식으로 우리 시대에 이어진다. 첫째, 고리대금업이나 돈을 빌려주고 이자를 받는 일에 거듭된 금지다. 둘째, 땅과 부를 정기적·근본적으로 재분배하라는 명령인 '희년Jubilee Year'의 주기적 준수다. 이런 성서의 관례는 오늘날 고풍스럽고 시대에 뒤처진 듯 보일지 모르지만, 자세히 검토해보면 우리 시대에도 절박한 타당성이 있다. 다음 장에서 우리는 희년의 연대기를 검토할 것이다. 이 장에서는 고리대금업 금지를 살펴보고자 한다. 성서에서는 분명하고 일관되게 금지하지만 읽히고설킨 해석의 역사가 존재한다.

신용카드와 30년 분할 상환 모기지, 막대한 국가 부채, 세계은행과 국제통화기금IMF의 시대에 우리는 고리대금업자에 대해 거의 생각하지 않는다. 《베니스의 상인》이나 단테의 《신곡》 〈지옥 편〉을 읽어보지 않은 이상 역사에서 고리대금업자가 얼마나 경시되었는지 잊어버리기 십상이다.

> 〈창세기〉를 처음부터 잘 되새겨보면
> 인간은 자연과 기술로 삶을 영위하고
> 번영해야 한다는 것을 알 거다.
>
> 그런데 고리대금업자는 다른 길을 걸으니,
> 자연과 그 부속물인 기술을 멸시하고
> 다른 것에 희망을 걸지 않더냐.[35]

도대체 왜 대부업자를 그처럼 나쁘게 볼까? 성서에서 특히 가난한 이에게 이자 받는 것을 금지하는 문제는 히브리인의 믿음에서 사소한 것이 아니다. 이자 금지는 〈출애굽기〉에 처음 등장하는데, 하느님이 시내 산에서 히브리인에게 준 언약의 핵심이다. "너희가 너희 가운데서 가난하게 사는 나의 백성에게 돈을 꾸어주었으면, 너희는 그에게 빚쟁이처럼 재촉해서도 안 되고, 이자를 받아도 안 된다."(〈출애굽기〉 22장 25절)

이 명령은 분명해 보이지만, 여기서 '이자'라는 용어가 정확히 무슨 의미인지 토론하기 위해 무수히 많은 주석이 필요했다. 돈을 빌려주고 어떤 대가든 요구하는 것을 뜻하는가, 단지 부당한 이자율을 뜻하는가? 누군가 '가난한 사람'이 아니라 일시적으로 재정 지원이 필요한 사람에게 돈을 빌려준다면 어떻게 될까? 여기서 '이자'를 뜻하기 위해 사용된 히브리어는 'nesek'인데, '물다'라는 뜻도 있다. 냉정과 악의를 함축한 단어다. 일부 주석가는 이자를 물려서는 안 되는 개인적인 대부와 정당하게 이자를 요구할 수 있는 상업적인 대부를 구별한다.[36]

히브리 성서에 고리대금업 금지를 적용하는 몇 가지 사례가 있다. 〈신명기〉에서 자세히 설명하는 갖가지 법 가운데 이스라엘 동족에게 이자를 물리지 말라는 규정이 있다. 하지만 외국 사람에게 이자를 받는 것은 합법이다(〈신명기〉 23장 19~20절). 〈신명기〉 24장에는 돈을 빌려준 사람이 맷돌이나 겉옷 같은 생필품은 담보로 잡은 것이라도 빼앗아서는 안 된다고 나온다. 금지된 담보물의 목록은 나중에 어린아이까지 확대된다. 〈열왕기하〉 4장에서는 남편을 잃은 여자가 예언자 엘리사에게 자기 남편이 죽었고, 이제 남편에게 "빚을 준 사람이 와서, 저의 두 아들을 자기의 노예로 삼으려고 데려가려 합니다"라고 소리친다. 이런 담보권 행사가 실제로 진행되었을까? 시정해야 하는 악폐가 있을 때 훈계한다는 사실을 감안하면, 그런 일이 벌어졌으리라고 추정할 수 있다. 예를 들어 아버지가 진 빚을 갚을 때까지 어린아이에게 밭일을 시켰을 것이다.

불운한 욥이 믿음을 시험 받을 때 서투른 '위로자'인 데만 사람 엘리바스는 하느님이 욥을 벌주는 이유를 밝히려고 하면서 그가 친족의 재산을 압류하고 "옷을 빼앗아 헐벗게 했다"고 비난한다(〈욥기〉 22장 6절). 나중에 가난이 어떤 것인지 맛본 욥은 가난한 사람을 괴롭히는 이들을 호되게 꾸짖으며 "고아의 나귀를 강제로 끌어가"고 "과부의 소를 끌어가는" 사악한 자들에게 심판의 날이 올 것이라고 경고한다. 여기서 나귀나 소는 분명 담보로 잡은 물건을 가리킨다. 우리는 또다시 "가난한 사람이 빚을 못 갚는다고 자식을 빼앗아 가는" 대부업자(〈욥기〉 24장 3, 9절)에 대한 혐오를 발견한다.

고리대금업에 대한 또 다른 문서는 〈레위기〉 25장 35~37절에서 찾아볼 수 있는데, 가난한 사람에게 이자를 받을 목적으로 돈을 꾸어주거나, 이익을 볼 셈으로 먹거리를 꾸어주어서는 안 된다고 분명히 말한다. 히브리 성서의 후반부에도 (그 정확한 의미가 무엇이든) 고리대금업에 대한 비난이 계속된다. 〈시편〉 15편의 지은이가 주님 앞에 나설 자격이 있는 이가 누구인지 물을 때, 환영받지 **못하는** 이들의 암묵적인 명단에서 이자를 받고 돈을 빌려주는 사람은 탐욕스러운 무리에 포함된다.

> 주님, 누가 주님의 장막에서 살 수 있겠습니까?
> 누가 주님의 거룩한 산에 머무를 수 있겠습니까?
> 깨끗한 삶을 사는 사람, 정의를 실천하는 사람,
> 마음으로 진실을 말하는 사람,
> 혀를 놀려 남의 허물을 들추지 않는 사람,
> 친구에게 해를 끼치지 않는 사람,
> 이웃을 모욕하지 않는 사람,
> 하느님을 업신여기는 자를 경멸하고
> 주님을 두려워하는 사람을 존경하는 사람입니다.
> 맹세한 것은 해가 되더라도 깨뜨리지 않고 지키는 사람입니다.
> 높은 이자를 받으려고 돈을 꾸어주지 않으며,

무죄한 사람을 해칠세라 뇌물을 받지 않는 사람입니다.

이러한 사람은 영원히 흔들리지 않을 것입니다.

—〈시편〉 15편

예언자 에스겔이 열거하는 '환영받지 못하는 사람personae non gratae'의 목록은 훨씬 다채롭다. 에스겔은 이자를 받고 돈을 빌려주는 자를 우상 숭배하는 자, 이웃의 아내를 범하는 자, 강제로 빼앗는 자, 역겨운 일을 하는 자와 나란히 열거한다(〈에스겔〉 18장 11~13절). 이 구절에서 고리대금업은 사소한 죄가 아니며, 더 많은 구절을 추가할 수 있다. 적어도 이론상 고리대금업은 중대한 죄로 여겨진다.

문제는 이런 금지가 이론을 넘어 얼마나 멀리까지 적용되는가 하는 점이다. 랍비 주석가들은 종종 성서의 금전 규칙(이를테면 '법의 정신') 밑바탕에 깔린 목적은 고아와 과부를 보호하는 것이고, 상업적 거래에서는 이자를 받고 돈을 빌려주는 일이 허용되었을 것이라고 강조한다. 분명한 규정을 무시하는 구절도 있다. 여기서는 돈을 빌려주는 많은 사람이 이자를 물리지만, 무상으로 빌려주는 사람은 복을 받을 것이라고 여겨진다(〈시편〉 112편 5절). 이처럼 언뜻 모순되거나 적어도 모호한 문서들은 여러 세기 동안 성서의 하느님이 상인에게 요구하는 것을 둘러싸고 충분한 증거와 반증을 제공했다.

그러나 법의 벽에서 틈새가 하나 발견되면, 점점 더 확대되고 완화된 해석의 여지가 열리게 마련이다. 이런 유혹적인 탐구 방향 때문에 유대교, 가톨릭, 개신교의 후대 궤변가들은 해당 문서를 부정하지 않은 채 분명하게 언급된 금지를 회피할 길을 찾았다.

이제 이런 질문을 던지는 게 자연스러워 보인다. 그렇다면 이런 법적 비난에 직면하고, 일부 해석의 여지를 아는 사람들은 실제로 어떻게 행동했을까? 유감스럽게도 더 직접적으로 토라, 특히 〈레위기〉 법전의 지배 아래 살던 고대 사람들이 이 문서를 어떻게 해석했는지, 얼마나 엄격하게 따랐는지 알아내기란 거의 불가능하다. 과거 어떤 사회에서든 단순히 그 시대의 법률 서적을 뒤져보는 식으로 당시 무슨 일이 벌어졌거나 벌어지지 않았는지 규명하기란 절대 불가능하다. 하지만 범죄와 비행을 공공연하게 금지한 것을 보면, 이런 일이 실제로 벌어졌으며 계속 경고문을 붙일 필요가 있었음을 알 수 있다. 모든 정황을 고려할 때 히브리 성서는 이자를 물리는 관행의 세세한 내용에 관해 트집 잡을 여지가 충분하지만, 가난하고 궁핍한 이를 너그럽게 대해야 한다는 점은 분명히 말한다.

신약성서는 어떨까? 놀랍게도 복음서나 사도 서간에는 대부나 채무, 고리대금에 관한 언급이 거의 없다. 돈을 빌려주고 빌리는 두 가지 뜻이 있는 그리스어 'daneizo'는 불과 세 번 나온다. 가장 유명한 예로 악한 종의 이야기에서 이 단어가 등장한다. 예수가 들려주는 이야기에 따르면, 1만 달란트 빚진 종이 빚을 갚지 못하자 왕은 종에게 "아내와 자녀들과 그 밖에 그가 가진 것을 모두" 팔아서 갚으라고 명령했다. 하지만 종이 무릎 꿇고 애원하는 모습을 본 왕은 동정심이 생겨서 빚을 없애주었다. 예수가 여기서 중요하게 여기는 교훈은 상업적 윤리와 관련된 게 아니다. 이야기는 계속된다. 왕에게 탕감 받은 종은 자신에게 훨씬 적은 돈을 빌린 동료를 정반대로 대접한다. 종은 빚을 전부 갚으라고 요구하고, 동료가 갚지 못하자 그를 감옥에 집어넣는다. 왕은 이 소식을 듣고 종이 원래 진 빚을 다시 갚으라고 하면서 감옥에 가둬 고통을 준다. 왕은 빚진 종을 엄히 꾸짖는다. "내가 너를 불쌍히 여긴 것처럼, 너도 네 동료를 불쌍히 여겼어야 할 것이 아니냐?"(〈마태복음〉 18장 23~35절) 예수가 이 이야기를 들려주는 요지는 하느님이 베푸는 자비를 사람이 어떻게 흉내 내기를 기대하는지 비유로 보여주는 것이다. 실제로 이 이야기는 주기도문의 구절을 생각나게 한다. "우리가 우리에게 빚진 사람의 빚을 없애준 것같이 우리의 빚을 없애주시고."("우리가 우리에게 죄지은 사람을 용서하여준 것같이 우리의 죄를 용서하여주시고"라는 문구도 있다. —옮긴이) 여기서 예수가 대부 규칙을 분명히 하려고 한다고 보기는 힘들다.

　기록이 분명한 것은 아니다. 예수는 제자들에게 궁핍한 사람에게 돈을 빌려주라고 권하지만(그러면서 자기를 따르는 사람들이 모두 가난한 것은 아니라고 넌지시 말한다), 그 대가로 "아무것도 바라지 말라"는 말을 덧붙여서 이 가르침에 따라 행동하려는 사람들의 삶을 어렵게 만든다(〈누가복음〉 6장 34~35절). JP모건체이스로서는 도저히 택할 수 없는 정책이다. 다른 몇몇 이야기(〈마태복음〉과 〈누가복음〉에 다소 다르게 서술된다)에서 예수는 오랜 시간 집을 비우며 종에게 자기 재산 일부를 맡긴 남자에 관해 말한다. 주인을 화나게 만든 종은 재산을 굴려서 많은 돈을 모으는 대신 돈을 땅에 묻어놓은 이다. 주인은 최소한 돈을 은행가에게 맡겨서 이자라도 벌었어야 한다고 종을 꾸짖었다. 예수의 가르침에서 이자를 받고 돈을 빌려주는 일이 분명하게 언급된 것은 이 일화가 유일하다. 상상할 수 있는 것처럼, 이 일화는 선행과 성공을 조화시키기 원하는 후대 신자들이 좋아하는 증거가 되었다. 하지만 달란트 이야기는 이런 취지에 활용하기에는 빈약한 근거를 제공할 뿐이다. 자기가 관리하는 재산을 늘린 종은 후한 보상을 받은 반면(예수는 그들의 모험적인 투자를 칭찬하는 것 같다), 돈을 나눠준 주인은 훌륭한 사람으로 묘사되지 않는다. 대다수 주석가들은 예수가 설명하는 내용은 이미 받은 은총을 일부 챙겨서 그것을 지상에서 작동하게 만드는 사람들이 어떻게 하느님 나라에서 훨씬 더 큰 보상을 받을까 하는 점이라고 강조한다.

이자를 물리는 일에 대한 성서의 견해는 복잡하지만, 가난한 사람에 관한 한 분명하다. 가난한 사람에게 빌려준 원금보다 많은 이자를 물리는 것은 허용되지 않는다. 그런 건 강도짓이다. 첫째, 이렇게 이자를 물리는 것은 불우한 사람에게서 생활하는 데 필요한 자원을 빼앗는 짓이며, 이는 하느님의 뜻에 어긋난다. 둘째, 이런 이자는 탐욕의 표현으로 재부와 욕심에 수반되는 모든 심각한 영적 함정을 나타낸다. 고리대금업의 피해는 양쪽에 모두 미친다. 적어도 이 점에 관한 한, 셰익스피어의 수다스러운 노인 폴로니우스의 말("돈을 빌리지도 빌려주지도 말라")이 일리가 있다.

신약성서 이후 기독교 초기 몇 세기 동안 주교와 설교자들은 줄곧 이자를 받고 돈을 빌려주는 일을 아주 좋지 않게 보았다. 카파도키아 카이사레아의 주교이자 유명한 설교자 바실리우스Basilius(329~379)는 사람들에게 돈을 빌리지 말라고 경고하면서, 이자를 물리고 돈을 빌려주는 식으로 궁핍을 악용하는 사람은 누구든지 큰소리로 비난했다. 대신 무조건적인 선물을 주어 가난한 사람을 도와야 한다고 주장했다. 바실리우스에 따르면 그런 선물은 하느님에게 투자하는 것이나 마찬가지다. 이런 주장은 성서에 근거가 있다. "가난한 사람에게 은혜를 베푸는 것은 주님께 꾸어드리는 것이니, 주님께서 그 선행을 넉넉하게 갚아주신다."(〈잠언〉 19장 17절)

하지만 대법원이 신문을 꼼꼼히 챙겨 보는 것처럼, 주교와 신학자도 교구 회관 바깥세상, 특히 시장에서 벌어지는 일을 주시했다. 기독교의 두 번째 밀레니엄이 시작할 때 상업의 영역과 대부도 열렸다. 중세에는 교회와 문화 일반 모두 고리대금업을 혐오스럽고 부도덕한 행위로 보았다. 단테가 지옥을 점점 깊어지는 아홉 단계 원형 구덩이로 묘사했을 때, 고리대금업자는 가장 깊숙한 일곱 번째 고리에 자리하는데, 그 옆에는 신성모독자와 마찬가지로 '자연에 폭력을 가했다'고 여겨지는 남색자가 있다. 고리대금업자는 아는 사람과 이방인에게 물리적 폭력을 가한 죄인보다 나빠서, 살을 물어뜯는 뜨거운 바람(앞서 언급했듯이 '이자'에 해당하는 히브리어가 '물다'라는 뜻도 있다는 점을 감안하면 적절한 벌이다)에서 느껴지는 얼얼한 통증을 떨쳐내려고 헛되이 애쓰는 존재로 묘사된다. 고리대금업은 자연에 대한 침해이자 가난한 사람에 대한 범죄로, 탐욕이라는 치명적인 죄악의 표현으로 여겨졌다. 고리대금업에 대한 벌은 대개 가혹했다. 고리대금업자는 영성체, 고해성사와 사면, 기독교식 장례를 받지 못했다. 13세기 피렌체의 교회 법원은 '고리대금업자와 신성모독자'에게서 벌금 7,000플로린florin〔1252년 피렌체에서 주조된 금화—옮긴이〕을 징수했다. 비엔 공의회는 1312년에 고리대금업을 허용하는 통치자와 행정관은 파문하고, 고리대금업이 엄중한 죄가 아니라고 설교하는 자는 이단이며 종교재판소에 회부할 것이라고 선언했다. 이런 두 전선에서 고해신부는 물욕이나 탐욕을 품은 건 아닌지 질문할 수 있었다.

다른 죄의 목록에서도 대부자는 아주 나쁜 이들과 나란히 자리했다. 고해성사를 담당하는 사제를 위한 지침서 중 하나는 "강탈, 고리대금 …… 뇌물 수수, 거짓 판매, 무게와 치수 속이기, 거짓말, 위증, 술책" 등에 관해 묻도록 가르친다.[37] 물론 상업이 성장함에 따라 거래가 복잡해졌고, 로마와 주교들 사이에 오간 많은 서한이 증명하는 것처럼 속박을 강요하는 일은 점점 어렵고 까다로워졌다. 어떤 물건의 가치가 올라갔을 때 원래 매긴 것보다 높은 값에 파는 일은 어떨까? 고리대금업자가 이자를 돌려주려고 하는데 돈을 빌린 사람이 죽었다면 그 상속자에게 돌려줘야 하나? 때로는 이런 질문에 고위 성직자들이 '법의 정신' 식 답에 호소하면서 정말 중요한 것은 의도라고 이야기했다. 예를 들어 한 성직자는 대체로 충실한 기독교인은 "자신의 구원에 폭넓은 관심을 가져야" 한다고 대답한다. "인간의 생각은 전능하신 하느님에게 감출 수 없기 때문이다."[38] 이 조언에는 이후 여러 세기에 우리가 목격한 것처럼 언제나 믿고 의지할 수는 없는 일종의 '자기 규제'가 함축되었다.

　간혹 종교개혁이 고리대금업에 대한 종교적 반대에 조종을 울렸다고 주장하는 이들이 있지만, 이런 주장은 복잡한 상황을 지나치게 단순화한 것이다. 가톨릭교회는 유럽 최대의 지주였고, 차지인과 농노를 다루는 방식에서 언제나 모범적인 본보기는 아니었다. 영적인 프란치스코회 수사들이 교회의 재부는 갈릴리의 가난한 목수의 가르침을 설교하고 본보기를 보인다는 공언된 사명에 방해가 된다고 경고한 것과 달리, 가톨릭교회가 자녀를 항상 친절하게 대한 것도 아니다. 이런 골치 아픈 수사들은 대부분 다른 이단자들과 나란히 화장용 장작더미에서 생을 마감했다. 장 칼뱅이 극단적인 종교개혁을 이룬 (상업적인) 도시국가 제네바에서 적당한 이자를 허용한 것은 사실이다. 칼뱅의 교의에서 '허용' 부분은 금세 받아들여졌지만, '적당한'이라는 부분은 이내 무시되었다. 영국에서는 칼뱅의 직계 후손인 청교도가 '적당한 이자' 개념을 제 것으로 받아들여 활용했다. 적당하다는 것은 어떤 의미로도 활용될 수 있었고, 어느 작가가 말한 것처럼 청교도는 "투르크인이 일부다처제를 받아들이듯이" 이자를 받아들였다. 어떤 이는 500년이 지난 오늘날 스위스 은행가들이 칼뱅의 교의를 어떻게 해석하는지, 그 교의를 알기나 하는지 궁금해한다. 하지만 개신교도 나 가톨릭교도나 자본주의가 부상하면서 함께 당도한 온갖 신용 도 구의 홍수에 맞서 오래 버틸 수는 없었다.

종종 버티려는 시도는 있었다. 1552년, 구두쇠 정신과 약삭빠른 사업 관행으로 이름을 날린 스코틀랜드에서 새로 등장한 개혁파교 회Reformed Church〔개신교 가운데 칼뱅파―옮긴이〕는 그럼에도 탐욕스러운 상 인, 임금을 주지 않는 주인, 소작인을 혹사하는 지주 등과 나란히 고 리대금업자를 비난하는 교리문답을 발간했다. 하지만 분주한 상업의 소리가 커짐에 따라 설교자와 도덕가의 훈계는 거의 들리지 않았다. 1572년 〈고리대금업에 관한 토론Discourse upon Usury〉이라는 제목으로 발표해서 널리 읽힌 소책자에서 토머스 윌슨Thomas Wilson은 이자를 물 리는 대부는 새로운 산업을 건설하는 데 필수적이며, 상인을 비롯한 사업가들은 "자신의 사업을 이해하지 못하는 설교자 등의 집단에게 방해를 받아서는 안 된다"는 주장을 폈다. 21세기 영어로 바꾸면 이런 의미가 된다. "중뿔나게 참견하는 종교인과 그들의 장광설에 관심을 두지 마라. 그들은 자기가 무슨 말을 하는지도 모른다."[39]

유리한 자리를 차지하려는 '시장'의 분투에서 결정적으로 중요한 이 시기의 역사를 자세히 보면, 불과 몇 년 전만 해도 파문당할 수 있 던 금융 관행에 길을 열어준 것은 종교개혁이 아님이 드러난다. 전통 적인 제약을 옹호하려 한 가톨릭교도와 개신교도는 양쪽 다 자신들 이 지는 싸움을 한다는 것을 알았다. 신학자들은 여러 가지 전술을 시도했다. 앞서 살펴본 것처럼, 한 전략은 고삐 풀린 탐욕을 없애는 대신 제어하려고 시도하는 것이다. 하지만 이런 방책도 대체로 효과가 없음이 드러났다.

일부 길드와 교구, 수도원에서 구사한 좀 더 창의적인 책략은 가난한 사람이 훨씬 싼 이자를 내고 돈을 빌릴 수 있는 대안적인 기관을 만드는 것이다. 1462년, 전통적으로 가난한 사람에게 관심이 많은 프란치스코회는 경건은행mont-de-piété〔교회에서 자선사업으로 운영하는 공공 전당포―옮긴이〕 모델을 만들어 이탈리아 전역과 나중에는 프랑스와 독일까지 퍼뜨렸다. 뒷날 프로테스탄트도 이 모델을 채택했는데, 지금도 교회가 후원하는 신용조합에서 그 후예를 볼 수 있다.

이런 고귀한 시도는 경제 변화의 거대한 흐름에 비하면 보잘것없었다. 세상의 모든 교회 세력도 계약, 식민지, 무역 회사, 합자회사, 신용 기법의 흐름을 되돌릴 수 없었다. 17세기에 데이비드 존스David Jones 신부가 런던의 성공회 성당인 세인트메리울노스에서 고리대금업을 비난하는 설교를 한 일은 수천 년에 걸친 논쟁에서 상징적인 클라이맥스다. 설교문은 다음과 같다. "탐욕스러운 바리새인은 이 모든 말을 듣고 그리스도를 비웃었습니다." 신부는 그 자리에서 해임되었다.[40]

오늘날 오랜 세기에 걸친 고리대금업 금지는 마녀 금지법이나 염소 새끼를 어미의 젖으로 삶는 것을 금지하는 법처럼 낡은 것으로 보일수 있다. 하지만 표면 아래서 이런 금지에 생명을 불어넣는 영적·도덕적 가치를 살펴보면, 이 금지령은 통렬할 정도로 유의미해진다. 예수는 자기 시대에 유대 법의 가르침을 해석하기 위해 바로 이런 접근법을 썼다. 예수는 자신이 "율법을 폐하러 온 것이 아니라 완성하러 왔다"고 분명히 말했다. 비록 '율법은 일점일획도' 고쳐서는 안 된다고 경고했지만, 예수는 법의 근본적인 의도를 파헤치고 자신의 행동을 그런 의도 위에 세우는 전략을 구사했다. 예수는 법의 '문구'보다 그것을 움직이는 '정신'을 따랐다. 예수가 일곱째 날에 치유함으로써 안식일에 일하는 것을 금지하는 규칙을 어긴 것처럼 보였지만, 이는 더 중요한 생각을 밝히려는 행동이었다. 유대인이 누구와 식사해야 하는지 세세하게 정한 율법을 비웃은 것도 마찬가지다. 예수는 심지어 동료 유대인을 자신이 만난 일부 이방인보다 못마땅하게 비교하기도 했다. 오늘날 고리대금업에 관해 오랜 율법의 정신을 지지하는 문제에 예수와 똑같은 태도를 취한다면, 어떤 놀라운 행동을 볼까?

원래 고리대금업 금지를 고무한 것은 오늘날 흔히 '약탈적 대출predatory lending'이라고 부르는 관행에 대한 도덕적 통찰이다. 이제는 그런 관행이 벌어지지 않는다고 주장하기는 어려울 것이다. 실제로 우리는 약탈적 대출에 포위된 것처럼 보인다. 조지 애커로프George Akerlof와 로버트 실러Robert Shiller는 《피싱의 경제학Phishing for Phools: The Economics of Manipulation and Deceit》에서 통신과 마케팅의 최신 기법에 힘입어 발달된 약탈적 대출이 전성기를 구가한다고 설득력 있는 주장을 편다. 명망 높은 두 경제학자(두 사람 다 많은 이들이 노벨 경제학상이라 부르는 스웨덴은행 경제학상 수상자다)가 내놓은 명제는 '시장'은 모기지, 신용카드, 터무니없는 '중개 수수료'를 붙인 부동산 판매 등 마케팅의 속임수를 폭로하고 억제하기는커녕 그것이 필요한 정도까지 부추긴다는 것이다.[41]

두 저자는 이런 기만적인 활동에 종사하는 기업이나 개인을 악당으로 만들려는 게 아니다. 오히려 두 사람은 '시장'의 압력을 감안할 때 판매자가 계속 사업을 하려면 선택의 여지가 없음을 보여준다. '시장'의 논리는 궁핍한 사람이 아니라 어떤 식으로든 가장 많은 고객을 끌어들이는 이를 편든다. 두 사람의 통찰력 있는 연구 제목에 붙인 '피싱phishing'이라는 단어는 온라인 사기꾼이 벌이는 낚시질fishing을 은유적으로 가리키는 1990년대 신조어다. 인터넷 이용자들이 아무 의심 없이 미끼를 물고, 자기도 모르는 사이에 개인 정보를 넘기게 만드는 것이다. (내가 일하는 곳에서도 걸핏하면 진짜 은행처럼 보이는 링크를 클릭해서 개인 정보를 입력하게 유도하는 피싱 이메일을 조심하라는 경고를 받는다. 개인 정보를 진짜 행세하는 가짜 집단에게 넘겨주는 데 공모하지 말라는 것이다.) '풀phool(바보)'은 피싱 사기꾼이 자기에게 속아 넘어가는 사람을 가리키는 말이다.

애커로프와 실러는 '피싱'이라는 단어를 확장해서 제품과 서비스를 판촉하기 위해 잠재적인 고객에게서 수집한 정보를 활용하는 기업의 광범위한 관행까지 여기에 포함한다. 이 과정에서 활용되는 기만은 노골적인 거짓말은 아니다. 그보다 사실과 일치하지 않는 인상을 전달하기 위해 정보를 과장하고 가리는 것이다. 전문 마술사와 서커스 호객꾼은 이런 날조와 눈속임에 익숙하다. 《피싱의 경제학》에 담긴 통찰의 중요성은 '시장' 신조에서 소중한 교의 가운데 하나, 즉 합리적인 의사 결정자라는 신화의 뿌리를 철저하게 파헤친다는 점이다. 소비자는 근본적으로 전혀 합리적이지 않다. 소비자는 충동과 환상, 자기기만에 쉽게 소용되는 생불이다. 바넘Phineas Taylor Barnum이라면 다음과 같이 말했을 것이다. "바보는 순간순간 태어난다." 이것은 결정적인 비판이다. 합리적인 의사 결정자가 건물 기초를 떠받치지 않으면, '시장신' 교회당에 우뚝 솟은 종탑 전체가 흔들리다가 안뜰로 무너지기 때문이다. 하지만 그런 일이 벌어질 때까지 낚시꾼의 무한한 상상력은 포커스 그룹과 틈새시장 연구, 시장조사 등에 의해 드러난 사람들의 쓸데없는 소망을 진정한 욕구라는 허위 인식으로 바꿀 것이다. 여기에 굴복하는 바보들은 무한정 이어지는 천국으로 가는 계단인 끝없는 소비의 쳇바퀴 위를 계속 걸을 것이다.

그런데 기업들은 정확히 어떤 식으로 자신의 공허한 제품을 팔까? 그 답을 알려면 선교와 복음 전파 활동에 해당하는 '시장'의 기법을 살펴봐야 한다. '시장'의 신앙 전파 사무국, 즉 개종자 담당 부서는 홍보부다. 이 부서는 단순히 부속 기관이 아니다. 홍보부가 없으면 현대 기업의 거대한 기구 전체가 멈춰 서고 말 것이다. 애커로프와 실러는 "광고 회사는 우리의 약점을 어떻게 집중할지 발견한다"고 설명하는 장에서 신학과 공통의 지반에 도달한다. 이 책 앞부분에서 내가 건드린 이야기꾼으로서 인간이라는 영역이다. 두 사람은 인간을 고전적인 경제학 이론에서 말하는 데이터를 샅샅이 살피는 의사 결정자가 아니라 이야기에 따라, 즉 자기가 듣는 이야기와 자신이나 상대에게 들려주는 이야기에 따라 사는 피조물로 본다.[42]

종교와 겹치는 부분은 분명하다. 전통적인 종교의 내용은 이야기, 즉 신화나 전설, 우화, 예배 의식문, 고백 등으로 구성된다. 이런 이야기 덕분에 습관적인 이야기꾼인 인간은 전통 종교의 가르침을 파악하고, 이것을 자기 내면의 이야기로 엮을 수 있다. 하지만 광고 회사 역시 이런 비밀을 안다. 현대의 광고는 끝없이 되풀이되면서 청취자와 시청자에게 이야기를 내면화하거나, 최소한 반≠의식적인 정신에 이야기를 넣어두도록 유혹하는 그림 이야기의 집약체다. 어떤 경제학자들의 '시장' 문명 분석도 오늘날 우리가 목도하는 것이 경쟁하는 신앙의 다툼이라는 사실을 이토록 극적으로 보여주지 못한다(이번에도 '시장신'의 수호자들은 이런 사실을 인정하지 못하거나 받아들이기를 거부하지만). 피싱은 우리 조상이 고리대금업이라 부른 관행의 현대적인 형태일 뿐이다. 이윤을 얻기 위해 약하고 무지하고 취약한 사람을 등쳐 먹는 것이다. 피싱을 하는 이들은 조상이 그들을 둔 것처럼, 밑바닥 인생의 최악의 무리에 둬야 마땅하다.

　루이스 보르헤스는 언젠가 "미래는 가장 훌륭한 이야기를 하는 사람들의 것"이라고 말했다. 그런데 '가장 훌륭한' 이야기란 무엇이고, 어떻게 판단할 수 있을까? 이 책에서 내가 하고자 한 일은 우리가 '시장'의 아름다움과 이익에 대해, 시장이 얼마나 '자연스러운' 것인지 너무나 자주 듣는 과장된 서사가 여러 이야기 중 하나에 불과하다는 사실을 밝히는 것이다. 고질적인 실업과 점증하는 경제적 불평등이라는 현재 세계의 상태는 이런 서사를 가혹한 시험에 들게 한다. 하지만 이 이야기는 아직 끝나지 않았다. 현재의 징후들을 보면 대다수 인류가 이제 사람들에게서 삶에 필요한 자원을 빼앗고, 그들의 비참한 처지에서 개인적인 이익을 챙기는 일이 얼마나 부정의하고 모욕적인지 깡그리 잊어버린 것 같다. 다음 장에서 이 문제를 살펴보자.

6. 재분배를 둘러싼 갈등에
관한 성서 자료

너희는 오십 년이 시작되는 이 해를 거룩한 해로 정하고, 전국의 모든 거민에게 자유를 선포하여라. 이 해는 너희가 희년으로 누릴 해이다. 이 해는 너희가 유산 곧 분배받은 땅으로 돌아가는 해이며, 저마다 가족에게로 돌아가는 해이다.

—〈레위기〉 25장 10절

히브리 성서는 고리대금업을 금지한 것 외에도 부의 급진적 재분배를 위한 계획을 명령한다. 성서에서는 이를 '희년'이라고 부른다. 분명 고대 히브리인은 경제적 불평등과 그것이 히브리 민족에게 제기하는 위험을 불편하게 여겼을 뿐만 아니라, 불평등에 대항하기 위한 이례적인 조치를 취했다. 히브리인이 보인 불온함과 행동의 원천은 자신들이 언약 공동체(히브리어 'berith')의 성원으로 산다는 믿음이었을 것이다. 이 공동체는 히브리 민족과 하느님, 히브리 사람들의 영원한 약속으로 구성된 것이다.[43] 최근의 많은 전문가처럼 히브리 사람들 역시 지나친 불평등에 시달리는 어떤 사회도 오랫동안 살아남을 수 없다는 사실을 인식했다. 이런 불평등은 모든 공통 소속감을 잠식하기 때문이다. 특히 민주주의 사회에서는 모든 시민이 자신도 민주주의의 미래에 진정한 이해관계가 있다고 느낄 때 사회가 제대로 작동할 수 있기 때문에 이런 불평등이 더욱 위험하다.

토마 피케티는 놀라운 베스트셀러《21세기 자본Capital in the Twenty-First Century》에서 이 점을 강조한다.[44] 피케티는 부는 스스로 축적되고 영속화되는 경향이 있기 때문에 정치적·사회적 대책이 필요하다는 점도 충분히 보여준다. 히브리인은 이 점을 인식했고, 권유 이상의 행동이 필요하다고 보았다. 그들은 부의 정기적인 재분배를 달성하기 위한 제도가 필요했다. 결국 '희년'이 이런 재분배를 위한 주요 수단이 되었다.

성서에 등장하는 많은 제도처럼 희년 역시 여러 세기를 거치며 발전했다. 이는 7일마다 안식일을 지키는 뿌리 깊은 전통에서 생겨난 것이다. 〈창세기〉의 창조 설명에서는 하느님이 엿새 만에 세상을 창조하고 이렛날에는 '쉬었다'. 따라서 인간과 동물도 (나중에는 땅도) 쉴 것을 명받았다. 이 규칙은 시내 산에서 모세와 히브리 사람들에게 주어졌다고 믿어지는 서판에 적힌 네 번째 계명으로 신성시되었다.

안식일을 기억하여 그날을 거룩하게 지켜라. 너희는 엿새 동안 모든 일을 힘써 하여라. 그러나 이렛날은 주 너희 하느님의 안식일이니, 너희는 어떤 일도 해서는 안 된다. 너희나, 너희의 아들이나 딸이나, 너희의 남종이나 여종만이 아니라, 너희 집짐승이나, 너희의 집에 머무르는 나그네라도, 일을 해서는 안 된다. 내가 엿새 동안 하늘과 땅과 바다와 그 안에 있는 모든 것을 만들고 이렛날에는 쉬었기 때문이다. 그러므로 나 주가 안식을 복 주고, 그날을 거룩하게 하였다.

—〈출애굽기〉 20장 8~11절

이런저런 식으로 매주 안식일을 지키는 관습은 수천 년 동안 유대인 사이에서 살아남았고, 현재 많은 랍비는 안식일 준수가 십계명에서 가장 중요한 계율이라고 생각한다. 행동주의자 랍비 아브라함 요수아 헤셸Abraham Joshua Heschel이 안식일에 정원에서 어슬렁거리는 랍비에 대해 즐겨 한 이야기가 있다. 지나가다 보니 사과나무 한 그루가 가지를 쳐야 하는 상태였다. 랍비는 안식일에 가지치기를 해선 안 된다는 걸 알고 다음 날 나무를 돌보기로 마음먹었다. 다음 날 정원에 가보니 나무가 바싹 말라붙었다. 속이 상한 랍비는 하느님께 기도했다. "왜 제 나무를 말라 죽게 하셨습니까? 제가 일부러 안식일이 지나고 가지를 쳐주려고 한 걸 모르셨습니까?"

하느님이 대답했다. "어림없다. 안식일에는 일에 관해 **생각**도 해서는 안 되느니라!"

희년은 이런 확고한 습관에서 생겼다. 처음에 '안식년'이 생겼다(〈출애굽기〉 23장 10절, 〈레위기〉 25장). 안식년은 여섯 해 동안 씨를 뿌려 수확한 뒤, 일곱째 해에는 열두 달 내내 땅을 놀리고 묵히는 것이다. 그다음에 희년의 정신에 좀 더 가까운 것으로 '빚을 면제하는 해'를 지켰다. 〈신명기〉에 자세히 나오는 규칙은 다음과 같다. "매 칠 년 끝에는 빚을 면제하여주십시오. 면제 규례는 이러합니다. 누구든지 이웃에게 돈을 꾸어준 사람은 그 빚을 면제하여주십시오. 주님께서 면제를 선포하였기 때문에 이웃이나 동족에게 빚을 갚으라고 다그쳐서는

안 됩니다."(〈신명기〉 15장 1~2절)

마지막으로 종교에 바탕을 둔 율법을 담은 〈레위기〉에서 전면적인 재분배의 해가 선포된다. 하느님이 직접 모세에게 가르친다.

> 안식년을 일곱 번 세어라. 칠 년이 일곱 번이면, 안식년이 일곱 번 지
> 나, 사십구 년이 끝난다. 일곱째 달 열흘날은 속죄일이니, 너희는 뿔나
> 팔을 크게 불어라. 나팔을 불어, 너희가 사는 온 땅에 울려 퍼지게 하여
> 라. 너희는 오십 년이 시작되는 이 해를 거룩한 해로 정하고, 전국의 모
> 든 거민에게 자유를 선포하여라. 이 해는 너희가 희년으로 누릴 해이
> 다. 이 해는 너희가 유산 곧 분배받은 땅으로 돌아가는 해이며, 저마다
> 가족에게로 돌아가는 해이다.
>
> — 〈레위기〉 25장 8~10절[45]

'Jubilee'라는 용어는 희년의 시작을 알리기 위해 부는 트럼펫 모양의 양 뿔 'jubel'에서 파생된 것이다. 이 법령은 모든 빚을 줄이거나 없애야 한다고 덧붙인다(기록이 분명하지 않다). 담보는 무효가 되었다. 모든 노예를 풀어줘야 했다. 빚 때문에 종이 된 이들은 가족에게 돌아갈 수 있었다.

희년은 서판을 깨끗이 지우고 '처음으로 돌아가' 요즘 말로 평평한 운동장에서 새롭게 경기하기 위한 것이었다. 이 제도가 우리가 보통 가난한 이의 주된 옹호자로 보는 예언자에 의해 시작된 것이 아니라 히브리 민족의 성스러운 율법에 한 층위로 들었다는 사실을 인식하는 게 중요하다. 희년은 기본적인 것이다.

그런데 희년이 제대로 지켜졌을까, 아니면 노력해야 마땅하지만 실

현된 적이 없는 일종의 이상으로 여겨졌을까? 학자들은 수백 년 동안 이 질문 때문에 골치를 썩였다. 회의론자들은 이런 전면적인 채무 탕감 정책이 있었다면 돈을 빌리고 빌려주는 관행이 어떻게 유지되었겠느냐고 묻는다. 희년이 다가오면 대부자들이 왜 돈을 빌려주는 위험을 무릅썼겠는가? 희년이 어느 정도 지켜졌다고 주장하는 학자들은 이어지는 구절에서 놀라울 정도로 자세히 빚 탕감 정책이 설명된 사실을 지적한다. 예를 들어 성곽 안에 있는 땅과 성곽 밖에 텅 빈 땅을 각각 다르게 처리하라고 자세히 설명되었다. (성곽 안에 있는 땅은 재분배에서 제외되지만, 성곽 밖에 있는 땅은 제외되지 않는다. 왜 그럴까? 농경과 방목 지역은 분명히 하느님의 것인 반면, 성읍의 땅은 조금 의문이 있기 때문일까? 분명한 답은 없다.)

희년은 예수 시대에 실행되지 않은 것 같다. 로마 점령자의 가혹한 과세 정책과 억압적인 토지 규제 상황 때문에 불가능했을 것이다. 하지만 사람들은 분명히 희년에 대해 알았다. 예수는 나사렛의 회당에서 처음 자신의 사명을 발표하며 성경 구절을 읽는다(《누가복음》 4장 16~19절). 예수는 '두루마리를 말기' 직전에 '주님의 은혜의 해'를 선포한다. 학자들은 이것이 희년을 가리킨다는 점에 동의한다. 이 점을 알면 예수가 제자들에게 기도하라고 가르치면서 사용하는 단어의 뜻이 분명해진다. "우리가 우리에게 빚진 사람의 빚을 없애준 것같이 우리의 빚을 없애주시고." 유감스럽게도 많은 교파에서는 빚이라는 용어 대신 '죄trespass', '우리에게 죄지은 사람'이라는 표현이 등장한다. 일상 영어에서 'trespass'는 사소한 죄가 되었다. 예를 들어 '무단출입 금지No Trespassing' 표지판이 세워진 곳에서 풀밭이나 남의 집 앞마당을 가로지르는 행동 정도가 떠오른다. 이 문구는 원래의 경제적 내용이 사라졌다.

희년은 어떻게 되었을까? 성서 이후 희년의 역사는 성서의 하느님과 '시장신'의 복잡한 상호 작용을 보여주는 주목할 만한 사례를 제시한다. 지난 몇 세기 동안 역대 교황이 선포한 희년은 보니파시오 8세가 발표한 〈옛사람들의 이야기에 따르면Antiquorum Habet Fida Relatio〉이라는 칙서에서 시작되었다. 교황은 1300년을 성년(성스러운 해)으로 선포했다. 유럽 각지에서 오는 순례자를 위해 로마의 모든 역사적인 교회를 개방하고, 되도록 걸어서 오는 순례자들에게 교황이 모든 벌을 사해주는 큰 행사다. 다른 은전도 있다. 재판관은 때로 유죄가 선언된 죄인에게 감옥에 가는 대신 순례를 떠나라고 선고했다. 일부 젊은이에게는 장난처럼 들렸다. 마음에 들지 않는 가족이나 마을에서 벗어나기 위해, 바람을 피우다가 들켜서 남편의 분노를 피해 순례에 나서는 사람도 있었다. 제프리 초서의 《캔터베리 이야기Canterbury Tales》에 나오듯이, 다종다양한 사람들이 순례에 나섰다. 하지만 '무조건 용서해준다'는 교황의 약속이 많은 이에게 가장 주된 동기였다. 이는 놓치기 아까운 기회로, 수많은 사람이 1299년 성탄절을 앞두고 로마에 모여들었다.

여관과 식당 주인은 기쁨에 겨워 풍성한 해를 보냈고, 교회도 마찬가지다. 그리스도와 '시장'은 멋지게 협력하면서 둘 다 수익을 올렸다. 상인은 파스타와 적포도주를 양껏 팔았다. 성직자는 면벌부를 팔아서 금고를 채웠다. 사람들이 로마까지 강행군해서 받을 자격보다 훨씬 많은 대가를 원했고, 기꺼이 돈을 냈기 때문이다. 사업가와 성직자도 희년을 무척 좋아해서, 가급적 빨리 이런 행사를 다시 하자고 재촉했다. 하지만 교황 클레멘스 6세는 아무리 좋은 일이라도 지나친 것을 원치 않았기 때문에 50년 주기로 성년을 치러야 한다고 규정했다.

압력이 계속되었고, 수십 년 뒤 교황 우르바노 6세는 주기를 33년으로 줄이기로 결정했다. 예수가 지상에서 산 햇수를 기념한다는 뜻이다. 현금 흐름을 유지하려는 상점 주인과 고위 성직자의 열망을 등에 업은 고객의 요구가 희년 확대에 대한 새로운 관심에 불을 붙였다. 교황도 로마 여행을 부추기기 위해 잇따라 새로운 기획을 내놓았다. 교황 보니파시오 9세는 1390년에 성년을 거행하면서 후대까지 이어지는 획기적인 선례를 마련했다. 성탄 전야에 성대한 의식과 함께 산 피에트로대성당의 성문聖門을 개방한 것이다. 순례자들이 무리 지어 도착했고, 교황은 1400년을 자기 치세의 2차 성년으로 선포했다. 군주부터 거지까지 온갖 부류 사람들이 순례 여행을 했다. 그중에는 교황과 전혀 친하지 않은 단테도 있었다. 단테는《신곡》〈천국 편〉31곡에서 이 행사에 관해 이야기한다.

시간이 흐르면서 33년 주기 규정이 지켜지지 않는다는 사실이 분명해졌고, 더 많은 특별 행사가 희년에 추가되었다. 1425년 교황 마르티노 5세가 희년을 선포했는데, 이번에는 순례자들이 집으로 가져갈 수 있는 희년 기념패가 주조되었다. 라테라노의 성요한대성당에서는 다시 의식과 함께 '성문'이 개방되었다. 이번에도 희년은 대단한 성공을 거뒀고, 교황 니콜라오 5세는 33년 주기를 무시한 채 1450년을 희년으로 할 것을 요구했다. 수만 명이 로마로 모여들었지만, 그해는 일부 사람들에게 전혀 축복이 아님이 드러났다. 흑사병이 천막촌을 휩쓸고 간 것이다. 도시의 한 다리에 사람들이 몰렸을 때 서로 밀치다가 수백 명이 깔려서 죽거나 익사했다. 메카로 몰려가던 이슬람교도 2,000여 명이 목숨을 잃은 2015년의 비극은 최근의 일이지만, 성지에서 벌어진 재난이 최초가 아님을 상기시킨 사건이다.

일부 사람들은 아주 커다랗긴 해도 고작 문 하나 여는 일이 왜 그렇게 특별한 행사로 여겨지는지 의아했다. 로마의 오랜 역사가 교회를 좌지우지하는 가문의 파벌 분쟁과 유혈 사태로 점철되었다는 사실을 기억하면 그 이유가 분명해진다. 성당 건물은 요새의 기능도 했다. 성당의 문을 사실상 모든 사람에게 개방하는 것은 도시가 상대적인 평화기를 구가한다는 신호이자, 보르자나 콜론나 같은 봉건 가문이 아니라 교황이 도시를 운영한다는 신호다. 그리하여 1500년 교황 알렉산데르 6세가 주요 성당 네 곳의 문을 모두 개방하고, 자신이 직접 산피에트로대성당의 성문을 열겠다고 발표한 뒤로 모든 교황이 그가 부활시킨 의식을 이었다.

교황 바오로 2세는 희년에 무슨 일이 벌어지는지 보고, 1470년에 25년마다 희년을 거행하도록 제한하는 칙서를 발표했다. 교황 식스토 4세는 25년이 지나자마자 1475년을 희년으로 선포했다. 이 희년은 역사에서 중요하다. 교황이 희년을 위해 로마를 단장하려고 엄청난 돈을 썼기 때문이다. 베로키오, 보티첼리, 페루지노, 핀투리키오 같은 예술가들이 작품 제작을 주문받았고, 교황은 시스티나성당(그의 이름을 딴 것이다)을 건설하라고 명령했다. 뒷날 미켈란젤로가 이 성당에 그린 벽화를 보려고 해마다 수백만 명이 몰려든다.

성년에서 제기되는 문제점은 군중 통제와 공중 보건뿐만 아니다. 다른 수준에서도 불만이 끓어올랐다. 루터가 면벌부 판매에 반대하는 운동을 시작하기 전에도 이 관행은 가톨릭 신학자들에게 엄한 비판을 받았다. 당시 교회의 가르침에 따르면, 모든 죄는 지상에서 씻어내거나 사후에 연옥이라 불리는 상태에서 정화해야 했다. 면벌부는 이것을 무효화하고, 죄에 대한 벌을 전부 혹은 일부 용서해주었지만, 그 전에 죄인이 고백하고 사면받아야 했다. 교회가 이런 면벌부를 나눠줄 수 있는 권리는 예수가 베드로에게 한 말에 근거한다. "나도 너에게 말한다. 너는 베드로[반석]다. 나는 이 반석 위에다가 내 교회를 세우겠다. 죽음의 문들이 그것을 이기지 못할 것이다. 내가 너에게 하늘나라의 열쇠를 주겠다. 네가 무엇이든지 땅에서 매면 하늘에서도 매일 것이요, 땅에서 풀면 하늘에서도 풀릴 것이다."(〈마태복음〉 16장 18~19절)

프로테스탄트(와 일부 가톨릭) 성서학자들은 이 발언이 교황에게 벌을 면해주거나 죄에 대한 배상 필요성을 취소할 권한을 부여하는 것은 아니라고 주장해왔다. 하지만 그들이 글을 쓸 무렵에는 이미 500년 동안 면벌부 배부가 진행되었다. 면벌부는 1095년 교황 우르바노 2세가 십자군에 참여하고 자기 죄를 고백한 사람의 모든 속죄 고행을 면해주면서 시작되었다. 나중에는 십자군에 가지 못하는 대신 전쟁을 지원하는 현금을 낸 사람에게도 면벌부가 주어졌다. 이 때문에 면벌부가 남용될 여지가 생겼고, 조만간 남용이 시작되었다. 1200년대 초에 이르면 교회는 발전하는 금융 관행의 영향을 받아서 자신이 '공적의 보고treasury of merit'를 관리한다고 주장했다. 그리스도의 공적과 성인의 선행으로 값을 치른 면벌부를 쌓아둔다는 것이다. 더 나아가 교회는 자체의 목적을 위해, 다른 가치 있는 사람을 위해 이 계좌에서 공적을 인출할 수 있었다. 엄밀히 따지면 자격 있는 참회자가 고백한 다음 교회에 적절한 '기부'를 해야 했다. 그 액수는 보통 관장하는 사제가 정했다. 바야흐로 돈과 종교가 조짐이 좋지 않은 방식으로 융합되었다.

이 체계는 분명 막대한 부패에 취약했고, 바로 그런 일이 벌어졌다. 1517년 루터가 비텐베르크의 성곽 교회 문에 95개조를 붙였을 때, 그는 주로 면벌부와 관련된 불만을 표명했다. 루터는 다른 문제도 제기했다. 교황이 면벌부를 줄 권한이 없다면, 교황이 가졌다고 주장하는 다른 권한 역시 겉만 번지르르한 것이었을까? 루터는 더 나아가 교황제도 전체에 의문을 제기했고, 프로테스탄트 종교개혁이 진행되었다. 하지만 그 출발점은 돈을 둘러싼 언쟁이었다.

16세기 초의 많은 예술가와 여관 주인, 교회 재정 담당자에게 희년은 눈부신 성공처럼 보였다. 그 순간 한 도시에서는 기독교의 신과 '시장신'이 짝을 이뤄 이익을 내는 것 같았다. 하지만 이런 깔끔한 결합은 어그러졌다. 젊은 수사 시절, 루터는 성도 예루살렘을 찾았다가 지나치게 화려하고 외설적인 모습에 넌더리를 냈다. 고향으로 돌아온 루터는 순례를 호되게 비난하며 사람들에게 로마나 팔레스타인 성지, 유럽에서 번성한 수많은 순례지(보통 성자의 유적 근처에 지어졌는데, 루터는 이런 순례지도 혐오했다)로 여행하는 대신 자기 집에서 성서를 읽으라고 조언했다. 아이러니하게도 루터가 교회 문에 항의문을 붙인 해에 교황 레오 10세는 로마의 스카이라인에 자기 흔적을 남기는 산피에트로대성당을 완공하려면 훨씬 더 많은 돈이 필요하다는 결론에 다다랐다. 그 후 교황은 맥도날드나 세븐일레븐, 슈퍼커츠SuperCuts〔미국의 남성 미용실 프랜차이즈—옮긴이〕 등 익숙해진 사업 모델에 따라 사실상 프랜차이즈 영업권을 판매하는 사업에 착수했다. 덕분에 사업가 정신으로 무장한 면벌부 판매자는 끌어모은 돈의 절반을 로마에 보내는 대가로 나머지 절반을 챙겼다. 교황은 이 돈을 야심적인 성당 건축 사업에 쏟아부었다.

그러나 많은 인가자들이 발견한 것처럼 프랜차이즈 사업에는 부정적인 면이 있다. 일단 제품을 다른 사람 손에 넘기면 품질관리가 어렵기 때문이다. 이런 프랜차이즈 영업권자 중 한 명인 브란덴부르크의 알브레히트Albert of Brandenburg는 모든 죄를 사해주어 연옥의 고통에서 벗어날 수 있다는 면벌부(그는 이것이 교황이 발부한 것이라고 주장했다)를 광고해서 경쟁자들을 앞지르려고 했다. 알브레히트는 가족의 가치를 호소해서 더 매력적인 제안을 하며, 자기가 판매하는 면벌부를 사는 사람은 이미 죽은 사랑하는 사람이 연옥에서 당하는 고통을 깨끗이 덜어줄 수 있다고 주장했다.

이런 떠들썩한 호객 행위는 잠재적 고객의 심금을 울렸다. 돌아가신 아버지나 어머니가 불길 속에서 애원한다고 생각하는 사람이라면 그 누가 망자를 이런 고통에서 구해주는 일을 거부할 수 있겠는가? 알브레히트는 차등 요금도 적용했다. 면벌부 판매가는 신분에 따라 달라서 왕과 여왕, 주교는 25플로린, 상인은 3플로린, 가장 가난한 신자는 4분의 1플로린이었다.[46] 미국 광고업계에서 파워포인트로 만드는 광고 전략에 맞먹는 판촉 활동이지만, 결국 아주 많은 비용이 발생했다. 무절제한 면벌부 거래가 유일한 원인은 아니지만 유럽의 절반이 종교개혁에 가담했고, 가톨릭교회는 오늘날 적당한 표현으로 하면 일부를 제외하고 '고객 기반'을 상실했다. 몇 년 전 산피에트로대성당에 갔을 때 식견 높은 예수회 신부의 안내를 받으면서 이 사실이 떠올랐다. 일행 중 한 방문객이 물었다. "신부님, 이 성당을 짓는 데 얼마나 들었습니까?" 신부가 일그러진 표정으로 미소 지었다. "북유럽 전체가 들었지요."

로마의 불안정한 상태 때문에 주기적으로 중단되었을 뿐, 개혁론자의 반대에도 희년은 계속 거행되었다. 사람들은 여전히 수만 명씩 로마로 가서 면벌부를 받고 많은 돈을 썼다. 교황 그레고리오 13세 때인 1575년, 무려 30만 명이 유럽 각지에서 로마로 모여들었다. 1825년 희년에는 50만 명이 넘는 순례자가 로마까지 여행을 했다. 19세기 중반부터 이탈리아통일전쟁, 로마 점령, 교황령(교회 국가) 폐지 등으로 교회가 희년을 선포하기 어려워졌다. 하지만 희년 축하 의식이 쉽게 사라지지는 않았다. 20세기 첫 희년은 교황 레오 13세가 '그리스도 시대Christian Era'의 20번째 세기를 기념하기 위해 1900년으로 정했다. 그 뒤로도 20세기 희년이 이어졌다. 교황 비오 11세는 그리스도가 죽음과 부활(33년으로 추정된다)로 구속한 1900주년을 기리기 위해 1933년에 희년을 선포했고, 교황 바오로 6세는 쇄신과 화해를 위한 반성과 행동을 요구하면서 1975년에 희년을 선포했다.

이 모든 행사에서 성서에 나오는 희년이 원래 의도한 재분배는 사라진 것처럼 보였다. 하지만 원래 의도를 완전히 잊은 것은 아님을 암시하듯 비오 7세는 1950년에 성년을 선포하면서 다른 무엇보다 가난한 자의 요구에 관심을 두기 원한다고 말했다. 바로 이 해(1950년 11월 1일)에 교황은 예수의 어머니인 성모마리아가 승천한 것을 가톨릭 신앙의 교의로 정했다. 역대 교황은 거의 언제나 희년을 교회사의 일정한 사건과 결부했다. 교황 요한 바오로 2세는 1983년, 예수의 구속 이후 1950년이 지난 것을 기념하기 위해 희년을 선포했다.

호텔 지배인과 고위 성직자가 희년의 수익을 나누던 초기의 협조는 결국 미끄러졌지만 완전히 탈선하지는 않았다. 이미 분위기가 정해졌다. 교회는 이제 면벌부를 팔지 않고, 로마나 루르드, 산티아고 데 콤포스텔라로 순례를 오면 연옥에 머무르는 기간이 줄어든다고 가르친다. 많은 교회는 여전히 이런저런 봉헌을 하면 연옥에서 지내는 기간이 얼마나 줄어드는지 가리키는 작은 카드를 보여준다. 이런 유혹과 오래된 순례지가 내세우는 많은 유혹은 한동안 뒤처지다가 다시 등장하는 것처럼 보인다. 가톨릭 신자나 기독교인이 아닌 사람까지 포함해서 수십만 명이 해마다 캔터베리나 파티마, 그 밖의 순례지로 몰려간다. 과거의 순례자들이 그랬듯이 이들도 다양한 동기에서 순례 여행을 하지만, 일상생활에서는 마주치지 못하는 일종의 영적 분위기를 찾으려고 한다고 공통적으로 주장한다.

우리는 희년의 미래에 관해 어떤 말을 할 수 있을까? 프란치스코 교황이 2016년을 '자비의 희년'으로 만들겠다고 발표했을 때 나를 포함한 많은 사람이 환호했다. 교황이 가톨릭 신자를 비롯한 사람들에게 미해결 부채를 탕감하도록 권유한다는 뜻일까? 각국과 IMF, 세계은행도 대규모 부채 탕감에 참여하라는 권유를 받을까? 그리스와 유로존 사이에 진행되는 것 같은 논쟁이 이제 과거사가 될까? 요컨대 희년의 원래 의도가 부활할까?

교황이 생각한 목표는 이보다 온건했던 것으로 보인다. 자비의 희년은 지난 수백 년 동안 교황들이 거행한 수많은 성년과 비슷하게 주로 '종교적인' 행사였다(이번이 27번째 성년이다). 하지만 2015년 12월 8일 원죄 없이 잉태되신 동정 마리아 대축일에 시작되어 2016년 11월 20일 그리스도 왕 대축일에 막을 내린 희년의 시기 선택은 2차 바티칸공의회 폐회 50주년을 기리기 위한 것이었다. 일부 선대 교황은 이 공의회를 깊은 존경 속에 치르지 않았지만, 프란치스코 교황은 분명 공의회를 기념하기 원했다. 많은 이들이 혁신가로 간주한 프란치스코가 희년을 선포하는 것 같은 아주 오랜 관습을 따르려 한 사실은 주목할 만하다. 교황은 '자비의' 희년을 선포한 이유를 설명하기 위해 9,000단어가 넘는 공식 선언문에서 자비야말로 예수가 행한 봉사와 활동의 핵심적 측면이며 교회의 중심적 기능이라고 말했다.[47] 후속 서한에서 교황은 면벌부를 어떻게 얻을 수 있는지 다뤘다. 교황은 설명했다. "자비의 경험은 실제로 예수님이 우리에게 가르쳐주신 구체적인 기적의 증거를 통해 눈에 보입니다. 신자 하나가 개인적으로 이런 행동을 하나 이상 수행할 때마다 그는 분명 희년의 면벌부를 받을 것입니다."[48]

프란치스코 교황의 성년은 앞선 많은 전례처럼 주로 영적 동기에 초점을 맞추면서 빚과 담보 탕감에 관한 어떤 규칙도 부활시키려 하지 않았다. 하지만 프란치스코 교황은 다른 수단으로 이런 성서 속 법의 정신을 기릴 수 있었다. 교황이 바티칸은행의 현재 상황에 불만이 있다는 사실은 비밀이 아니다. 공정하게 말하면, 1942년 비오 7세가 창설한 이 은행은 지금까지 금융계에서 다소 불미스러운 평판을 얻었다. 교황청은 주권국가이기 때문에 바티칸은행은 주권 면제 같은 특권을 누리며 세금을 전혀 내지 않는다. 또 바티칸은행의 정책은 온통 비밀에 싸여서 글로벌한 영향력이 있는 기관으로서 문제가 된다. 바티칸은행이 마약 카르텔과 마피아, 세금을 회피하려는 고액 예금자를 위해 돈세탁을 해준다는 비난이 퍼졌다. 교황이 이런 사실에 불만을 표하는 것은 당연하며, 이미 조치를 취했다.

최근에 미국의 경제학자 제임스 헨리James Henry와 로런스 코틀리코프Laurence Kotlikoff는 바티칸은행을 정화하고, 가난한 사람에 대한 교황의 관심과 희년이 원래 추구한 전망에 부합하게 만들 수 있는 방법에 관한 상상력 넘치는 구상을 발표했다. 세계 각지의 가난한 사람에게 초저금리로 대출해주는 일에서 시작하면 어떨까? 그리고 바티칸이 전 세계에 갖춘 네트워크를 감안할 때, 국제적인 저임금 이주 노동자 수억 명이 고국에 있는 사랑하는 가족에게 안전하게 송금하도록 도와주면 어떨까? 세계은행에 따르면, 이런 '송금'은 2012년에 5,290억 달러에 달했으며, 해마다 빈국에 절실하게 필요한 외화 수입의 중요한 부분을 제공한다. 오늘날 카르텔을 비롯해 착취를 일삼는 중개인이 이런 송금의 상당액을 중간에 가로챈다. 바티칸은행은 현재 프란치스코 교황이 임명하는 새로운 경영진 아래 희년과 흡사한 이런 임무를 떠맡기 위한 완벽한 지위에 설 것이다.[49]

프란치스코 교황이 더 많은 계획을 염두에 둔다는 소문이 돌았다. 어쩌면 바티칸은행을 세계 빈민을 위한 은행으로 바꾸는 일이 벌어질 수도 있다. 교황이 국가 부채, 특히 세계 최빈국들을 황폐화하는 부채를 탕감하거나 대폭 경감해줄 것을 요구할 가능성도 있다. 이 가운데 어떤 일이든 벌어진다면 전 기독교적, 나아가 종교를 초월한 행사가 될 수 있고, 채권국들도 희년에 가세할지 모른다. 어쩌면 이 물결이 학자금 대출 상환 부담에 짓눌린 수많은 젊은이와 감당할 수 있다고 믿은 담보대출 때문에 '곤궁에 시달리며' 교회 지하실에서 쪽잠을 자는 신세가 되기 일보 직전인 주택 소유주까지 확대될 수 있다.

아르마니 정장에 에르메스 타이를 맨 '시장신'의 고위 성직자들도 이런 계획에 동조할까? 희년을 알리는 '양 뿔' 부는 소리가 들리면 그들은 어떻게 할까? 주류 경제학자들은 어떻게 생각할까? 그들이 합류하려면 기적이 필요할지 모른다. 하지만 예수가 빚을 탕감해줄 것을 주창한 일이 선견지명으로 여겨지는 날이 언젠가 올 것이다. 명망 높은 경제학자들이 국가 부채 탕감이 세계경제에 좋은 일이라고 주장하지 않는가. 그러면 다른 선택의 여지가 없기 때문에 실제로 돈을 소비하는 사람들의 손에 더 많은 돈이 들어간다. 재화에 대한 지출이 증가하면 기업은 생산을 늘릴 필요성이 생기고, 일자리가 창출된다. 어쩌면 결국 고대 히브리인이 뭔가 발견한 것일지 모른다. 이제 우리 양 뿔을 불자!

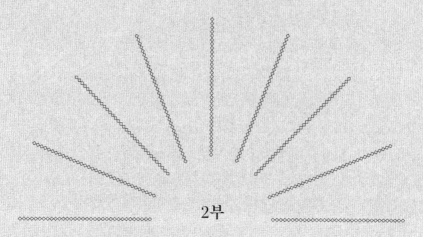

2부

장애와 질환

종교와 기업은 오늘날 둘 다 '시장'의
그림자 속에서 지어지기 때문에 양자의 유사성은
일방통행로가 아니다. 영향력은 양쪽으로 흐른다.
교회가 당대의 정치적·상업적 건축물을 모방할 뿐만
아니라, 양자는 보완적 관계이기도 하다.
'시장'의 건축물도 종교 문화의 건축물을
반영할 수 있다.

7. 상층부의 합선

그러나 나의 이 말을 듣고서도 그대로 행하지 않는 사람은, 모래 위에 자기 집을 지은, 어리석은 사람과 같다고 할 것이다. 비가 내리고, 홍수가 나고, 바람이 불어서, 그 집에 들이치니, 무너졌다. 그리고 그 무너짐이 엄청났다.

—〈마태복음〉7장 26~27절

투기는 아무것도 창조하지 못한다.

—아큐파이 월 스트리트 당시 걸린 플래카드

성서 속 하느님의 일을 한다고 주장하는 교회와 '시장'의 영역을 위해 일하는 금융기관이 이따금 고장 나는 경향이 있다. 두 경우 모두 보통 벌어지는 일은 전기로 치면 합선의 특징을 띤다. 양쪽으로 흐르며 전체 시스템에 활기를 불어넣는 에너지가 한 부문에서, 이 경우 상층에서 순환한다. 그 결과 가정집에서 합선이 발생할 때처럼 전등과 텔레비전, 토스터가 나갈 뿐만 아니라, 종종 불똥이 튀어 심각한 화재의 위험이 생기기도 한다.

종교사와 경제 양쪽에서 이렇게 깜박거리고 캄캄해지는 현상을 보통 '위기'라고 부른다. 우리는 1929년과 2008년의 금융 위기에 관해, 16세기에 종교개혁으로 이어진 종교 위기에 관해 듣는다. 일부 참가자들은 두 위기를 건전한 시스템의 일시적인 고장쯤으로 해석했다는 사실에 주목하자. 반면 다른 이들은 위기를 기본적인 회로가 뭔가 잘못되었다는 경고로 보았다. 이제 '시장신'의 영역에서 어떤 일이 벌어지는지 자세히 보고, 종교사에서 벌어진 비슷한 사건을 떠올리면 이런 합선을 더 잘 이해하는 데 도움이 되는지 살펴보자.

지난 수십 년 동안 '시장' 관찰자들은 극적인 변화를 눈치챘다. 오늘날 성숙한 각국 경제는 과거처럼 많은 선박이나 구조용 강재를 생산하지 않는다. 대신 에너지가 제조업에서 금융 부문으로 대부분 옮겨 갔으며, 금융 부문은 더 많은 파생 상품과 옵션 상품, 선물 상품, 헤지 펀드, 일각에서는 여전히 '제품'이라고 부르는 갖가지 문서와 전자 자극을 만든다. 전 세계적으로 '금융 경제'가 대규모로 성장한 나머지, 이제 금융자산의 가치가 전 세계 모든 재화와 서비스 산출량('실물 경제'라고 부르는 부분)의 10배가 넘는다. 이런 팽창은 흔히 말하는 '도착inverted' 경제나 '카지노' 경제로 귀결된다. 어떤 이름으로 부르든, 금융 시스템의 전이에 담긴 함의는 인상적이다. 최근의 이런 변형은 왜 하필 그때 시작되었을까? 지난 수십 년 동안 작동한 어떤 요소들이 그와 같이 극적인 돌연변이로 귀결되었을까?

많은 경제학자들은 금융화financialization를 세계화나 부와 소득의 점증하는 불평등과 연결 짓는다. 1980년에 전 세계 금융자산의 명목 가치는 전 세계 국민총생산GNP과 거의 비슷했다. 2005년에는 전 세계 금융자산이 전 세계 GNP의 세 배로 급등한다. 1980~2007년 파생상품 (금융) 계약은 1조 달러에서 600조 달러로 늘었다.[50] 뮤추얼 펀드, 헤지 펀드, 사모 펀드의 자금 관리 수수료가 급증했다. 금융자산 비율이 팽창한 같은 기간에 금융 부문의 외환 거래 가치 역시 1980년 전 세계 무역 가치의 11배에서 2009년 73배로 증가했다. 미국 에버렛 더크슨Everett Dirkson 하원 의원이 한때 말했듯이 "여기서 1조, 저기서 1조 하다 보면 조만간 이것이 실물화폐의 단위가 된다"(인플레이션에 맞게 단위 조정). 이런 변화는 2008년에 시작된 대불황 때문에 속도가 느려졌지만, 다시 속도를 내는 것처럼 보인다.

부와 소득의 거대한 불평등이 고조되는 현상은 어떤가? 예를 들어 현재 미국 전체 가구의 최상위 0.1퍼센트가 하위 90퍼센트를 합친 만큼 부를 장악하고, 이 간극이 매년 확대되는 사실은 어떤가? 경제 금융화가 낳은 한 가지 가시적인 결과는 새로운 초부유층 귀족 집단을 창조한 것이다. 이 집단은 자신이 가진 수많은 돈을 금융 산업에 투자하는 쪽을 선호한다. 따라서 국내 총수익에서 금융 수익이 차지하는 비중은 꾸준히 증가한다. 이 집단은 세금이 더 낮은 외국으로 보유 자산을 옮기는 데도 전혀 주저하지 않는다. 일부 금융 기업이 세간의 이목을 끌며 파산했지만, 그 중역들의 수입은 큰 타격을 받지 않은 것 같다. 2000~2007년 베어스턴스 최상위 중역 5인은 3억 달러가 넘는 현금 보너스를 받았고, 그들이 보유한 주식의 현금 가치는 20억 달러였다. 그 후 10년 동안 2008년의 불황 이후 약간 하락했지만 같은 추세가 계속된다. 한편 중간 소득수준의 수많은 일자리가 사라지고, 나머지 일자리의 임금은 정체 중이다. 지난 2~3년 동안 일부 일자리가 추가되었지만, 주로 저임금 부문이다. 평균 세후 실질 급여는 거의 움직임이 없었다.

금융화와 부의 불평등, 2008년 글로벌 경제 위기의 연관 관계는 무엇일까? 6장에서 언급한 《21세기 자본》의 저자 토마 피케티는 반론을 인정하고 독자들이 나름의 결론을 내릴 수 있도록 수치 자료로 가득한 도표를 제시하는 식으로 조심스럽게 자신의 주장을 제한한다. 하지만 이 질문에 대답할 때는 거리낌이 없다. 피케티는 질문한다. 미국의 불평등 증대가 2008년 금융 위기를 촉발하는 데 일조했을까? 피케티는 지난 세기에 미국 국민소득에서 상위 10퍼센트가 차지하는 몫이 두 차례, 그러니까 1928년(1929년 공황 직전)에 이어 2007년(2008년 준※공황 직전) 정점에 달했기 때문에 이런 질문을 피하기 어렵다고 지적한다. 그리고 말한다. "내가 보기에 미국에서 불평등의 증대가 미국의 금융 불안정에 기여했다는 사실은 의심할 여지가 없다."[51] 실제로 피케티는 불평등 증대가 금융 불안정에 기여했을 뿐만 아니라 그 이상의 결과를 낳았다고 생각한다.

양자의 연관 관계는 분명해 보인다. 불평등 증대는 부를 저소득층과 중간 소득층에서 상층으로 거대하게 빨아들인 결과다. 이렇게 상위 10퍼센트 이하 사람들의 구매력이 대폭 삭감된 결과, 소비자 수요가 부진하고 주택 담보대출과 신용카드, 학자금 대출 등의 형태로 가계 부채가 점점 더 쌓인다. 사람들이 이제까지 전례가 없던 규모로 차입에 의지하면서 은행과 대부 기관은 원래 대부분 탐욕스럽고 도덕관념이 없는데, 이제 사람들의 처지를 한껏 활용할 수 있는 자리에 올랐다. 최근 손발을 묶는 규제라고 비난하던 규제에서 풀려난 이 기관들은 종종 차입자의 상환 능력을 거의 고려하지 않은 채 갖가지 대출을 제공했다. 그 결과 압류가 크게 증가하면서 수많은 사람이 집을 잃었고, 신규 졸업생이 취업 기회가 거의 없는 세상에 진출하기 때문에 학자금 대출을 상환할 만큼 벌지 못했다. 부채 부담이 젊은이에게 압도적으로 지워지는 현실은 불공정하고 잔인한 압박이다. 신용 등급이 망가진 젊은이는 점점 차입 자금을 윤활유 삼아 돌아가는 경제에서 참여가 배제되었다. 결국 회로에 과부하가 걸렸다. 불꽃이 튀고, 전등이 흐려졌으며, 세계는 거대한 정전을 경험했다.

세계화와 불평등은 밀접하게 관련된다. 기술의 눈부신 발전도 역할을 했다. 이런 변화 때문에 경제는 (부유층을 제외하고) 사람들이 구입할 여력보다 훨씬 많은 재화를 생산할 수 있다. 기업은 돈 벌 기회를 끝없이 추구하면서 지구 구석구석 새로운 시장을 탐색했다. 속속 만들어내는 상품을 홍수처럼 쏟아부어야 했기 때문이다. 이런 신흥 시장이 포화 징후를 보이자, 성숙한 경제는 '가공 자본fictitious capital'을 창조하는 식으로 대응했다. '현실 세계'에 상응물이 존재하지 않는 부채 권리를 일컫는 이름이다. 일부는 건전하지만 대부분 무가치한 담보권을 판매 가능한 증권으로 묶어 넘기는 것이 좋은 예다. 빈 상자를 그럴듯하게 포장한 셈이다.

이렇게 텅 비거나 거의 텅 빈 묶음도 구매자를 찾는 데 전혀 어려움이 없었다. 투자자는 이윤이 감소하는 재화와 용역 생산 기업의 주식에서 등을 돌렸다. 그들은 신속하게 많은 이윤을 약속해주는 금융 '제품'을 찾았다. 게다가 재화와 용역 생산 기업의 주주일 때 그랬듯이, 자신이 투자한 기업이 얼마나 번영하는지 알려고 숨죽이고 지켜볼 필요가 없다는 이점도 있었다. 자동차 매장이나 쇼핑몰에서 상품이 잘 팔리는지 손톱을 물어뜯으며 걱정할 필요가 없었다. 이제 투자자들은 뉴욕증권거래소의 금융 부문 화면을 지켜보았다. 수익은 그들이 보유한 금융 '제품'의 가치 변동에서 나왔다. 걱정할 일은 많았지만, 등락에 대한 번뇌는 생산 라인과 판매량 그래프를 넘어서는 수준에 집중되었다.

금융의 세계는 일정하게 천상天上의 특징을 띠었다. 마치 일상적인 조립과 선적, 판매가 이뤄지는 울퉁불퉁한 장에 드리워진 때 묻지 않은 그림자 같았다. 하지만 실제로 일어난 것처럼 투자자들이 금전등록기에 있는 숫자에서 거대 은행의 대차대조표로 시선을 돌리면서 느낀 안도감은 거대한 환상임이 드러났다. 담보부 증권과 파생 상품은 갑자기 폭락했고, 이런 환상 속 생물권에 투자한 행동은 세계를 경제적 심연의 가장자리로 이끈 결정적인 원인이다. '시장신'은 그전에 존재한 많은 신처럼 거의 사라질 뻔했다. 하지만 '시장신'은 죽지 않았고, 적어도 아직까지 죽지 않고 있다.

1980년대 초에 구약성서의 예언자와 흡사한 주요 경제학자 몇몇이 재앙이 다가오는 것을 보면서 우려를 표명했다. 제임스 토빈James Tobin은 존 F. 케네디 정부의 경제자문위원회 위원을 역임하고 1981년에 노벨 경제학상을 받았다. 몇 년 뒤인 1984년, 토빈은 한 연설에서 '불안한' 심경을 고백했다. 그 이유는 다음과 같다. "우리는 점점 더 많은 자원을 …… 재화와 용역의 생산과 동떨어진 금융 활동에 쏟아붓는다. 이 활동은 사회적 생산성에 비례하지 않는 높은 사적 보수를 발생시킨다." 토빈은 더 나아가 컴퓨터가 "이런 '종이 경제paper economy'에 연결되면서 동일한 업무를 좀 더 경제적으로 하는 게 아니라 금융거래의 양과 다양성을 부풀리는 건 아닌지 의심스럽다"고 말했다.[52]

토빈은 왜 그런 발전을 걱정했을까? 요컨대 엄청난 규모로 확대된 금융 경제는 마치 종양처럼 이제 실물경제에 봉사하는 게 아니라 오히려 고갈시킨다. 자본뿐만 아니라 인재까지 고갈시킨다. 각종 금융 도구에 투자하거나 금융 부문에 일자리를 얻어 더 많은 돈을 벌 수 있다면, 가치가 적은 주식을 사거나 재화와 용역을 판매하는 기업에서 일자리를 찾을 이유가 뭐란 말인가? 케빈 루스Kevin Roose는《영 머니Young Money》에서 월 스트리트가 야심 찬 대학 졸업생에게 얼마나 매력적인지 생생하게 묘사한다. 그가 설명하듯이, 금융 위기를 코앞에 둔 시기에 '월 스트리트'의 삶은 색다르고 신나는 일이었다. 녹초가 되도록 일하지만 성대한 파티를 즐기며 쉽게 돈을 버는 독한 칵테일 같은 것이었다.[53] 마치 '약에 취한' 듯했다. 루스와 이야기한 월 스트리트의 젊은 트레이더 하나는 그 모든 흥분에도 일부 동료들이 '돈에 중독되는' 것이 걱정되고, 자신에게도 똑같은 일이 생길 것 같아 두렵다고 고백했다.[54]

한편 토빈은 이 모든 것이 '근시안적인' 동시에 '비효율적'이라고 보았다. 전체적인 상을 볼 때 그가 목격한 것은 금융 부문이라는 꼬리가 생산이라는 개를 흔드는(앞에서 말한 은유로 돌아가면 합선이 일어나는) 모습이었다. 전체 경제에 힘을 줘야 하는 에너지가 반대 방향으로 흘렀고, 금융 부문은 주로 자기만 부유해졌다. 하지만 토스터(와 다른 모든 가전제품)는 이제 막 작동을 멈추려 했다.

이런 상황 전개는 이목을 끌었다. 단명한 '아큐파이' 운동이 추구한 목표는 대안적 경제를 위한 계획을 제출하는(일부 지지자들은 그런 시도를 했다) 게 아니라, 부와 소득의 점증하는 불평등과 그것이 우리 사회에 제기하는 위험에 관해 대중의 관심을 모으는 것이었다. 이 운동이 내건 깃발과 슬로건은 이런 불평등('1퍼센트'를 불러냈다)과 카지노 경제의 공허함('투기는 아무것도 창조하지 못한다')에 초점을 맞췄다.

역사는 빠르게 움직인다. '아큐파이' 운동의 기억은 희미해진다. 여론조사를 보면 불평등은 점차 논의되기는 하지만, 대다수 유권자에게는 비록 그들이 아무리 가난하다 해도 아직 여러 관심사 중 하나에 불과하다. 아마 일정한 숙명론이 자리 잡았기 때문일 것이다. 하지만 기업은 생산보다 금융에 대한 투자가 불균형하게 높은 상황을 재검토할지 모른다. 《뉴욕타임스》는 최근에 제너럴일렉트릭이 "산업부문에 미래를 걸기 위해 금융에서 후퇴하는 속도를 상당히 높이는 추세다"라고 보도했다. 재빨리 위험성을 지적한 일부 월 스트리트 내부자들은 이런 움직임을 놀랍게 받아들였다. 예를 들어 석유탐사 규모가 전반적으로 줄어드는 가운데 제너럴일렉트릭이 생산하는 탐사 장비 수요가 줄어들 것이다. 이 회사는 제트엔진, 기관차, 발전기, 의료 영상 장비 등도 만들며, 이 제품의 수요는 확고하다고 예측했다. 실제로 회사가 산업부문에서 벌어들이는 수입은 주당per-share 14퍼센트 높아졌다. 이런 상황에 자극을 받은 제너럴일렉트릭은 부동산과 소비자 금융 사업, 대출과 자산 임대 등을 정리했다. 머지않아 회사의 금융 부문 수입은 전체 수입의 20퍼센트에 불과할 것이다.[55]

여기서 무슨 일이 벌어지는 걸까? 제너럴일렉트릭이 한 일은 일부 애널리스트에게 직관에 거스르는 것처럼 보인다. 제너럴일렉트릭 경영진은 언제 떨어져 나갈지 모르는 위태로운 지반에 회사를 올려놓은 걸까? 아니면 우리는 글로벌 경제에서 금융의 역할이 감소하기 시작하는, 더 광범위한 재조정의 개시를 목격하는 걸까? '시장신'과 그를 대변하는 일부 예언자는 금융 지평선 위에서 필멸의 인간 눈에는 보이지 않는 검은 구름을 보는 걸까? 하느님은 목적을 달성하기 위해

'불가사의하게 움직인다'는 성서의 격언이 있다. '시장'에 대해서도 같은 말을 할 수 있을까?

'시장신'의 축복을 관장하는 기관에서 벌어지는 합선에 대해 읽으며 나는 적어도 기독교의 하느님을 위해 똑같이 봉사한다고 주장하는 기관, 즉 교회에서도 비슷한 장애가 있음을 생각할 수밖에 없었다. 금융 경제의 갑작스러운 부상과 예상되는 감퇴가 미국을 비롯한 나라들을 주기적으로 휩쓴 종교적 열광의 부활과 쇠퇴의 물결과 닮은 건 아닌지 궁금했다. 한 가지 차이점은 금융화는 최근의 현상인 반면, 교회에서 비슷하게 나타나는 상황 전개는 적어도 15세기 전에 시작되었다는 것이다. 하지만 그 결과는 오늘날에도 남았다.

말하자면 이런 식이다. 그리스도가 지상에서 산 이후 초기 몇 세기에 그리스도가 고무한 신앙이 쇠퇴하는 로마제국 전역에 퍼지면서 많은 기독교인은 "부자가 하느님 나라에 들어가는 것보다 낙타가 바늘귀로 지나가는 것이 더 쉽다"는 예수의 분명한 선언에 대해 걱정했다. 일부는 예수가 이 말을 하고 제자들이 깜짝 놀란 모습을 보이자, 예수가 "사람은 이 일을 할 수 없으나, 하느님은 무슨 일이나 다 하실 수 있다"고 안심시킨 사실을 지적하며 이 말을 누그러뜨리려고 했다. 하지만 부자는 여전히 불편했다. 일부는 진심으로 예수의 제자가 되기를 원했다. 부가 제기하는 영적 위험에 관한 예수의 다른 경고와 더불어 이 말을 심각하게 받아들이면, 그들은 영적 비행 금지 구역에 들어섰을까? 부자는 구원 받을 가망이 없었을까? 부자는 분명 자신이 가진 부를 누렸지만, 이 때문에 자신의 불멸의 영혼이 위험에 빠질 수 있다는 생각을 혐오했다. 어떻게 해야 할까?

어떤 이들은 말 그대로 자신의 부를 포기하면서, 예수가 부자 젊은

이에게 훈계한 것처럼 가난한 사람에게 재산을 나눠주었다(〈마가복음〉 10장 17~27절). 하지만 이런 행동은 곤란을 야기할 수 있었다. 부는 대부분 토지의 형태였기 때문에 가난한 사람에게 나눠주려면 대토지를 분할해서 땅을 돌보는 사람들에게 조금씩 양도해야 했다. 토지 소유가 더 큰 정치·사회 구조의 필수인 시대에 소유지를 조각내는 것은 여러 가지 결과를 낳았다. 예정된 수혜자 사이에 분쟁과 때로는 유혈 사태까지 부추기고, 지방과 제국 당국의 전통적인 세력 균형을 뒤흔들었다. 좋은 일을 하려는 의도와 상관없이 관련된 모든 사람에게 심각한 무질서와 분란을 야기할 수 있었다.

제국이 쇠퇴하면서 권력과 영향력이 커진 가톨릭교회는 4세기 무렵부터 많은 이에게 합리적인 해법으로 보이는 조치를 내놓았다. 대수도원장과 주교는 말했다. "우리에게 재산을 내놓아라. 우리는 정당하게 임명된 그리스도의 후계자이므로 가난한 사람을 위해 그 재산을 맡아놓고 신중하게 분배할 것이다." 이런 말도 덧붙였다. "우리는 현생과 다음 생에서 여러분과 그 가족을 위해 계속 기도와 대리 기도를 드릴 것이다." 이는 거절하기 어려운 제안으로, 이후 여러 세기 동안 교회가 수도원과 교구를 통해 유럽에서 가장 부유한 기관이 되는 결과를 낳았다. 교회가 관리하게 기부한 재산은 '가난한 사람의 세습재산'이라고 알려졌다. 그러므로 교회에 기부나 유산 증여를 거부하는 것은 사실상 가난한 사람의 재산을 훔치는 용서할 수 없는 죄였다.

이런 인식은 여전히 그리스도가 이따금 가난한 사람의 모습으로 지상에 나타난다는 널리 퍼진 확신에 근거한 것이다. 6세기에 투르의 그레고리우스Gregory of Tours는 퀸티아누스Quintianus라고 불리는 로데즈의 주교에 관해 열광하는 글을 썼다.

이 성스러운 주교는 엄청나게 자선을 베풀었다. 실제로 주교는 가난한 사람이 목 놓아 지르는 비명을 들으면 이렇게 말했다. "여러분께 청하노니, 달려가세요. 저 가난한 사람에게 달려가세요. …… 왜 그렇게 무관심합니까? 이 가난한 사람이 바로 그분(그리스도), 그분의 복음에서 가난한 사람의 모습으로 나타난 자신을 먹여야 한다고 명하신 그분이 아니라는 걸 어떻게 아십니까?"[56]

이후 여러 세기 동안 가난한 사람의 세습재산이라는 이상은 교회가 영향력을 키우고, 주교들이 부를 통해 정치적·사회적 권력을 강화하는 주된 이론적 근거가 되었다. 이 고위 성직자들은 현세의 왕들과 달리 군대를 이끌고 전장에 나가지 않았으며(몇몇은 전쟁에 나갔다), 자기 이름으로 광대한 토지를 소유하는 경우도 드물었다. 그들의 막대한 권력은 적어도 처음에는 자신들이 기독교 세계의 가장 가난한 농민과 성민bürger의 대표자이며, 하느님 나라의 통일을 수호한다는 주장에서 유래했다.

중세 사학자 피터 브라운Peter Brown은 이런 관념이 엄격한 윤리적 권고와 전례를 통해 강화되었다고 말한다. 어떤 식으로든 교회 기금을 고갈시킨 이들은 '빈민 살인자necatores pauperum'라고 불렸다. 567년 투르 공의회는 주교들에게 성직자를 모아서 이런 사람들을 규탄하는 〈시편〉 109편 16절을 함께 낭송하라고 지시했다. "이것은 그가 남에게 사랑을 베풀 생각은 않고, 도리어 가난하고 빈곤한 자를 괴롭히며, 마음이 상한 자를 못살게 하였기 때문입니다."

브라운은 가난한 사람의 보호자라는 교회의 책임을 히브리 예언자의 언어로 해석하면 자선뿐만 아니라 정의의 추구도 강제할 수 있다고 말한다. 이는 20세기 말에 라틴아메리카 해방신학자들이 다시 강력하게 유포한 관념이자, 프란치스코 교황의 가르침에서 명백하게 드러나는 관념의 해석이다.

일단 이 개념이 초기 중세 사람의 정신 구조에 정식으로 기입되었을 때, 그것은 반박하기 어려운 주장이었다. 뭔가가 이 주장의 근거를 허물 때까지 반박하기 쉽지 않았다. 간단히 말해 상류층 교회 지도자와 심지어 하층의 일부 지도자조차 가난한 사람의 세습재산에 노골적으로 의지해서 사치에 가까운 생활을 한 사실이 드러났다. 주교는 궁전 같은 저택으로 이사했다. 수도자는 직접 하던 노동을 대부분 평신도에게 떠넘겼고, 수도원 바깥에서 먹을 것이 귀한 때도 수사는 배불리 먹었다. 로빈 후드의 동료인 터크 수사의 통통한 이미지는 단순한 캐리커처가 아니다. 당대의 반교권주의 풍자화에서 이따금 수사는 잔뜩 차린 식탁에 앉아 게걸스럽게 먹고 마시는 반면, 가난한 사람은 수사의 발밑에 웅크리고 굶주린 눈으로 지켜보는 모습을 묘사했다.

미국과 세계경제의 금융 부문처럼, 엘리트 성직자의 권력 증대 역시 항상 확고한 것은 아니었다. 권력은 고점과 저점을 오르락내리락했다. 여러 세기가 지나면서 고점은 더 높고 사치스럽고 무절제해졌다. 특히 화려하고 사치스러운 때는 교황이 거의 100년 동안 아비뇽에 머무른 시기인데, 16세기 초까지 르네상스 시대 교황도 왁자지껄한 파티를 즐겼다. 악명 높은 메디치 가문 출신 교황 레오 10세는 동생에게 말했다. "하느님께서 우리한테 교황 자리를 주셨다. 이제 그 자리를 즐기자."

이 추잡한 이야기의 출발은 순결했다. 1305년에 프랑스 고위 성직자 다수가 장악한 추기경단은 프랑스인 교황을 선출했고, 신임 교황은 클레멘스 5세라는 이름을 얻었다. 그런데 교황은 로마에 가지 못했다. 영원의 도시 로마에서 벌어지는 소요와 들끓는 반反프랑스 정서에 겁먹은 교황은 프로방스의 론강 어귀에 있는 아비뇽에 멈춰 섰다. 기민한 선택이었다. 이 도시는 분명 프랑스의 영향력과 세력권에 있지만, 엄밀히 말해 프랑스 땅은 아니었다. 나폴리와 시칠리아왕국의 영지였기 때문이다. 클레멘스 5세 성하는 그곳에 교황의 문장紋章을 내려놓았고, 이후 프랑스인 교황 다섯 명이 아비뇽에 남아 가톨릭 세계를 통치했다.

1378년까지 지속된 아비뇽 교황청은 소란스러운 역사를 거치면서 분열과 추문을 낳았는데, 이런 분열과 추문은 208년 뒤에 벌어진 종교개혁에서 정점에 달했다. 이 독특한 시기는 다른 많은 원인과 더불어 얀 후스, 루터, 츠빙글리 등이 제기한 항의에 일조한 합선의 생생한 사례를 보여준다. 아비뇽은 유럽 전역에 퍼져 나간 종교 상품을 생산하는 국제 카르텔의 중심지가 되었다. 이런 영적인 교회 상품은 현대인이 이해하기 쉽지 않지만, 판매 대상인 중세 후기 고객에게는 필수적이었다. 주요 제품은 교회 직책으로 유급 직책이나 '고위 성직', 당시 교회의 거대한 위계질서에서 부른 말은 '성직록을 받는 성직'이다. 이런 직책은 절대 부족한 일이 없었다. 당시 주교가 700명, 그 아래 성직자가 수천 명이었다. 성직자도 때가 되면 죽었기 때문에 채울 자리가 계속 생겼다. 이런 성직은 대개 직무가 거의 혹은 전혀 없는 한직이고, 때로는 피임명자가 자리를 지킬 필요도 없었다. 많은 이들이 자리를 얻으려고 혈안이 되었으며, 아무 부끄럼 없이 공공연하게 직책이 매매되었다. 마술사 시몬 마구스Simon Magus의 이름을 따서 '시모니simony(성직 매매)'라고 불린 관행이다. 마술사 시몬은 영적인 힘을 사도들에게 돈을 주고 사려고 한 인물이다(〈사도행전〉 8장 9~24절).

하지만 성직 임명은 시작에 불과했고, 피임명자는 종종 첫해 연봉의 절반을 교황청에 내야 했다. 주교나 대수도원장이 사망하면 개인 재산은 교황에게 환수되었다. 교황은 이혼 특별 허가에도 대가를 요구했다. 부유한 귀족은 십자군에 참여해서 성지까지 고생스럽게 가는 불편과 불안을 피하려고 후한 기부금을 냈다. 교황은 받아낼 돈을 징수하는 나름의 효과적인 기법이 있었다. 파문하겠다고 위협하는 것이다. 큰돈을 기부하면 사생아도 정식으로 인정받을 수 있었다(많은 사생아가 사제의 자식이었다). 사촌끼리 결혼하는 허가를 받는 데도 대가가 필요했다. 역사학자 바버라 터크먼Barbara Tuchman이 말한 것처럼, "추기경 직위부터 순례자의 유품까지 모든 것이 판매되었다".[57] 그리하여 프랑스 남부의 한 도시에서, 나중에 한동안 로마에서 '시장'신이 그리스도의 대리자인 교황의 감독 아래 전성기를 구가했다.

아비뇽에는 두카트, 플로린, 길더 등 각종 금화가 넘쳐났다. 교황과 그 종자들이 살던 거대한 궁전은 오늘날에도 관광객을 끌어모은다. 도시는 금세 유럽의 종교 중심지이자 라스베이거스가 되었다. 떠들썩한 연회가 날마다 밤하늘을 밝혔다. 호화스러운 잔치가 하루가 멀다고 열렸다. 지방 교구에서 온 손님은 고급 포도주와 멋진 과자, 최상급 사슴 고기와 쇠고기, 값비싼 푸딩과 브랜디를 기대할 수 있었다. 갖가지 여흥이 제공되었고, 언제라도 매춘부의 서비스를 받을 수 있었다. 그러는 사이에 내부의 부패가 교회의 토대를 갉아먹었다. 아비뇽의 무절제한 방종이 뒷날 비텐베르크와 제네바, 기독교 세계 전역에서 벌어지는 사태에 기여했음은 의심할 여지가 없다. 그것은 거대한 합선이었다.

경제와 종교에서 벌어진 합선의 역사를 관찰하면 이 현상이 불가피해 보일 수 있다. 모름지기 권력은 기업 권력이든, 종교 권력이든 부패하기 쉽다. 절대 권력에 가까워질수록 부패도 심해진다. 마치 운명이 작동하는 것처럼 보인다. 그러나 나는 그렇게 생각하지 않는다. 아비뇽과 르네상스 교회의 끝없는 부패는 결국 종말을 고했다. 오늘날 종교가 모든 부패에서 완전히 자유롭다고 주장하는 건 거의 불가능하지만, 현 교황은 작은 아파트에 살며 다른 손님들과 함께 소박한 식사를 한다. 그렇다. 대불황은 가라앉기 일보 직전인 금융 산업의 뱃머리 위로 경고사격을 했다. 앞에서 말한 제너럴일렉트릭에 관한 뉴스가 어떤 의미라도 있다면, 금융의 중앙 제단에서 신을 섬기는 고위 사제들은 내키지 않을지언정 그 교훈을 배울 것이다.

이 장 첫머리에 인용한, 모래 위에 집을 지은 어리석은 사람에 관한 〈마태복음〉 구절은 예수의 산상설교에서 가져온 것이다. 이 이야기 바로 앞에서 예수는 묻는다. "너희 가운데서 아들이 빵을 달라고 하는데 돌을 줄 사람이 어디에 있으며, 생선을 달라고 하는데 뱀을 줄 사람이 어디에 있겠느냐? …… 그러므로 너희는 무엇이든지, 남에게 대접을 받고자 하는 대로, 너희도 남을 대접하여라. 이것이 율법과 예언서의 본뜻이다." 이 조언은 면벌부 판매를 알선하는 이들과 파생 상품을 판매하는 이들에게 모두 적용된다.

8. 거대 은행과 거대 교회

그들은 서로 말하였다. "자, 벽돌을 빚어서, 단단히 구워내자." 사람들은 돌 대신에 벽돌을 쓰고, 흙 대신에 역청을 썼다. 그들은 또 말하였다. "자, 도시를 세우고, 그 안에 탑을 쌓고서, 탑 꼭대기가 하늘에 닿게 하여, 우리의 이름을 날리고, 온 땅 위에 흩어지지 않게 하자."

— 바벨탑 이야기, 〈창세기〉 11장 3~4절

크다고 무조건 더 좋을까? 금융계의 거인과 대형 교회에 이런 질문을 던져본다. 흔히 '메가뱅크megabank'라고 부르는 거대 금융거래 기관은 경제 전반을 강화하는가, 모든 돈을 빨아들이는 배수구인가? 대형 교회 한 곳이 일요일마다 5,000~1만 명을 끌어모으는 사실은 작은 교회에서 신자를 빼앗는가, 아니면 대형 교회의 활동은 종교 생활의 전반적인 활력에 기여해서 소인국 규모든 거인국 규모든 모든 교회 신도에게 도움이 되는가? 두 기관에 같은 질문을 할 필요가 있다는 사실을 보면, 둘 다 '몸집을 키우지 않으면 죽는다'는 월 스트리트의 신성한 주문을 받아들였음을 알 수 있다. 두 기관 모두 '시장'이 정의하는 기풍과 성장은 훌륭한 목표이며, 자기 존재를 추동하는 생의 약동élan vital이라는 확신이 있다.

회의적인 관찰자는 성장에 대한 이런 몰두를 일종의 질병으로 여기는데, 어떤 이는 이것을 '성장염growth-itis'이라고 부르기도 한다. 이런 강력한 가정과 의지가 어떤 식으로 기능하는지 알아보자. 우선 금융의 신전을 살펴보고, 뒤이어 교회의 영역을 돌아보자.

거대 은행

최근 사례를 하나 보자. 2015년 6월 16일, 《뉴욕타임스》는 골드만삭스가 소비자에게 온라인으로 돈을 빌려주는 프로그램을 개시할 계획이라고 보도했다. 순수한 디지털 거래를 하면 월 스트리트의 이 거물 회사는 점포를 열고 직원을 둘 필요가 없으니 비용이 낮아질 테고, 일반적인 수준보다 낮은 금리로 대출할 수 있을 것이다. 골드만삭스는 성장할 것이다.[58] 당연히 이 뉴스는 중소 규모 은행 수천 곳, 그러니까 건물에서 영업을 하며 연료비를 지출하고 대출 담당 직원을 두는 방식을 지속할 계획인 이른바 '메인 스트리트' 은행에게 따뜻한 환영을 받지 못했다.

2015년 초, 경제학자 스티븐 G. 체케티Stephen G. Cecchetti와 에니스 카루비Enisse Kharroubi는 명망 높은 국제결제은행BIS과 함께 세계 곳곳의 선진국에서 점증하는 금융 부문이 '실물' 생산 부문과 비교해 얼마나 큰 영향을 미치는지 측정하려는 야심 찬 연구에 관한 논문을 발표했다. 지배력이 점점 커지는 이 부문은 자국 경제에 이득을 주는가, 훼방을 놓는가? 체케티와 카루비는 이 질문에 답하기 위해 15개 선진국 경제의 33개 제조업에 관한 데이터를 분석했다. 두 사람의 연구 결과를 요약하면, 대형 은행 경영자와 옹호자의 주장과 정반대로 점증하는 금융 부문은 전반적인 생산성 향상에 장애물로 작용한다.[59]

물론 금융 부문의 전반적인 성장과 '거대 은행'의 비대한 몸집을 혼동해서는 안 된다. 이런 거인이 특히 커다란 역할을 하지만 말이다. '거대 은행'이든 금융 부문이든 큰 규모는 전혀 걱정할 게 없다고 주장하는 경제학자의 목소리도 있다. 체케티와 카루비의 연구 결과는 우후죽순처럼 생겨나는 금융 부문은 전반적인 생산을 자극하고 매끄럽게 해준다고 주장하는 이들에게 달갑지 않은 충격으로 다가온다. 그들의 주장과 달라 보이기 때문이다. 왜 그렇지 않겠는가?

은행은 돈을 빌려주는 사업을 하지만, 광범위한 산업에서 전망이 좋은 사업체가 필요한 자금을 얻지 못하는 경우가 다반사다. 은행이 그 규모를 막론하고 돈을 빌려주기를 원치 않기 때문이 아니다. 은행이 대출에 담보를 원하고, 가장 선호하는 담보는 상당한 부동산을 보유한 대기업이나 신축 건물을 세우는 건설 회사가 소유한 점이 문제다. 이런 담보는 대출이 악성으로 변하면 언제든 쉽게 압류해서 매각할 수 있는 자산이다. 이와 대조적으로 은행은 지식이나 아이디어 형태의 자산을 보유한 회사에는 그만큼 우호적이지 않다. 그러나 활력 있는 경제의 첨단에 선 신생 벤처기업은 보통 부동산보다 아이디어가 많다. 이런 기업은 대부분 부동산이 전혀 없다. 은행은 아이디어를 회수하기 어렵고, 설령 회수해도 그것으로 무엇을 할지 알기 어렵기 때문에 결국 그럭저럭 가치를 생산하는 잠재력이 있는 사업체가 충분한 재정 지원을 받는 반면, 정말로 혁신적인 회사는 재정 지원을 여기저기서 끌어모아야 한다.

골드만삭스의 성장 전략에 관한 뉴스가 나오고 한 달도 되지 않아 연방준비제도이사회(이하 연준) 재닛 옐런Janet Yellen 의장은 은행이 재정 비상사태(2008년에 강타한 것과 같은 사태)에 대비해 얼마나 많은 자본을 준비금으로 보유해야 하는지에 관한 규정을 강화할 것이라고 발표했다. 이 결정은 거물 중의 거물인 JP모건체이스를 겨냥한 것으로 보이지만, 이 정책은 은행의 규모에 따라 필요한 자본의 양을 정하기 때문에 그 효과는 모든 대형 은행이 규모를 줄이도록 장려하는 것이다. 우리는 대형 은행의 끈질긴 확대가 종언을 고하는 모습을 볼까? 이 우락부락한 대기업들이 과거에 정부의 제한을 어떻게 밀치고 나갔는지 감안하면, 그들이 조만간 44킬로그램의 약골로 바뀔 것 같지는 않다.

팽창하는 금융 부문이 나머지 경제 부문에 좋지 않은 뉴스인 까닭은 하나 더 있다. 7장에서 제임스 토빈의 우려를 살펴봤듯이, 금융 부문은 원래대로라면 생산적('실물') 경제에 몰렸을 많은 투자를 자신에게 끌어당긴다. 금융은 원래대로라면 다른 선택을 했을 똑똑하고 정력적인 노동자를 끌어들여 비非금융 산업의 생존을 더 어렵게 만들기도 한다. 젊은이들이 월 스트리트의 금전적 유혹에 저항하기는 어려우며, 금융 부문 임금이 다른 부문에 비해 월등히 높은 것도 사실이다. '시장신'의 놀라운 금전적 은총은 총애를 받는 이들에게 쏟아지며, 고위 성직자도 약간 힘을 보탠다. 체케티 교수는《뉴욕타임스》의 그레첸 모겐슨Gretchen Morgensen에게 말했다. "오래전에 내가 대학생일 때, 내 친구들은 전부 암 치료법을 알아내고 싶어 했습니다. 1990년대에는 모두 헤지 펀드 매니저가 되기를 바랐지요."[60] 이 방면에서 약간 변화가 있다. 2000년에 예일대학교 졸업생 31퍼센트가 졸업하고 1년 뒤 금융 산업에 채용된 반면, 2014년에는 같은 분야에 취업한 졸업생 비율이 17퍼센트로 떨어졌다. 그래도 17퍼센트는 신규 졸업장 소지 자 가운데 상당한 비율이며, 금융은 여전히 가장 인기 있는 선택지에 속한다(그다음 순위가 11.9퍼센트인 교육이다).

시카고대학교 부스경영대학원의 루이지 징갈레스Luigi Zingales 교수 는 2012년《국민을 위한 자본주의A Capitalism for the People》에서 "금융 부 문은 자신이 가진 자원과 영리한 솜씨 덕분에 점차 자신에게 유리하 도록 규칙을 조작할 수 있었다"고 말한다.[61] 은행과 무역 회사, 교회, 기타 종교 기관은 모두 동일한 '시장' 모양의 문화에 거주한다. 그들은 똑같은 이윤 추구 공기를 호흡한다. 따라서 이 교회들을 보면서 비슷 한 점을 발견하는 일은 매혹적이다.

대형 교회

지난 수십 년 동안 미국뿐만 아니라 아프리카, 아시아, 라틴아메리 카 개신교에서 눈길을 사로잡는 발전은 '초대형 교회megachurch'라는 새 로운 회중 생활이 등장한 사실이다. 이 현상은 그 자체로 매혹적이지 만, 우리 논의에서는 초대형 교회를 '시장'과 소비자본주의 정신이 종 교 영역까지 확산되었음을 보여주는 증거로 인정하는 게 중요하다. 성장 광증은 전염성이 있는 것 같다.

초대형 교회란 무엇일까? 이 용어는 일요일 예배에 2,000명 이상 모이는 교회를 가리킨다. 해마다 이런 교회가 늘어나지만, 미국에서는 현재 약 1,500개로 추산된다. 여전히 미국 전체 33만 5,000개 교회 가운데 소수에 불과하다. 이런 초대형 교회 중에 약 35개가 '초거대 교회gigachurch'라고 부를 정도로 성장했다. 예배 참석자가 1만 명이 넘는 규모다. 이런 거대 교회는 단일한 신학 유형에 일치하지 않는 것으로 보인다. 복음주의 교회, 오순절 교회, 은사주의charismatism〔진리를 통한 구원보다 성령 체험, 방언, 신유, 귀신 쫓음 등 성령의 은사를 받은 것을 구원의 징표로 삼는 경향. 20세기 초 미국에서 시작되어 세계적으로 큰 영향력을 떨침.—옮긴이〕 교회 등 다양하다. 내가 아는 한 유니테리언파 초대형 교회는 없다. 로마 가톨릭에 대형 교구가 몇 군데 있지만, 이런 교구는 보통 초대형 교회로 간주되지 않는다.

초대형 교회는 아프리카, 남아메리카와 지구 곳곳에서 등장한다. 실제로 세계 10대 교회 중 5개가 한국에 있다. 전 세계에서 기독교 단일 교회 중 가장 큰 것은 서울의 여의도순복음교회다. 80만 명이 넘는 신도를 거느린 이 교회는 거대한 건물에서 일요일 예배를 여섯 번에 나눠 진행한다. 셔틀버스 수십 대가 딱딱 시간에 맞춰서 지하층 하차장까지 신자들을 실어 나른다.

몇 년 전 여의도순복음교회 예배에 참석했을 때, 다른 외국인 손님 100명과 함께 2층 발코니 좌석으로 안내받았다. 자리에 설치된 헤드셋을 이용해 예배가 여러 나라 언어로 통역되는 소리를 들었다. 내가 어림해보니 본당 예배에 참석한 사람이 1만 명에서 1만 5,000명 정도 되는데, 건물 다른 곳에서 수천 명이 폐회로 텔레비전으로 본당 예배를 본다고 들었다. 완전한 규모의 교향악단이 연주했고, 규모가 작은 앙상블도 있었다. 100명 정도 되는 성가대가 노래했다. 기도를 인도

하고 설교하는 목사의 얼굴이 대형 모니터 두 개에 비쳤다. 신자들은 오순절 교파인 하느님의성회Assemblies of God라는 국제조직 소속이지만, 예배는 질서 정연하다. 여느 오순절 교회와 달리 자발성이 거의 드러나지 않는다. 사람들은 설교를 경청했고, 연주는 훌륭했다. 설교는 그럭저럭 괜찮았다.

예배는 정확히 한 시간 만에 끝났다. 나를 안내한 친구가 원래 시간을 엄수한다고 말해주었다. 그렇지 않으면 정확하게 조정된 버스 연결망이 엉망이 되기 때문이다. 교회를 떠나면서 예배에 참석한 수천 명에게 이 경험이 어떤 의미인지 상상해보려고 애썼다. 이 사람들은 수도권 인구가 2,000만이 넘는 지구상에서 손꼽히는 대도시에 산다. 매일같이 혼잡한 사람과 차를 뚫고 다닌다. 한국의 집이 대부분 비좁은 걸 감안하면, 사람들은 고독을 많이 누리지 않는다. 이 사람들은 정말로 교회에서 수많은 인파에 떠밀리는 걸 좋아할까? 주변에 그 많은 동료 신자들이 있으면 더 안정감이 들까? 널리 칭송받는 유명한 교회에 다니면 빠르게 움직이는 익명의 대도시에서 개인의 존엄성과 자존감이 깊어지나?

나중에 여의도순복음교회 방문 경험을 곱씹어보니 나는 고무되거나 감동을 받았다기보다 일시적이나마 나 자신이 어떤 거대한 존재, 그 거대함 때문에 의미심장한 존재의 일부라는 사실에 경외감이 들었다. 아마 다른 참석자도 대부분 나와 비슷한 느낌이었을 것이다. 적어도 어떤 것을 위해서는 규모가 중요해 보이며, 학자들은 이런 교회의 규모가 실제로 교회의 매력 중 하나라고 주장한다.

미국에는 손꼽히는 초대형 교회 중 캘리포니아주의 새들백교회Saddleback Church가 있다. 이 교회의 릭 워렌Rick Warren 목사는 버락 오바마의 첫 번째 취임식에서 기도를 주관했고, 베스트셀러《목적이 이끄는 삶The Purpose Driven Life》[릭 워렌 지음, 고성삼 옮김,《목적이 이끄는 삶》, 디모데, 2003.]으로 유명한 인물이다. 새들백교회는 30에이커[약 12만 1,405제곱미터─옮긴이] 규모의 주차장이 있다. 일리노이주의 윌로크릭커뮤니티교회Willo Creek Community Church는 이런 교회의 선두 주자다. T. D. 제이크스T. D. Jakes가 이끄는 댈러스의 포터스하우스교회Potter's House는 점점 많아지는 아프리카계 미국인이 주축이 된 초대형 교회 중 하나다.

이 교회들은 신학 경향이 다양하지만 복음주의와 은사주의 경향이 강하다. 한 가지 예외는 조엘 오스틴Joel Osteen과 그의 부인 빅토리아Victoria가 이끄는 휴스턴의 레이크우드교회Lakewood Church인데, 이 교회는 노먼 빈센트 필Norman Vincent Peale의《긍정적 사고의 힘The Power of Positive Thinking》[노먼 빈센트 필 지음, 이갑만 옮김,《노먼 빈센트 필의 긍정적 사고방식》, 세종서적, 2014.]을 상기시키는 쾌활한 메시지를 제시한다. 신자들은 예전 농구장에서 모인다. 이 교회 가운데 일부는 사람들이 교회에 나올 때 좋아하고 싫어하는 것을 알기 위해 잠재적 신자 기반을 대상으로 광범위한 시장조사를 하면서 출발했다. 그 결과 많은 교회가 기타와 키보드, 드럼으로 경쾌한 음악을 연주하면서 전통적인 찬송가집을 사용하는 대신 대형 스크린에 가사를 띄운다. 설교자는 대개 청바지에 노타이셔츠 차림으로 등받이 없는 의자에 걸터앉는다. (표적 집단에 대한 조사 결과, 사람들이 찬송가집이나 격식에 별로 관심이 없음이 드러났다.) 이 교회는 대부분 텔레비전 예배를 주관하는데 수십만, 아니 수백만 명이 가정에서 이 방송을 시청한다.

이례적으로 많은 신자 수를 이해하려고 할 때 그들의 숫자에 초점을 맞추지 않도록 유념해야 한다. 이 현상에 관심이 많은 학자들은 다른 점에 주목해야 한다고 주장한다. 초대형 교회는 새로운 종교 조직 형태를 띤다는 것이다. 이 형태는 분명히 기업 모델을 바탕으로 한다. 담임 목사는 최고경영자 역할을 하면서 전문적인 책임을 맡은 직원을 관장한다. 초대형 교회는 자기들끼리 경쟁한다는 사실을 잘 알고, 고객 중심으로 운영하기 위해 다양한 피드백 방식을 통해 노력한다. 이듬해와 그다음 연도까지 전략적인 계획을 세우고, 십일조를 받기 위해 기꺼이 주요 신용카드를 취급한다. 하지만 이 모든 것은 규모에 봉사한다. 성공의 필수 요소는 계속적인 성장이기 때문이다. 지난해 교회가 얼마나 컸든 올해는 더 커져야 하며, 그렇지 않으면 쇠퇴의 길을 걷는다.

초대형 교회가 기업과 가장 흡사한 특징은 어느 학자가 말한 것처럼 "혹독하게 성장을 강조한다"는 점이다. 매리언 매덕스Marion Maddox는 초대형 교회가 자신이 소망하는 사고의 요소를 담아 지칭하는 '후기 자본주의'의 산물이라고 본다.[62] 다른 비평가들이 '성장주의growthism'라고 부르는 현상의 신봉자인 초대형 교회는 교인 숫자를 늘리고 더 많은 헌금을 모으는 데 노력을 집중한다. 이런 활동이 대부분 노골적인 물질주의고, 진정한 영적 의미는 전혀 없다는 사실은 아랑곳하지 않는다.

어쩌면 이런 판단은 지나치게 가혹한지 모른다. 나는 초대형 교회가 성장을 강조하는 실제 의미는 그렇게 나쁘지 않다고 말하고 싶다. "보세요, 이 교회는 정말 어디로 가는 중이고, 당신도 함께 갈 수 있습니다"라고 말하는 것은 나쁘지 않다. 이런 메시지는 신자를 과거가 아니라 미래로 이끄는 희망적인 징표다. 목사는 설교에서 종종 교회의 확장이 은총에 의한 개인의 성장과 분명히 연결된다고 말한다. 그런

데 수치가 지나친 산술로 바뀌면 위험하다. 설교자가 신앙의 세속적, 특히 금전적인 이득을 강조하는 '번영 복음'의 교묘한 형태가 생길 수 있다. 이런 교회는 자신이 강조하는 교훈을 정당화하기 위해 걸핏하면 구약의 마지막 예언서에서 가져온 구절을 휘두른다.

> 너희는 온전한 십일조를 창고에 들여놓아, 내 집에 먹을거리가 넉넉하게 하여라. 이렇게 바치는 일로 나를 시험하여, 내가 하늘 문을 열고서, 너희가 쌓을 곳이 없도록 복을 붓지 않나 보아라. 나 만군의 주의 말이다.
>
> —〈말라기〉 3장 10절

번영 설교자는 이 구절을 들이대면서 필요한 물질적 재화가 부족한 사람은 분명 신앙이 부족한 것이라고 이야기한다. 그런 사람은 열심히 기도하지 않았거나, 교회에 충분히 헌금하지 않았다는 것이다. 때로는 이런 설교가 "(주님의) 이름을 말하고 권리를 주장하라name it and claim it"고 불린다. 번영 복음은 하느님이 분명 풍요로운 축복을 쏟아내겠다고 약속했기 때문에 그 축복을 다 담을 고기 저장고가 부족할 것이라고 가르친다. 당신의 고기 저장고가 넘쳐흐르지 않는다면 그건 하느님이 아니라 당신의 잘못이다. 당신은 충분한 확신과 열정을 가지고 요청하지 않았다. 그렇게 하는 방법을 배우면, 당신은 조만간 받아 마땅한 보상을 거둬들이면서 '황금의 비Pennies from Heaven'라는 노래를 흥얼거릴 것이다.

이런 이야기가 잔인하고 악의적으로 들릴지도 모른다. 하지만 단순한 것은 없으며, 언뜻 야비해 보이는 이런 관행도 나름의 장점이 있을 수 있다. 나와 함께 일하는 한 대학원생은 브라질 출신 가난한 이민자로 구성된 보스턴 어느 교회의 신자들이 종종 "자기가 다칠 때까지 기부하면서donating until it hurt" 자존감과 주체성을 얻는다는 사실을 깨달았다. 그들은 자신이 방관자나 피해자가 아니라 주체가 되었다고 느꼈다. 하지만 그것은 너무나 쉽게 악용될 수 있는 만족감이다.

초대형 교회는 신앙에서 성장하는 다른 길도 제공한다. 다른 사람을 교회에 데려오면(설령 당신의 교회 출석이 뜸해진다 할지라도) 신자 수 확대에 기여하는 동시에, 당신의 영성 지수spirituality quotient도 높아진다. 이런 점에서 초대형 교회는 아이러니한 이익을 누린다. 동네 작은 교회에서는 내가 일요일 예배에 참석하지 않으면, 사람들이 금세 눈치 채게 마련이다. 하지만 신자 규모가 엄청나면 양 한 마리가 길을 잃어도 쉽게 발견되지 않는다. "주일에 당신을 보고 싶었어요"라고 말하며 은근히 훈계하는 사람은 아무도 없다. 수많은 사람 가운데 내가 오지 않았는지 누가 알겠는가? 이런 점에서 초대형 교회는 어느 정도 익명성을 소중히 여기는 일부 도시인에게 반가운 위안이 될 수 있다. 많은 초대형 교회가 10여 명으로 구성된 소규모 공부 모임이나 봉사 모임에 참석하는 사람들을 모으려고 노력한다는 점도 덧붙여야겠다. 봉사 모임은 무료 급식소 봉사, 쉼터 운영, 저소득층 아동의 학교 문제 돕기 등 여러 가지 훌륭한 봉사를 수행한다. 초대형 교회는 편안한 익명성뿐만 아니라 지속적인 대면 관계의 선택지도 제공한다. 이런 점에서 초대형 교회는 사람을 끄는 여러 가지 조합을 제시하는 것으로 보인다.

초대형 교회의 물리적 요소, 즉 교회 건물의 규모 역시 '시장'과 연관성이라는 동일한 이야기를 들려준다. 나는 몇 년 전에 하버드대학

디자인대학원의 한 학생과 함께 연구했다. 그 학생은 초대형 교회의 건축에 관해 글을 쓰고 싶어 했는데, 디자인대학원에는 이 문제에 대해 아는 교수가 없어 그쪽 대학원장이 내게 보낸 것이다. 나는 요청을 받아들이고 기꺼이 도와주었다. 학생이 하는 연구 덕분에 현대 종교 생활의 중요한 발전을 완전히 새로운 시각에서 생각하도록 자극을 받았기 때문이다. 학생은 미국 전역의 초대형 교회에 찾아가 임직원과 평신도를 인터뷰했다. 학생이 내린 결론은 이전 시대에 교회 건물이 당대의 문화적·정치적 기표를 반영했듯이, 초대형 교회는 현대의 문화적·정치적 기표를 고스란히 반영한다는 것이다.

고대 로마의 바실리카는 로마제국의 대회의장을 빼닮았다. 벽이 두꺼운 로마네스크와 성곽이 특징인 노르만양식은 봉건시대에 등장했다. 고딕 성당에 가보면 노동자 길드에 관해 알 수 있다. 초대형 교회는 어떨까? 일부는 캠퍼스처럼 불규칙하게 뻗은 넓은 부지에 지어졌는데, 이곳에 들어서면 여러 가지 음악(가스펠? 솔? 찬양 노래praise song?〔현대 경배 음악comtemporary worship music 혹은 경배와 찬양 음악praise and worship music 이라고 불리는 장르에 속하는 노래. 현대 기독교 음악contemporary christian music이 주로 공연용 음악이라면, 현대 경배 음악은 예배용 음악을 지향한다.―옮긴이))이 들린다. 많은 초대형 교회에 선물 가게와 매점이 있다. 걸핏하면 울어대는 갓난아이와 시끄럽게 종알거리는 어린아이를 데리고 오는 부모를 위해 방음 구역을 마련한 교회도 많다. 디자인 전공 대학원생은 분명 이것은 쇼핑몰 시대를 위한 교회 건축이라고 결론지었다. 나는 '시장' 신앙 시대를 위한 것이기도 하다고 덧붙이고 싶다.

하지만 종교와 기업은 오늘날 둘 다 '시장'의 그림자 속에서 지어지기 때문에 양자의 유사성은 일방통행로가 아니다. 영향력은 양쪽으로 흐른다. 10여 년 전 이탈리아 밀라노를 처음 방문했을 때, 나는 이런 변증법적 교환을 깨달았다. 비둘기로 뒤덮인 도시 중심부 광장에 유럽에서 손꼽히는 고딕 교회인 밀라노대성당Duomo di Milano이 우뚝 섰다. 광장 맞은편에는 세계 최초로 손꼽히는 쇼핑센터가 있다. 이곳은 분명 성당의 상업적 복제물이다. 쇼핑센터에 들어서면 본당 회중석 같은 기다란 통로가 눈앞에 펼쳐지고, 양옆에는 네오고딕 구조물에 특산품 상점과 부티크 상점으로 구성된 '성찬대'가 있다. 밀라노에 사는 한 지인은 이 쇼핑몰에 들어설 때마다 지갑을 꺼내야 하는지, 성호를 그어야 하는지 헷갈린다고 말했다. 교회가 당대의 정치적·상업적 건축물을 모방할 뿐만 아니라, 양자는 보완적 관계이기도 하다. '시장'의 건축물도 종교 문화의 건축물을 반영할 수 있다.

하지만 초대형 교회와 대기업이 공유하는 핵심 요소는 양자의 규모가 단지 우연한 것은 아니라는 점이다. 오히려 규모는 본질이 되는 부분이다. 초대형 교회에 다니는 신자에 관한 연구를 보면, 이들은 종종 처음에 규모에 끌린다는 사실을 알 수 있다. 이 사람들은 지나다가 건물의 크기 자체에 눈길이 간다. 신자가 워낙 많기 때문에 사람들은 간혹 그 교회에 다니는 지인을 안다. 인지도라는 요인도 있다. 사람들은 이 교회에 다니면, 대화 중에 교회 이야기가 나올 때 상대가 멀뚱멀뚱한 표정을 지을 일이 없으리라는 것을 안다. 지인들 모두 '그 큰 교회'에 대해 들어본 적이 있을 테니까. 이는 기업의 세계에서 브랜드 가치다.

오늘날 많은 사람이 대규모 기관에 익숙해졌다. 많은 사람이 고층 건물에서 일한다. 진료 받을 일이 생기면 작은 개인 병원보다 종합병원에 간다. 수천 명이 모이는 스포츠나 콘서트를 보러 간다. 교실 하나짜리 소규모 학교는 사라지거나 통합되었다. 대형 교회는 이런 상황에 잘 들어맞는다. 예배 참석자들이 성공에 대한 '시장'의 긍정적인 태도를 공유한다는 점이 더 중요하다. 규모와 성장은 당연히 그런 태도를 수반한다. 앞서 살펴본 것처럼, 많은 사람이 종종 교회의 수적 성장을 자신의 영적인 성장과 융합한다.

초대형 교회가 인상적인 성공을 거둔 데는 많은 이유가 있다. 이런 교회는 대부분 자신이 '예비 신자 친화적'이려고 노력하는 중이라고 주장한다. 이런 교회는 사람들이 교회에 가는 이유와 가지 않는 이유를 정밀하게 조사하고, 그에 따라 예배를 바꾼다. 편리한 주차장을 충분히 제공하고, 전통적이고 위압적인 붉은색 문을 없애는 등 사람들이 교회에 들어오기 쉽게 만들려고 노력한다. 브라질 사우바도르에 있는 초대형 교회는 아예 문을 전부 없앴다. 성당은 쇼핑몰 안에 있어서 신자뿐만 아니라 호기심 있는 사람까지 들락날락하기 쉽다. 교회와 세계, 내부와 외부를 가르는 인습적인 장벽은 사라졌다. 사람들은 성당 안을 어슬렁거리고, 둘러보고, 잠시 미사에 귀를 기울이다가 그대로 머물거나 나갈 수 있다. 홈디포나 월마트에 들르는 사람들처럼 말이다.

구조적으로 볼 때, 초대형 교회는 종종 성서의 해석보다 현대 경영 기법에 관심 있는 대표 성직자를 둔 대기업 조직을 모방한다. 초대형 교회는 계속 움직이는 존재로, 미래의 강한 이미지를 투사한다. '이곳은 당신 할아버지가 다니던 교회가 아닙니다.' 앞 세대가 교회에 갈 때 준수하던 복장 규칙이 대부분 폐기되고 반바지, 심지어 짧은 청바지를 입고 예배에 참석하는 모습도 보인다는 사실은 이런 주장을 뒷받침한다. 이런 현상은 초대형 교회의 느슨한 스타일이 널리 퍼진 '시장'

정신에 깔끔하게 순응한다는 사실도 강조한다. 초대형 교회 성직자들이 항상 이런 사실을 온전히 인정하는 것은 아니지만 말이다. 할아버지가 교회에 다니던 시절은 경제가 자본준비금을 쌓아두던 시기이기도 한데, 당시 문화는 절약과 자제, 욕구 충족 미루기 같은 미덕을 가르쳤다. 사람들은 돈을 생각 없이 쓰지 말고 아끼라는 충고를 받았고, 은행이 빌려줄 수 있는 자본의 흐름이 꾸준히 생겨났다. 오늘날 '시장'은 수입과 이윤을 증대하기 위해 충동구매를 줄이는 게 아니라 늘리는 것이 필요하다. 장중한 찬송가와 합창곡, '나들이용 제일 좋은' 넥타이와 드레스가 모두 자제와 극기를 나타내던 시절이 있다. 현대인이 기타와 드럼, 로큰롤, 청바지, 스웨트 셔츠로 돌아선 사실은 항상 의식적인 건 아니라도 아주 다른 메시지를 전한다.[63]

회중에는 종종 한 세대 이상이 포함되며, 음악과 의상의 선호도 서로 다르다. 미국에서 일부 초대형 교회는 시간대에 따라 다른 예배를 제공하는 식으로 사람들의 특이한 취향에 맞춘다. 컨템포러리 예배는 오전 9시, 전통 예배는 오전 11시, '가스펠' 예배는 오후 2시, 포크 예배는 오후 5시 같은 식이다. 한 초대형 교회는 틈새 선호를 다른 건물에 수용하는 식으로 이런 구분을 한층 다듬었다. 각 건물에는 똑같은 설교가 스크린에 상영된다. 현재 많은 교회가 대형 방음유리와 폐회로 텔레비전 스크린을 갖춘 부모·자녀 동반 구역을 제공한다. 카푸치노와 크루아상을 맛보면서 화면으로 예배를 지켜보는 구역을 마련한 교회도 있다. 소규모 교회는 어떤 경우 초대형 교회의 선례에 따르지만, 대부분 이런 편의 시설을 제공할 여력이 없다. 틈새 마케팅이 종교를 포함한 모든 분야에서 작동하는 순간에도 소형 교회는 대형 교회와 경쟁할 수 없다.

기업이나 종교에서 과연 크기가 중요한가? 내 결론은 크기가 중요하지만, 상이하고 때로는 모순적인 방식으로 중요하다는 것이다. "너무 커서 파산시킬 수 없"거나 "너무 커서 투옥할 수 없"는 은행을 해체하면 최근 일어난 금융 붕괴가 재발하는 걸 막을 수 있을까? 아무도 정확히 예측할 수 없지만, 금융계에서 목소리가 커지는 사람들을 포함해서 일부는 도움이 될 것이라고 생각한다. 여러 틈새로 분할된 사회에서 초대형 교회가 지역 회중의 사업을 문 닫게 하기보다는, 여럿 중에서 또 다른 영적 선택지가 되는 것은 당연하다. 하지만 거대 주식회사와 초대형 교회가 '성장염'이라는 열광적인 정신 상태를 부추기는 한, 양자는 부지불식간에 우리의 유한한 지구에 커다란 위협을 제기한다. 어느 것도 영원히 커질 수는 없는 법. 사방이 초대형으로 뒤덮인 시대에도, 아니 그런 시대야말로 작은 것이 여전히 아름다울 수 있다.

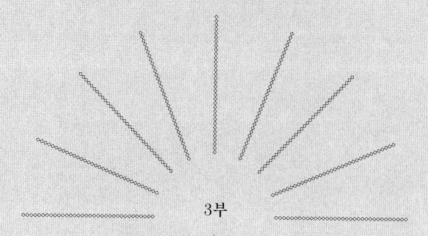

3부

역사: 돈을 좇다

나는 애덤 스미스가 신학자로 여겨진다고
결론짓는다. 이 주장은 역사적으로 정확할 뿐만 아니라
오늘날 경제학과 신학을 괴롭히는 몇 가지 문제
('시장' 종교에 관한 이 책에서 중심을 차지하는 쟁점)와
씨름하는 데 크게 도움이 된다.

9. 주교와 수사:
아우구스티누스와 펠라기우스

"너희는 자기를 위하여 보물을 땅에다가 쌓아두지 말아라. 땅에서는 좀이 먹고 녹이 슬어서 망가지며, 도둑들이 뚫고 들어와서 훔쳐간다. 그러므로 너희를 위하여 보물을 하늘에 쌓아두어라. 거기에는 좀이 먹고 녹이 슬어서 망가지는 일이 없고, 도둑들이 뚫고 들어와서 훔쳐가지도 못한다."

— 〈마태복음〉 6장 19~20절

어떤 종교도 '시장'의 주문呪文이나 교묘하게 배치된 부의 설득력 있는 영향력에서 자유롭지 못하다. 금전의 가치는 기독교 초창기부터 다양한 방식으로 기독교 역사에 영향을 주었다. "돈을 따르라"는 주문은 신앙의 영역에서도 통용된다. 이 주문은 기독교 초기 수백 년 동안 통용되었고, 오늘날에도 여전하다.

반쯤 파우스트적인 이런 거래의 역사를 일부 추적해보면, 오늘날 이 거래가 어떻게 지속되는지 살펴보는 데 도움이 된다. 하지만 그 역사의 궤적은 종종 구부러지고 너무 커서 볼썽사나울 정도였다. 공식적인 교의의 역사는 켜켜이 쌓인 신학적 과대 포장으로 묘사되는 여러 논쟁에 관련된 금전의 흔적을 감추는 데 성공했다. 예컨대 적어도 종교개혁 이전에 기독교 세계의 유명한 논쟁으로 북아프리카 히포의 주교인 아우구스티누스(나중에 성 아우구스티누스로 알려짐)와 그의 호적수인 영국 태생의 수사 펠라기우스가 오랫동안 벌인 설전이 있다. 오늘날 많은 사람은 알지 못하지만, 두 사람의 오랜 논쟁은 5세기 초 수십 년 동안 중앙 무대를 차지했다. 논쟁은 자유의지와 원죄, 은총의 성격 등 명백한 신학적 쟁점에 집중되었다.[64] 하지만 논쟁이 해결된 방식은 믿음과 노력의 상대적 중요성이나 삼위일체의 내적 생활과 별로 관계가 없는 많은 요소가 낳은 결과다.

오늘날 진지한 기독교인을 포함해서 아우구스티누스와 펠라기우스가 벌인 논쟁에 관해 들어본 사람은 거의 없지만, '생물학은 운명인가' 여부나 '본성 대 양육' 같은 주제에 관한 논쟁에서 비록 구사하는 언어가 달라도 그 반향을 여전히 감지할 수 있다. 우리 논의에서 더 중요한 사실은, 이 언쟁이 갈 데까지 가는 과정에 돈이 수행한 역할은 순전히 신학적인 논쟁으로 묘사된 다툼에서 부와 정치권력이 종종 어떻게 영향을 미쳤는지 보여주는 적절한 사례 연구를 제공한다는 점이다.

우선 주인공의 면면을 익혀보자. 로마령 아프리카의 중간계급 가정에서 호기심 많고 모험적인 성격으로 자란 아우구스티누스는 기독교에서 영향력 있는 사상가 중 한 명으로 유명하다. 아우구스티누스가 그런 명성과 히포의 주교 지위를 얻은 것은 젊은 시절에 접한 다양한 철학적 선택지를 오랫동안 탐색하고 시험해본 뒤의 일이다. 이런 점에서 그는 내가 지난 세월 동안 가르친 성실한 학생들과 비슷하다. 어느 학생 말을 빌리면, 성실한 학생들은 종종 '탐색 모드'에 빠진다. 아우구스티누스는 야심적인 학생이었고, 그의 부모는 아들의 교육을 계속 지원하기 위해 힘썼다. 아우구스티누스는 숱한 파티에 다니며 흥청망청 청춘의 쾌락을 즐기는 와중에도(그는 이 시기에 "주님, 저를 정숙하게 만들어주십시오. 다만 아직은 아닙니다"라는 유명한 기도를 바쳤다) 관념에 도취했다. 그는 폭넓은 독서를 했고, 어느 순간에는 키케로의 시적 명상에 사로잡혔다. 이 시기 다음에는 마니교에 끌렸고, 그다음에는 신플라톤주의에 매혹되었다. 둘 다 그의 이성에 호소했지만, 기독교는 적어도 처음에는 호소력이 없었다. 기독교인인 어머니 모니카는 이 들뜬 젊은 지식인에게 조용히 영향력을 미쳤다. 마침내 밀라노의 주교 암브로시우스Ambrose의 영향 아래 아우구스티누스는 기독교인이 되었고, 387년 부활절에 세례를 받았다. 그 후의 삶은 잘 기록되었다. 391년에 히포의 주교가 되었지만, 영적·철학적 탐구를 결코 그만두지 않았다. 뒷날 서구 신학의 기둥이 된《고백록Confessions》《삼위일체론On the Trinity》《신국론De civitate Dei》등 수많은 저서를 남겼다. (아우구스티누스는 동방정교회 세계에서는 존경받았지만 결코 숭배의 대상은 아니었다.)⁶⁵

펠라기우스(354~420?)는 아우구스티누스와 충돌한 시기 동안 둘다 세계 일류 신학자로 간주되었는데도 그에 대해서는 알려진 게 훨씬 적다. 펠라기우스에 관한 흔적이 이처럼 부족한 것은 그가 논쟁에서 패했기 때문일 것이다. 펠라기우스의 삶에 관한 기록은 상당 부분 보존되지 않았고, 심지어 핵심 저술의 일부도 살아남지 못했다. 우리는 그가 겉치장 없이 소박하게 산 땅딸막하고 가무잡잡한 수사로, 5세기 초 로마에 왔다는 사실은 안다. 그는 아마 켈트인일 것이다. 펠라기우스를 비판한 사람 중 하나인 성 히에로니무스Saint Eusebius Hieronymus는 그의 사상에 스코틀랜드 오트밀이 많이 섞여서 흐리멍덩하다고 단언했다. 하지만 펠라기우스는 탄탄한 교육을 받고, 그리스어와 라틴어를 유창하게 구사하며, 신학에도 조예가 깊었다. 대체로 적수들조차 그를 모범적인 기독교인으로 존경했으며, 그는 결코 엄격한 사람이 아니었다. 그는 영원의 도시 로마에서 도덕적 방탕을 목격하고 깜짝 놀랐으나, 삶에 밝고 희망적인 견해를 품었다. 하지만 이 때문에 아우구스티누스의 신학을 가혹하게 비판했다. 그가 보기에 아우구스티누스의 신학은 비관적이고 숙명론적이었기 때문이다.

펠라기우스는 금세 고대 로마 전역에서 이름을 날렸다. 유창한 연설가인 그는 인간의 확고한 자유의지를 가르쳤으며, 아우구스티누스가 조장한다고 여긴 예정설을 단호히 반대했다. 거꾸로 아우구스티누스는 펠라기우스가 선행을 하는 데서 신의 도움을 받을 필요성을 부정한다고 비난했다. 다른 비판자들은 펠라기우스가 인간은 아담의 죄에 의해 상처 받지 않았고, 신의 도움 없이도 법을 완수할 수 있다고 주장한 것으로 이해했다. 펠라기우스가 인간이 원죄를 물려받았다는 아우구스티누스의 이론을 부정한 것은 사실이다. 펠라기우스나 그와 비슷한 생각을 하는 사상가들은 그의 입장을 뒷받침하기 위해 〈신명기〉 24장 16절을 인용했다. 부모의 죄 때문에 자식을 죽일 수 없으며, "사람은 저마다 자기가 지은 죄 때문에만 죽임을 당할 것"이라는 구절이다. 하지만 펠라기우스는 모든 사람은 결국 하느님의 은총에 의해 구원 받을 필요가 있다고 주장했다.

펠라기우스는 로마에서 힘과 설득력 있는 연설뿐만 아니라 공정하고 욕심 없고 공적인 생활로도 명성을 떨쳤다. 이런 평판 덕분에 그는 경력을 시작한 초기부터 얼마 뒤 강적이 되는 아우구스티누스 같은 교회의 기둥에게서 '성자 같은 인물'이라고 칭찬을 받았다. 하지만 그는 나중에 대중의 비난을 피하기 위해 자신의 가르침에 관해 거짓말했다고 비난을 받았다. 그는 415년 디오스폴리스〔테베의 옛 이름 ― 옮긴이〕 종교회의에서 심문을 받았지만, 신학적으로 정확하다는 보증서를 받았다. 종교회의는 다음과 같이 결론지었다.

> 이제 펠라기우스 수사가 참석한 가운데 그에 대해 제기된 고발에 관하여 만족스러운 답을 얻었고, 그가 건전한 교의에 동의하는 한편 교회의 신앙에 거스르는 교의를 비난하고 저주하기 때문에 우리는 그가 가톨릭교회의 일원이라고 선고한다.[66]

적어도 문서상으로는 펠라기우스가 승리한 것처럼 보인다. 하지만 그의 승리는 단명에 그쳤고, 싸움은 끝나지 않았다. 다툼은 대부분 두 사람의 견해가 갈리는 문제가 아니라 각자 강조하기로 선택한 문제, 다툼이 전개됨에 따라 각자 동원할 수 있는 재정적·정치적 권력에 관련되었다. 이런 면에서 아우구스티누스는 분명한 우위를 차지했다. 펠라기우스가 우세를 점하는 것처럼 보인 격렬한 논쟁이 벌어지고 판세가 뒤집혔다. 아우구스티누스와 그의 동맹자들이 418년에 다시 조직한 카르타고 공의회에서 펠라기우스는 결국 이단 선고를 받았다. 그 후 펠라기우스는 자신이 사도 전통과 무관한 새로운 개념을 기독교 신앙에 퍼뜨린다고 주장하는 기독교 신학자들에 맞서 자신의 교의를 옹호하며 남은 생을 보냈다.

하지만 펠라기우스의 견해는 계속 퍼져 나갔다. 자유의지 교의에 관한 그의 해석은 펠라기우스주의라는 이름으로 알려졌고, 추종자가 늘었다. 때로는 펠라기우스주의라는 이름이나 이런 관점의 원천을 알지 못하는 사람들도 그를 따랐다. 1600년이 지난 지금도 일부 침례교도와 다수 감리교도, 다양한 자유주의적 기독교인, 종교적 인본주의자는 자유의지에 관한 펠라기우스의 견해에 동의한다. 반대편에서는 칼뱅주의자를 비롯한 개신교도가 이런 견해를 비난한다. 그 중간 어딘가에 로마 가톨릭교도가 있을 텐데, 그들은 공식적으로 펠라기우스의 신학에 찬성하지 않지만 간혹 개신교에 의해 '반¥펠라기우스주의'를 퍼뜨린다고 비난받는다. '오직 믿음으로sola fide'(즉 오직 신앙을 통한 은총으로 의롭다고 인정받음)라는 종교개혁의 교의를 완전히 받아들이지 않기 때문이다. 펠라기우스는 어떻게 한 사상가가 때로 패배하면서도 여러 세기 동안 자신의 주장으로 계속 영향을 미칠 수 있는지 보여주는 통렬한 사례다.

이 사건은 오래전에 벌어진 일이지만, 아우구스티누스와 펠라기우스가 벌인 논쟁의 실체는 여전히 흥미롭다. 유전, 사회의 부정적인 압력, 문화적 결정 요소, 자기기만 능력 같은 조류에 사로잡힌 인간은 정말로 도덕적인 존재가 될 능력이 얼마나 있을까? 펠라기우스는 우리가 도덕적인 존재가 될 수 있다고 생각했다. 인간의 '도덕적 능력'에 관한 그의 견해를 보여주는 사례가 〈데메트리아스에게 보내는 편지Letter to Demetrias〉에 있다. 413년에 성지 팔레스타인에 있던 펠라기우스는 로마에 있는 유명한 북아프리카 가문 사람이 보낸 편지를 받았다. 그의 추종자인 귀족 부인 아니시아 율리아나Anicia Juliana는 서구의 많은 저명한 신학자에게도 편지를 썼다. 히에로니무스와 아우구스티누스도 편지를 받았을 것이다. 부자라는 이유로 자기 영혼이 위험에 빠질까 걱정하는 열네 살짜리 딸 데메트리아스에게 도덕적 조언을 해 달라는 편지였다. 데메트리아스는 죄인인 자기가 상속재산을 사용할 방법에 관해 훌륭한 결정을 내릴 수 있는지 초조하게 걱정했다. 펠라 기우스는 도덕에 관한 자신의 주장을 펼치면서, 타고난 신성과 성스 럽게 살기로 선택할 수 있는 인간의 도덕적 능력에 관한 견해를 강조 하는 답장을 썼다. 그는 소녀에게 비록 그녀가 다른 모든 사람과 마찬 가지로 죄인이지만, 건전한 도덕적 선택을 할 수 있다고 안심시켰다. 이 편지는 펠라기우스가 직접 쓴 것 중에 현존하는 유일한 글일 것이 다. 아우구스티누스가 《은혜론On the Grace of Christ》에서 이 글을 참조하 는데도 사람들은 여러 세기 동안 펠라기우스를 비방한 히에로니무스 가 이 글을 썼다고 생각했다. 이 글은 인간의 타고난 도덕적 능력을 강력하게 확인하는 설명이다.

펠라기우스는 이단 딱지가 붙었기 때문에 오늘날까지 전해지는 저 작이 거의 없으며, 그의 반대자들이 인용한 내용 정도가 남아 온전히 믿을 만한 자료는 드물다. 최근 들어 일각에서 펠라기우스가 크게 오 해를 받았다고 옹호한다. 그를 지지하는 사람들은 그의 사상이 매우 정통적이고, 초기 교부들이 확립한 전통을 충실히 따르며, 동방과 서 방 교회의 가르침과 일치한다고 주장한다. 교회 사학자 이언 브래들 리Ian Bradley는 "얼마 남지 않은 자료를 끼워 맞춰볼 때 …… 이 켈트인 수사는 하느님의 은총이 선행한다는 정통적인 견해를 고수했고, 개인 이 순전히 자신의 노력으로 구원을 달성할 수 있다고 주장하지 않았 다"[67]고 썼다. 펠라기우스의 '이단성'은 간혹 그만큼 엄밀하지 못한 제 자들이 그의 사상을 해석한 방식이나 미묘한 차이와 관련이 있었다. 하지만 그의 이단성은 부유한 적수들의 영향력과도 많은 관련이 있었다. 이 논쟁에서 그들이 어떤 역할을 했는지 살펴보기 위해 이제 '돈을 따라'보자.

교황이 아우구스티누스를 지지하기를 꺼렸음에도 그와 추종자들이 마침내 펠라기우스에게 승리했을 때, 단순히 신학적 관념이 승리한 것이 아니다. 아우구스티누스는 싸움을 치르기 위해 자금이 필요했다. 아우구스티누스의 파벌은 앞서 도나투스파(자신들이 보기에 기꺼이 타협하는 기독교인과 친교를 받아들이기 거부한 순수주의자)라 불리는 운동과 싸움에서 이겼다. 아우구스티누스 쪽 사람들은 그들에게 공식적으로 이단이라는 꼬리표를 붙이는 데 성공했고, 덕분에 도나투스파의 토지는 로마제국에 압수되었다. 아우구스티누스를 따르던 가톨릭교도는 이후 그 토지와 그에 따르는 수입까지 물려받았다. 교회가 거둔 승리의 결실이다. 그 결과 그들은 펠라기우스를 상대로 제국 법정에서 새로운 소송을 벌일 때 필요한 비용을 충당할 자원을 끌어모았다. 현금의 조용한 속삭임은 종교의 정치를 포함해 정치에서 언제나 위력을 발휘한 것처럼 종교에서도 그만큼 설득력을 보였다. 펠라기우스와 그를 지지하는 신학자들이 싸움에서 승리한 것처럼 보였음에도 시합은 뒤집혔다. 스포츠에 비유하기를 즐기는 어느 역사학자가 말하듯, 이 싸움은 "무승부로 끝났을 수도 있다. 그런데 '추가'시간이 주어졌고, 추가시간이 끝났을 때 아우구스티누스와 그의 팀은 주심과 선심이 내린 수상쩍은 판정의 도움을 받아 승리했다".[68]

아우구스티누스 추종자의 재력은 많은 귀족 가문의 재정적 혼란 때문에 특히 위력을 발휘한 것으로 보인다. 이 귀족 가문들은 제국 법정에 가까웠을 테지만, 당시 그들 지역을 휩쓸면서 재산을 유린한 반달족 침입자 때문에 큰 손해를 본 상태였다. 아우구스티누스 팀은 적재적소에 돈을 썼고, 돈을 뒷받침하는 정치 공작에도 능숙했다. 이 가문 중 일부는 워낙 사정이 쪼들려서 야만족 침입자를 매수하기 위해 모금하는 공동 자금에 돈을 내지 않았고, 이런 소극적인 태도 때문에 다른 귀족과 사이에 불화와 긴장이 생겼다. 다시 통일을 확립하는 데 이해관계가 일치했다. 반달족이 침략하기 전에는 상충하는 신학적 입장을 받아들일 수 있었지만, 이제는 그런 불일치가 용납할 수 없는 분열로 간주되었다. 알프스산맥 너머에서 온 약탈자에 맞서 정치적·종교적으로 똘똘 뭉쳐야 할 때였다. 아우구스티누스가 펠라기우스를 이단자로 규정한 것은 이런 지배적인 정서에 영합한 것이다. 분열은 나쁘고, 돈은 환영받았다.

때맞춘 죽음도 그들의 대의에 도움이 되었다. 펠라기우스를 지지한 교황이 사망했고, 새로운 교황이 베드로의 성좌에 올랐다. 교황 조시모는 귀족 가문에게 더 순종했고, 그들의 도움이 더 필요했다. 교황과 귀족, 황제가 제휴를 맺었다. 펠라기우스와 제국 전역에 있는 지지자 수천 명은 이내 자신들이 지는 쪽임을 깨달았다. 표면상 순전히 교의적인 것처럼 보이는 논쟁에 부의 무게가 얼마나 많은 영향을 미치는지 생생히 보여주는 기독교 역사의 한 장이다. '시장'의 비정한 실용주의를 앞다퉈 지적하는 어떤 교회든 제 눈 속의 들보를 놓치지 말아야 할 것이다.

펠라기우스나 그를 지지하는 사람들이 지는 편에서 섰다고 해서 입을 다물지는 않았다. 에클라눔Eclanum의 젊은 주교 율리아누스Julianus는 고위직에 친구가 많지는 않으나 총명한 사상가로, 펠라기우스가 멈춰 선 자리를 차지했다. 그리스어를 배운 적이 없는 아우구스티누스와 달리, 율리아누스는 그리스어뿐만 아니라 제국 동부의 풍부한 철학도 알았다. 그는 지적인 차원에서 아우구스티누스에 대항해 설득력 있게 싸웠다. 그는 아우구스티누스의 기독교 신학에서 그의 초기 철학에 담긴 마니교적 이원론의 흔적을 간파했다(많은 사람들이 이런 평가가 정확하다고 생각한다). 예를 들어 이원론적 마니교도는 인간적이고 세속적인 모든 것을 열렬하게 거부하면서 결혼한 부부의 성까지 철저하게 의심했다. 아우구스티누스는 나중에 버린 정부와 사이에서 아들을 하나 두었는데, 많은 저술에서 비슷한 입장을 취하는 것처럼 보였다. 그는 원죄가 성교를 통해 세대에서 세대로 전해진다고 가르쳤기 때문에, 일부 독자는 성관계를 완전히 피하는 것이 가장 신중한 방침이라고 생각했다.

율리아누스는 성은 인간이 번식하도록 하느님이 준 선물이라고 생각했으며, 아우구스티누스 편을 들고 싶은 평신도에게 가족을 원한다면 성과 결혼을 그토록 부정적으로 보는 사람을 지지하는 것은 분별 있는 선택이 아니라고 경고했다. 그는 아우구스티누스의 원죄 교의가 파괴적인 숙명론으로 이어지기 쉽다고도 주장했다. 그는 아우구스티누스가 기독교 양의 탈을 쓴 마니교적 이원론 늑대라고 생각했다. 이는 분명 풍자에 가깝다. 하지만 히포의 주교는 율리아누스를 심각하게 생각했고, 그의 견해를 반박하는 논의에 많은 지면을 할애했다. 이 모든 논쟁은 여러 세기 전에 벌어졌지만, 기독교에서 성에 관한 입씨름이 가라앉았다고 말하기는 힘들다.

아우구스티누스는 자신의 신학적 견해를 정치적으로 기민하게 전개했다. 결혼에 관한 율리아누스의 입장에 매력을 느낀 부유한 평신도는 재부에 관해 거듭 경고한 예수의 말도 걱정했다. 아우구스티누스는 그들의 불안을 가라앉히기 위해 재부는 일종의 '은사charisma', 즉 하느님이 준 신비로운 선물이며, 문제는 재부가 있는지 혹은 재부를 어떻게 획득했는지가 아니라 그 재부로 무엇을 하는가라는 사고를 내놓았다. 그는 재부를 이용해 세상에서 가톨릭교회의 영향력을 확장하는 일이 재부가 어디서 왔는지에 관한 어떤 생각보다 우선한다고 가르쳤다. 아무리 미심쩍어도 재부의 원천에 대해 질문할 필요는 없었고, 그런 질문에 대답할 필요도 없었다. 재부에 관해 '묻지도 말고 말하지도 말라don't ask, don't tell'는 5세기 식 원칙이다. 그리하여 성과 결혼에 관한 득점표는 율리아누스 쪽으로 기울었으나, 세속의 재화에 관한 곤란한 질문에는 아우구스티누스가 높은 점수를 받았다.

두 사상가가 벌인 싸움은 지적으로 흥미롭지만, 두 사람이 제기한 주장은 논쟁의 일부였을 뿐이다. 군사 전략가들이 말하듯이, '관제 고지'는 아우구스티누스 편에 있었다. 율리아누스는 펠라기우스처럼 황제와 히포의 주교에게 충성하는 주교들이 지배하는 공의회에서 패했다. 그는 결국 주교 관구에서 쫓겨나 시칠리아에서 유배 생활을 했다. 이곳에서 아우구스티누스를 공격하는 수많은 글을 썼지만, 대부분 별 효과가 없었다. 나는 신학대학생 시절에 동료들과 몇 주 동안 아우구스티누스를 공부했다. 세미나 전체가 아우구스티누스의 저술을 연구하는 내용이었다. 펠라기우스는 아우구스티누스의 빛나는 지성과 충실한 신앙에 패배한 이단이라고 들었다. 율리아누스에 대해서는 한마디도 듣지 못했다. 다른 영역과 마찬가지로 신학에서도 역사는 승자의 기록이다.

아우구스티누스파와 펠라기우스파의 논쟁에서 재부와 세속 권력이 수행한 커다란 역할은, 이후 벌어진 표면상 신학적인 것으로 보이는 수많은 논쟁에서도 고스란히 되풀이된다. 중세 후기에 수도원 운동과 이른바 '이단' 그룹이 부상한 이면에는 교회의 재부가 커지는 것에 대한 분노가 있다. 종교개혁은 원래 면벌부 판매에 관한 논쟁을 둘러싸고 폭발했다. 맘몬Mammon은 심지어 지성소에도 전혀 없지는 않다. '돈을 따라'의 렌즈로 교회사를 읽는다고 해서 모든 것이 설명되는 것은 아니다. 사상, 논쟁, 인물 등도 들어간다. 하지만 가르침과 교의에 관한 일반적인 책자에서는 현금 흐름이라는 요소를 자주 무시하거나 최소화하기 때문에, 이 렌즈로 종종 작은 활자나 행간에서 드러나는 내용을 식별하는 것이 중요하다.[69]

서구 종교의 역사에 대해서도 같은 말을 할 수 있다. 기독교 사상과 '시장'의 가치는 서구 종교사의 궤적 전체에 존재했다. 하지만 아우구스티누스의 유명한 두 도시처럼 양자는 결코 공간적으로 나뉘지 않았으며, 오늘날에도 분리되지 않는다. 양자는 동일한 운동과 종종 같은 인물 속에서 공존했다. 앞으로 살펴보겠지만, 상인은 종종 종교적 모티프를 활용했다. 종교 지도자도 거리낌 없이 '시장'의 도구에 의존했다. 이런 사실을 보여주는 수많은 사례가 있지만, 양다리 걸치기의 고전적인 화신으로 한 작가가 두드러진다. 18세기 스코틀랜드의 개신교 신학자이자 경제학자 애덤 스미스를 빼고는 신과 '시장'에 관한 어떤 논의도 형편없이 불완전할 것이다. 다음 장에서 스미스에게 고개를 돌려보자.

10. 애덤 스미스:
창시자이자 수호성인?

> 부자와 권세가에 대해서는 감탄하고 거의 숭배까지 하는 성향, 가난
> 하고 비천한 상태에 있는 사람을 경멸하거나 적어도 무시하는 성향은
> …… 동시에 우리의 모든 도덕 감정을 타락시키는 가장 크고 보편적인
> 원인이다.
>
> — 애덤 스미스,《도덕 감정론The Theory of Moral Sentiments》(1759)

사람들이 무릎 꿇고 경배하는 모습을 보려면 '시장신'의 문간에서
'애덤 스미스'라는 이름을 읊조리면 된다. 이것은 일종의 과장이지만
가까스로 농담이다. 18세기 스코틀랜드의 도덕철학자이자 자연법 교
수인 그는 일부 경제학자에 의해 경제학의 창시자로 불린다(경제학의
수호성인에 해당한다). 일부 지지자는 스미스를 방해 받지 않는 시장의
권위적인 예언자로 숭배한다. 애덤 스미스의 삶 자체에서 '대성당'과
'쇼핑몰'의 거리는 사실상 사라진다.

1723년에 스미스가 태어난 카운티파이프County Fife의 커콜디Kircaldy

로 순례를 가거나, 그의 갈비뼈나 손가락뼈를 옮기는 행렬을 지켜보려고 아우성치는 사람은 많지 않다. 스미스처럼 평생 장로교도로 산 사람에게는 순례나 유골이 어울려 보이지 않을 것이다. 하지만 타시James Tassie의 원형 돋을새김 초상화에 새겨진 스미스의 옆얼굴은 전 세계로 퍼져 나갔다.[70] 스미스 탄생 200주년을 기념하기 위해 자유 시장에 찬성하는 한 재단은 그의 생애를 다룬 성인전 영화를 내놓았다. 경제사학자 머리 로스바드Murray Rothbard는 레이건 행정부의 고위 관리는 일종의 명예훈장으로 애덤 스미스 넥타이를 맸다고 전한다.[71] 이런 사례 중 어느 하나라도 애덤 스미스와 경제학, 신학의 진정한 관계를 제대로 보여줄까? 나는 그렇게 생각하지 않으며, 이 장과 다음 장에서 그 이유를 보여주고자 한다.

이 장에서는 스미스가 사실 근대 경제학의 창시자가 아니며, 경제학의 성자이자 구속 받지 않는 자유 시장의 후원자라는 그의 지위 역시 의심스럽다고 말하고자 한다. 다음 장에서는 스미스를 신학자(많은 독자는 당혹감이 들 것이다)이자 경제학의 예언자로 봐야 그를 더 잘 이해할 수 있다고 제안할 것이다. 여기서 내가 사용하는 예언자라는 단어는 점쟁이가 아니라 성서에서 사용되는 의미다. 권력자에게 백성에 대한 기본적인 의무와 하느님의 창조물이자 성약인 우주 자체의 근본적인 구조를 다시 외치는 사람 말이다. 히브리 예언자 아모스와 예레미야가 떠오른다.

과연 애덤 스미스는 경제학의 창시자일까? 현재 진지한 경제학사 연구자 가운데 스미스가 창시자라고 주장하는 이는 거의 없다. 로스바드는 "스미스가 높은 명성을 누리는 점과 경제 사상에 그가 실제로 기여한 정도가 의심스럽다는 점 사이에 거대하고 전례 없는 간극이 존재한다"고 말한다. 이 간극은 스미스가 사망한 직후에 벌어져서 계속 확대된 것처럼 보인다. 다시 로스바드의 말을 인용하면, "경제학사에 관한 책은 중상주의자에게 그들이 받아 마땅한 약간의 조소를 보내고, 중농주의자를 인정하며 고개를 한 번 끄덕인 다음, 하나같이 스미스를 경제학이라는 학문의 창시자로 내세우며 시작한다. 스미스가 저지른 실수는 모든 위대한 선구자가 저지를 수밖에 없는 결함으로 이해하고 넘어간다". 실제로 그는 경제학 분야는 중세 스콜라철학자 이래 계속 존재했다고 주장한다. 결정적으로 스미스가 경제학의 시조가 아닌 것은 그가 이전의 견해를 인용하지도 않고 자기 것처럼 사용한 '파렴치한 표절자'이기 때문이다. 로스바드는 설상가상으로 스미스가 그릇된 견해를 많이 소개했는데, 이런 견해 때문에 오늘날까지 경제학이라는 학문이 괴로움을 겪는다고 말한다.[72]

다른 이들은 로스바드의 역사 서술에 이의를 제기할지 모르며, 그가 어떤 잘못된 통념이 오늘날 경제 사상을 왜곡한다고 생각하는지 탐구하고픈 유혹이 생긴다. 하지만 내가 보기에 '시장'에 대한 믿음을 신학적으로 생각할 때 또 다른, 어쩌면 훨씬 더 심층적인 문제가 있다. 스미스 비판자들의 말이 맞는다고 가정해도 문제는 남는다. 창시자(사상 학파나 종교, 다른 집단적 노력의 창시자) 신화가 실체가 없다는 사실이 오래전에 입증된 뒤에도 사람들은 왜 그 신화에 격렬하게 집착할까?

우리가 종교사 연구에서 몇 번이고 깨닫듯이, 이 질문에 대한 답은 전통과 매혹적인 창시자 이야기는 모든 기획에 진정성을 부여한다는 것이다. 전통과 창시자가 없는 경우에는 그런 것을 만들거나 다른 데서 빌린다. 베르길리우스는 고대 그리스의 종교를 비롯한 역사를 신생 로마공화국의 대의에 편입하기 위해 《아이네이스Aeneis》를 썼다. 초기 기독교도가 유대 성서를 제 것으로 만들어 '구약'이라는 이름으로 자신들의 성서에 포함한 이유는 당시에도 히브리 신앙은 오랜 역사가 있는 반면, 새로운 기독교 운동은 그런 역사가 없다는 걸 모두 알았기 때문이다. 공산주의가 몰락한 뒤 러시아공화국이 종교의 자유에 대한 많은 제한을 폐지하기로 결정했을 때, 새로 제정된 법률은 여전히 러시아에서 오랜 역사가 있는 교단(특히 정교회)에 유리한 반면, 침례교나 최근에 생겨난 종교운동에는 불리한 점이 많았다. 2015년 5월, 모스크바 시는 성 블라디미르 서거 1,000주년을 기념하기 위해 80피트〔약 24미터―옮긴이〕짜리 동상을 준비 중이라고 발표했다. 모스크바는 도시 끝머리 언덕에서 시를 내려다보는 블라디미르 상을 세워, 이 전설적인 인물이 자기 도시 사람이라고 주장하는 셈이다. 블라디미르는 현재 다른 나라인 우크라이나의 키예프에 살았는데 말이다. 양국이 긴장 상태임을 감안할 때, 이처럼 지나칠 정도로 경건한 행동에 담긴 정치적 의미는 누구도 모를 리 없다.[73]

창조 신화는 빈틈없이 보호를 받으며, 애덤 스미스의 신화적 지위에 관해서는 그의 열성적 지지자에게 강한 애착을 포기하라고 설득하기는 어려울 것이다. 많은 사람이 《그리스도를 본받아The Imitation of Christ》를 찾아보는 이들처럼 조용한 경외심으로 스미스의 《국부론》을 가리킨다. 스미스의 사도 역시 일부 복음주의자와 같이 증명 문서 찾기proof-texting〔자기 해석을 증명하기 위해 성경 구절을 맥락과 무관하게 인용하는 행위―옮긴이〕에 가까운 방식으로 그의 저작에서 고립된 구절을 즐겨 인용한다. 물론 그들이 가장 좋아하는 부분은 개인의 이기심을 공공선의 열쇠로 신성시하는 것처럼 보이는 구절이다. 오늘날에는 식자층 가운데 다음과 같이 진부한 인용을 접해보지 않은 이가 드물 것이다.

> 우리가 식사할 수 있는 것은 정육점 주인과 양조장 주인, 빵집 주인의
> 자비 덕분이 아니라 자신의 이익에 대한 그들의 관심 때문이다. 우리는
> 그들의 인간성에 호소하지 않고 그들의 이기심에 호소하며, 그들에게
> 우리의 필요를 이야기하지 않고 그들의 이익을 이야기한다.[74]

일종의 격언인 이 말은 견본품으로 짜 맞추기에는 약간 길기 때문에 다른 추종자들은 '시장'의 '보이지 않는 손'에 관한 스미스의 짧은 설명에 이 틀을 덧씌운다. 그러면서 이것이 시대에 뒤떨어진 기독교의 섭리 교의보다 가치 있는 계승자라고 생각한다.

애덤 스미스를 '시장 신앙Market Faith'의 성자로 보고, 이를테면 '글래스고의 성 애덤'으로 칭할 수 있을까? 스미스의 저작에서 마음에 드는 부분을 골라내는 대신 꼼꼼히 읽어보면 다른 결론이 나온다. 신성화를 위한 검열을 통과하려면 스미스는 자유 시장 신조에서 벗어난 이단이나 편향의 흔적이 전혀 없어야 할 것이다. 뒤에서 살펴볼 텐데, 전혀 그렇지 않다. 스미스는 연쇄 배교자serial backslider다. 그 증거를 살펴보기 전에 성자 개념과 기독교에서 '성자'라는 단어의 의미를 검토해보자.

대다수 개신교 교회에서는 모든 기독교인이 살았든 죽었든 성자(성도)라고 간주한다. 이렇게 생각하는 것이 특히 성 바울이 편지를 보내면서 일관되게 '에베소에 사는 성도'나 '빌립보에 사는 모든 성도'라고 지칭한 신약의 본보기를 따르는 일이라고 주장한다. 이런 인사말

은 전체 주민을 대상으로 한 듯한데, 이 때문에 개신교는 특별한 집단을 위해 이 칭호를 떼어두는 것을 꺼린다. '성 마가 회중교회'나 '성 누가 감리교회' 같은 이름을 짓지 않는 것은 아니다. 하지만 이런 접근법은 일정한 평등화 효과를 발휘한다. 성 마태와 합창단의 제일 어린 소년 둘 다 성도인 것이다.

로마가톨릭교회는 성자(성인)에 관해 견해가 다르다. 일정한 사람만 죽은 뒤에야 '성인'으로 지정된다. 교회는 여러 세기 동안 성인 자격을 정하기 위해 정교한 체계를 발전시켰다. 가톨릭 시성 과정에는 네 가지 단계를 따라야 하는데, 하나같이 쉽지 않다.

첫째, 누군가 혹은 더 좋은 경우로 어떤 집단이 한 사람이 성인으로 추대될 자격이 있다고 생각하면, 그들은 지역 주교에게 시성 요청을 제출해야 한다. 주교는 해당 인물의 생애를 심사하면서 이른바 '영웅적 덕행'의 증거를 찾는다. 다음 단계를 위해 취합된 정보가 로마에 제출되는데, 여기에는 시성성諡聖省의 결정이 필요하다. 추기경, 대주교, 주교 등으로 구성된 시성성은 여러 측면의 검증과 관련된 다양한 고문의 도움을 받아 정보를 심사한다. 대체로 한 심사 위원이 후보자의 특별 옹호자로 임명된다. 논의는 정해진 기한 없이 계속되기 때문에 아주 오래 걸릴 수도 있다. 하지만 프란치스코 교황이 교황 요한 23세와 교황 요한 바오로 2세에 대해 발동한 것처럼, 교황은 이 과정을 단축할 권한이 있다. 두 전임 교황은 2014년 4월 27일 로마에서 시성식을 치르며 성인으로 추대되었다. 심사단이 합당한 숙의 끝에 후보자를 승인하면 교황은 후보자를 '가경자'로 선포하고, 이 사람은 일종의 덕행 역할 모델이 된다. 이것은 때로 성인이 되기 위한 '첫 단계'로 불리지만, 많은 후보자가 그 이상 나아가지 못한다. 아직 갈 길이 멀다.

다음 단계인 '시복'은 높아진 상태나, 아직 성인에는 미치지 못한다. 이 책을 쓰는 지금, 산살바도르의 오스카 로메로 대주교를 시복하는 의식이 열렸다. 이 과정은 1980년 로메로 대주교가 암살된 이래 지연되다가 프란치스코 교황이 재개했다.[75] 시복에 이르려면 후보자가 기적을 행했거나 순교했음이 입증되어야 한다. 기적은 거의 언제나 치유의 기적이다. 그러고 나면 후보자는 특별한 방식으로, 하지만 대체로 특정한 지역이나 집단에 의해서 공경 받는다. 2003년 10월 20일에 시성을 받은 마더 테레사가 한 예다. 오늘날 테레사 수녀는 콜카타의 복녀 마더 테레사라고 불린다.

시복을 받았다고 성인이 되는 것은 아니다. 시성의 마지막 단계에서는 두 번째 기적을 입증해야 한다. 기적은 죽은 뒤에 일어남을 주목하자. 마더 테레사의 경우, 지지자들은 그녀가 적어도 두 차례 사후 기적을 이뤘다고 주장했다. 한 예로 미국의 한 프랑스계 여자는 자동차 사고로 갈비뼈가 여러 대 부러졌는데, 기적적으로 회복하는 경험을 했다. 당시 여자는 마더 테레사의 얼굴이 새겨진 메달을 걸고 있었다. 다른 경우는 마더 테레사가 어느 팔레스타인 소녀의 꿈에 나타나서 암이 치료됐다고 말한 사건이다. 이런 주장은 시성 과정이 계속 진행될 만큼 충분한 자료로 입증되지 않았다. 하지만 2002년 바티칸은 모니카 베스라Monica Besra라는 인도 여자의 배에 마더 테레사의 사진이 담긴 메달을 댄 뒤 종양이 치유된 일을 기적으로 인정했다. 이 사례는 흥미롭다. 환자 남편과 담당 의사를 비롯해 가까이 있던 여러 사람이 의학 기술로 종양(의사는 이것을 낭종으로 규정했다)을 완치했다고 말하기 때문이다. 란잔 무스타피Ranjan Mustafi 박사는 《뉴욕타임스》 기사에서 말했다. "그건 기적이 아닙니다. 환자는 9~12개월 동안 약을 먹었어요."[76]

　이 논란이 흥미로운 점은 기적은 언제나 자연법칙의 정지를 수반하는가에 관한 신학적 질문을 제기한다는 것이다. 하느님은 일반적인 의학적 절차를 거쳐서 치유할 수 있는가? 현재 이 문제를 둘러싸고 신학적 견해가 갈리지만, 과학적 '자연'관의 발전을 감안할 때 질병에는 종종 심리적·신체적 원천이 있으며, 의학 치료는 기적의 치유에 개입될 수 있다는 견해로 기우는 중이다. 암흑 물질 이론과 불확정성원리 이론을 생각해보면, '자연적인 것'과 '초자연적인 것'의 몇 가지 전통적인 구분은 이제 통용되지 않는다. 언뜻 난해해 보이는 이 논란에 관해서는 '시장'에 대해 요구되는 '기적'을 논의할 때 다시 이야기할 것이다.

　성인으로 공표된 뒤 일부 성인은 나라나 도시, 직업, 다른 거의 모든 것의 영적 수호자로 선택된다. 몇 년 전에는 인터넷과 이용자에 대한 수호성인을 지정할 수 있는지에 대한 의견이 교류되었다. 이상적인 후보로 백과사전을 처음 썼다고 전해지는 세비야의 성 이시도루스Isidorus Hispaleusis가 꼽혔다. 이런 일이 이뤄진다면, 온라인에서 어떤 일이 어그러지면 신성모독에 호소하는 수많은 사람이 어느 정도 안도감을 느낄 것이다. 중보 기도를 위한 전달자가 생기는 셈이다.[77]

　성인에 오르는 단계에 관한 이런 설명을 염두에 두고, 애덤 스미스가 성인 후보로 제안된 심의가 열리는 회의장을 우리가 들여다본다고 상상하자. 이번에는 성인들의 상과 보석이 박힌 십자가로 장식된 화려한 고딕 예배당이 아니라, 전임 최고경영자들의 초상화가 벽에 걸렸고 번쩍거리는 참나무 테이블에 배심원단이 둘러앉았으며 목재 패널로 장식된 중역 회의실에서 조사가 진행된다. 교회 시성 청문회와 마찬가지로, 반대되는 견해를 두루 검토해야 한다. 예를 들어 바티칸의 악마의 변호인advocatus diaboli〔성인 후보자의 덕행에 반대 증거를 제출하는 담당관─옮긴이〕은 마더 테레사가 숙박 시설에서 일하지 않을 때는 수상쩍은 금전적·성적 행위에 관여했다거나, 교황 요한 23세가 동정녀 탄생에 의문을 제기하는 발언을 했다고 주장했을 수 있다. (물론 그런 고발은 일어나지 않았다.) 유죄를 시사하는 어떤 비난이든 사실임이 입증되면 성인으로 올라갈 가능성이 0이 된다. 스미스도 촘촘한 검색엔진을 동원해서 찬반 증거를 검토해야 한다.

그렇다면 스미스를 성인의 반열에 올려야 한다는 주장이 나왔으므로(아마 시카고대학교의 저명한 교수들로 구성된 위원회가 그 주인공일 것이다) 이제 반대편, 즉 악마의 변호인의 이야기도 들어야 한다. 스미스는 시성 후보로 제출되었고, 아마 월 스트리트나 주식시장의 수호성인 후보로 여겨졌을 것이다. 악마의 변호인은 이제 세 가지 중심적인 문제에 근거한 주장을 내세워 스미스의 대의를 탈락시키려고 할 것이다. 첫째, 스미스 저작의 많은 곳에서 표현되듯이 그가 영리기업과 '시장'의 전반적인 목표 문제에 관해 드러내는 의심스러운 사고와 관계가 있다. 영리기업과 '시장'이 충족하고자 하는 '선善'은 무엇인가? 분명 '시장'을 찬양하는 사람들이 언제나 완전히 이 질문에 대한 답을 내놓는 것은 아니다. 하지만 그들의 입장은 귀 기울이는 사람에게 분명해 보인다. 영리기업의 목표는 주로 주주의 금전적 이익에 봉사하는 것이다(고객이나 더 큰 공동체 같은 다른 '이해 당사자'에게도 이따금 고개를 끄덕인다). 경제의 목표는 개인의 선택을 극대화해서 개인이 자유롭게 선택하는 갖가지 행복이나 만족으로 나아갈 수 있게 하는 것이다(경제 자체는 그런 성취의 표현이 무엇이어야 하는지 강요하거나 명령해서는 안

된다).

　개인 선택의 극대화라는 목표는 분명 목적을 수단과 동일시한다. 이는 '과정'이지 실체가 아니다. 과정의 목표와 그것을 달성하는 수단은 동일한 것으로 보인다. 둘 다 개인의 자율적 선택을 감소하는 것은 무엇이든 약화하거나 제거할 것을 요구한다. '시장'은 이런 선택을 명령하지 않는다고 여겨진다(물론 거대한 광고 산업은 때로 보이지 않는 손을 조종하는 것처럼 보인다). 하지만 그 주창자들은 '시장'이 가치 있는 목표와 자기 파괴적인 목표를 구분하는 데 관심이나 능력이 없다고 주장한다. 그런 일은 전적으로 개인의 몫으로 남겨둬야 한다. '시장'은 방해받지 않는 개인의 선택의 자유가 지켜지고 향상되는 한, 고상한 욕망과 저열한 욕망을 구분하지도 않는다. 이론적으로 볼 때, 엄밀한 의미의 '시장'은 당신이 선택한다는 사실에 **관심**이 있다. 그런데 광고업자들은 당신이 선택하는 **대상**에 관심을 기울인다.

　우리의 시성 후보인 애덤 스미스는 '시장' 정통 교리의 이 결정적인 조항을 얼마나 충실하게 고수할까? 별로 충실하지 않다. 스미스는 자신이 사실 경제에 대한 실체적인 목표를 염두에 두었음을 몇 번이고 보여준다. 예를 들어 스미스는 경쾌한 18세기 산문으로 인간의 도덕감정에 관한 이론을 발전시키면서 다음과 같이 말한다. "다른 사람에 대해서는 많이 느끼고 자기 자신에 대해서는 적게 느끼는 것 …… 우리의 이기적인 애정은 억제하고 남에 대한 자비로운 애정은 내버려두는 것이 곧 인간의 천성을 완성하는 길이다."[78] 일종의 칼뱅주의자인 스미스는 때로 종교 속의 '열정'을 비난하지만(감리교도에 대한 언급일 수 있다), 사실 그는 거기에서 핵심적 사고를 빌렸다. 인간은 원죄의 속박을 벗어나서, 존 웨슬리가 말한 것처럼 하느님이 우리에게 의도한

'완전함perfection'을 향해 '나아갈' 힘이 있다. 그러므로 칭찬할 만한 욕망과 비천한 욕망 둘 다 존재한다. 진정한 공화국commonweal으로 나아가는 인간의 진보에 기여하는 욕망과 그렇지 못한, 심지어 우리를 다른 방향으로 밀어붙이는 욕망. 여기서 성인 후보 스미스는 분명히 무제한적인 소비자주권의 옹호자가 아니다. 그는 순전한 이단, 기껏해야 '시장신'을 찬미하지 않는 교의를 가르친다. 시성 점수 1점 감점.

'시장'의 성인으로서 스미스가 받은 2점 감점은 앞 단락에 암시된다. 스미스는 우리를 위해 정해진 도전해볼 만한 목표를 실제로 달성하는 인간의 능력을 측정하는 문제에서 정통 교의와 크게 견해가 갈린다. 이 차이는 중요하다. '시장'의 교리문답에서 보면 인간은 자신에게 제시된 무수히 많은 가능성 가운데 자기 이익을 선별할 힘이 있으며, 자신의 선택이 실망스러운 것임이 밝혀질 때 그것은 어떤 내적인 약점 때문이 아니라 둘 중 한 가지 이유 때문이다. 즉 지나치게 많은 규제 탓에 선택의 범위가 왜곡되거나, 선택하는 사람이 합리적인 구매 결정을 내리는 데 필요한 정보를 충분히 제공받지 못했기 때문이다. 이번에도 어떤 실체적인 선의 개념은 배제된다. 좋은 것은 선택되고, 선택되는 것은 좋은 것이기 때문이다.

이 점과 관련해 단일한 신학 경향에 결코 사로잡히지 않은 스미스는, 글래스고에서 호흡한 스코틀랜드 칼뱅주의의 분위기로 되돌아가는 것처럼 보인다. 이 과정에서 그는 9장에 논의한 아우구스티누스와 펠라기우스의 논쟁을 상기시킨다. 스미스는 아우구스티누스 편을 들며 고전 신학에서 말하는 아크라시아akrasia, 즉 '의지 부족'을 인정한다. 특히 장 칼뱅이 강조한 인간에게 공통된 이런 약점 때문에, 아무리 충분한 정보를 토대로 해도 모든 선택이 반드시 좋은 것은 아니다. 성 바울이 자기 안에서 깨달은 것처럼, 그는 선을 행하려는 의지는 있으나 자신이 원하지 않는 악한 일을 계속한다(〈로마서〉 7장 18~19절). 바울은 이런 자멸적인 충동에서 벗어날 수 있는 것은 오직 하느님의 은총 덕분이라고 결론짓는다.

스미스도 이런 곤경을 목격하는데, 그의 해법은 비록 사도 바울의 해법에 비교할 만하지만 두 의지가 우리 안에서 끊임없이 싸운다는 유서 깊은 유대의 가르침과 더 비슷하게 들린다. 우리는 이기적인 동기에 굴복하기보다 링컨이 말한 '우리 본성의 선한 천사the better angels of our nature'에 주의를 기울이는 법을 배워야 한다. 스미스는 고귀한 본성과 천한 본성이 우리 안에서 똑같이 싸우는 것을 인정하며 고귀한 본성을 '공정한 관찰자', 즉 우리 머릿속 양심의 목소리라고 설명한다. 스미스는 다음과 같이 말한다. "우리는 마음속의 이 재판관에게 물어봄으로써 자신과 관련된 사물을 그 정당한 형상과 크기로 볼 수 있고, 자기 자신과 타인의 이해관계도 정당하게 비교할 수 있다."[79] 여기서 스미스는 개인의 만족뿐만 아니라 공동의 안녕에 대한 인식에도 근거하는 선택을 옹호한다. 물론 스미스의 전체 저작 이곳저곳에서 이 주장과 모순되는 듯 보이는 문장을 찾아볼 수 있다. 자주 인용되는 정육점 주인, 양조장 주인, 빵집 주인에 관한 문장이 대표적인 경우다. 하지만 증거를 뒤져보면 스미스를 '시장'의 천계에 성인으로 올리는 데 반대하는 이들 쪽으로 무게중심이 쏠린다. 시성 절차에서 성인의 반열에 오르는 것을 탈락시키는 데 많은 증거가 필요하지 않다는 사실을 감안하면 더더욱 그렇다.

악마의 변호인에게는 확실히 반론하기 위해 제출할 논거가 하나 더 있다. 이 논거는 보통 인식되지 않지만, 폴 윌리엄스Paul Williams는

《신학자 애덤 스미스Adam Smith as Theologian》의 결론 격인 장에서 이 사실을 적절히 지적한다. 이는 경제가 그 목적을 달성하려면 사람들이 서로 가질 필요가 있는 근접성과 장소에 관한 스미스의 사고와 관련이 있다. 이런 사고를 사람들이 유동적이어야 한다는 '시장'의 명령과 대조해보라. 특정 장소에 대한 집착은 분명 장려해서는 안 되는 태도다. 그런 태도는 포기되어야 한다. '시장'은 유동적인 노동력이 필요하다. 린든 존슨 대통령은 언젠가 구직에 관한 한 사람들은 "단순히 사냥감의 위치를 알리는 게 아니라 사냥감을 물어뜯는 사냥개"가 되어야 한다고 말했다고 한다.

이 문제에 관해 '시장' 경전이 제시하는 논리는 분명하다. '시장'은 생존하기 위해 성장해야 하며, 성장을 위해서는 자본과 노동의 자유로운 흐름을 막는 불편한 장애물을 제거해야 한다. 구르는 돌에는 이끼가 끼지 않으며, 이 교의에 따르면 돌이 자유롭게 구를수록 좋다. 하지만 어떤 공동체나 동네, 풍경에 뿌리를 두는 인간의 습성은 제한일 뿐, '시장'은 이런 습성을 좋지 않은 눈으로 본다. 프랑스 철학자 시몬 베유Simone Weil는 현대사회에서 뿌리를 잃는 현상이 증대되는 모습을 개탄했다.[80] 다른 저자들은 민족이 끝없이 이동하고 구체적인 장소와 연결성이 잠식됨에 따라 사람들이 20세기 전체주의 운동의 호소력에 취약해졌다고 지적했다. 이런 운동은 소속감과 더불어 피와 땅blood and soil〔나치가 주요하게 내세운 민족의식 구호—옮긴이〕의 유사 신비적인 결속을 약속해주었기 때문이다. 오늘날 사람들을 거주 현장에서 떼어내는 동일한 '원격화distanciation' 때문에 사람들은 텔레비전과 인터넷 광고를 통해 관계를 맺는 유사 공동체(의복이나 음악, 맥주 등 순간적인 취향을 공유하는 원자화 된 집단)에 쉽게 빠져든다. '펩시 세대'가 실체가 별로 없었다면, 끝없이 등장하는 그 후속 세대는 실체가 훨씬 더 적다.

애덤 스미스는 이와 같은 영구운동 문화perpetual-motion culture에 찬성하지 않았을 것이다. 그는 우리가 경제체제에서 함께 살기 위해 필요한 덕목은 날마다 같이 사는 사람들이 그 덕목을 잘 보살필 때 번성한다고 몇 번이고 말했다. (노랫말에 있듯이 '구르는 돌처럼') 우리만 남겨진다면 우리는 이런 도덕 감정을 발전시키지 못한다. 스미스가 말하듯이 우리는 "자신의 모든 감정과 행동 기준, 기분을 우리가 함께 생활하고 많은 대화를 해야 하는 사람들에게 고착되고 뿌리내린 감정과 행동 기준, 기분에 가능한 한 적응하고 동화시키려는 자연적인 성향"이 있다. 노동의 무한한 유동성과 뿌리내림 중에 선택이 주어지면, 스미스는 뿌리내림의 편에 선다. 이 때문에 스미스는 공동체의 중심으로서 도시의 종교 회중에 관해 우호적인 이야기를 한다. '교회'에서 스미스를 성인 후보로 평가한다면, 이런 견해는 그의 주장을 강화하는 근거가 되었을 것이다. 하지만 '시장'의 다른 성인들과 나란히 성화벽iconostasis에 스미스의 성화가 걸리게 해주는 견해는 아니다.[81]

우리는 어떤 기적(물론 세속적이고 경제적인 기적을 의미한다)을 스미스나 그의 가르침 덕분으로 돌릴 수 있을까? (우리는 그의 유골에서 뭔가를 기대하는 정도까지 나가지 않는다.) 일부 독자는 '시장'과 종교 비유를 지나치게 확대한다고 생각하는 질문에 고개를 저으며 미소 지을 것이다. 그러면서 사업가는 아주 논리적이고 계산적이기 때문에 기적을 예상하거나 기대하지 않는다고 주장할지 모른다. 하지만 다시 살펴보자. 2차 세계대전 이후 수십 년 동안 독일의 '경제 기적Wirtschaftswunder'에 대해 많은 이야기가 있었다. 기반 시설이 연합군의 폭격에 강타 당해 종종 까맣게 탄 잔해만 있는 나라가 기적적으로 번영을 이뤘다는 것이다. 독일이 놀랍도록 빠르게 회복하자, 이런 변화를 설명하기 위해 거의 곧바로 기적이라는 단어가 사용되었다. 어떤 이는 이 기적을 자유 시장 원리를 충실하게 적용한 덕으로 돌렸고, 서독의 경제 회복을 동독의 명령 경제가 겪은 아주 다른 경험과 즐겨 대조했다. 하지만 회의론자는 이런 종교적인 미화는 잘못된 것이라고 반박했다. 그들은 서독이 신속하게 경제를 회복한 데는 다른 원인도 있다고 지적했다. 첫째, 설비를 구입할 수 있도록 유럽에 대규모 자금을 투입한 마셜플랜이다. 냉전이 시작되면서 미국이 서독을 동맹국으로 편입하고, 서독에 수천 명을 주둔시켰다. 독일민주공화국(동독)은 그런 자금원이 전혀 없었다. 오히려 소련은 자국민이 사용하기 위한 제조업 설비를 열차로 실어 갔다.

나는 1960년대 초에 걸핏하면 서쪽 쿠르퓌르스텐담의 찬란하게 번쩍거리는 사치와 동쪽 알렉산더플라츠의 음침한 잿빛을 대조하며 서구 체제가 우위에 있다는 증거로 치켜세우던 베를린에서 살았다. 당시 대다수 독일인은 서독의 경제 제도가 실제로 더 낫다 해도 이런 비교는 공정하지 못한 것임을 분명히 알았다. '기적'은 수많은 세속적인 자산 덕분에 일어난 것이다.

독일의 경제 기적에 관해 어느 쪽이 옳든, 이 논쟁은 가톨릭 성인 여부 근거에서 주장되는 치유의 기적을 둘러싼 논쟁과 몇 가지 면에서 흡사하다. 이번에도 우리는 한 가지 질문에 직면한다. '기적'은 언제나 인간의 어떤 개입도 없어야 하는가? 의사들이 마더 테레사의 개입으로 치유되었다고 하는 여자를 치료했다면, 여자가 가슴에 로사리오 묵주를 끌어안고 살았다 해도 이런 놀라운 회복을 기적으로 간주할 수 있을까? 애덤 스미스는 당대에 크게 유행한 '자연신학'의 실천

가로서 하느님은 세상을 창조할 때 제정한 자연법을 **통해서** 일하지, 자연법을 거스르면서 일하지 않는다고 주장했다. 하지만 기적이든 아니든, 애덤 스미스는 조사 위원회나 악마의 변호인의 맹공격을 통과할 수 없었다. 스미스는 '시장' 정통 교의의 신성한 신조에 위배되는 말을 너무 많이 하고 글로 남겼다.

경제학의 창시자나 경제학자의 수호성인으로서 애덤 스미스의 지위에 관해서는 이쯤 하자. 그렇다면 우리 경제·종교사에서 스미스가 차지하는 자리를 어떻게 이해해야 할까? 나는 애덤 스미스를 도덕신학자, 어쩌면 일종의 예언자로 봐야 한다는 것이 답이라고 생각한다. 다음 장에서 이 주장을 계속 제시할 것이다.

11. 애덤 스미스:
신학자이자 예언자?

그때에 이것을 보는 너의 얼굴에는 기쁨이 넘치고, 흥분한 너의 가슴은 설레고, 기쁨에 벅찬 가슴은 터질 듯할 것이다. 풍부한 재물이 뱃길로 너에게로 오며, 이방 나라의 재산이 너에게로 들어올 것이다.

—〈이사야〉 60장 5절

10장에서 언급했듯이 종교현상으로서 '시장'에 관해 논의하려면 애덤 스미스의 숭고한 아우라를 받아들이는 법을 배워야 한다. 나는 스미스가 경제학의 창시자라는 주장과 그가 자유 시장의 수호성인일 수 있다는 가정을 검토했는데, 둘 다 설득력이 없음을 발견했다. 이 장에서는 스미스를 스코틀랜드 칼뱅주의 유파에 속한 18세기 개신교 신학자로 볼 때 그를 가장 잘 이해할 수 있다고 주장하고자 한다. 스미스를 예언자로 간주할 수 있다는 주장도 할 것이다.

신학자 애덤 스미스에서 시작하자. 이 글을 쓰는 나의 직업 때문에 이 주장은 나 자신에게 유리한 논의만 늘어놓는 것은 아닐지라도 억

지스럽게 들릴지 모른다. 하지만 이 주장이 정확하다는 증거가 점점 늘어나고, 그 증거를 검토한 결과 나는 스미스를 신학자로 읽는 것이 타당할 뿐만 아니라, 다른 독해로 밝히지 못하는 그에 관한 많은 사실을 명료하게 드러낼 수 있음을 확신했다. 경제학자 제이콥 바이너Jacob Viner가 언젠가 말했듯이, "경제학을 포함한 애덤 스미스의 사유 체계는 그가 그 안에서 신학적 정서에 부여하는 역할을 무시한다면 이해하기 힘들다".[82]

애덤 스미스는 우리가 현재 경제학과 신학이라고 부르는 학문이 분리되어 각자의 길을 가기 전에 살면서 글을 썼다. 그의 저작은 21세기 경제학자나 신학자가 출간하는 저술과 닮은 점이 거의 혹은 전혀 없다. 하지만 스미스의 저술은 많은 고전적 신학자나 당대 신학자와 비슷한 추론 패턴을 따른다. 그는 당대 스코틀랜드 지식 문화에 활기를 불어넣은 종교와 철학 전통의 흐름에 의지한다. 여기에는 성서 연구도 포함된다. 예를 들어 이 장에 붙인 제사를 보면, 스미스가 자신의 가장 유명한 저서《국부론》의 제목을 성서에서 빌렸음을 알 수 있다(《국부론》의 원제 'An Inquiry into the Nature and Causes of the Wealth of Nations'에는 〈이사야〉 60장 5절에서 빌려온 '이방 나라의 재산the wealth of the nations'이라는 구절이 있다.—옮긴이).

많은 저자들이 아무런 신학적 의도 없이 성서 구절에서 자기 저서의 제목을 따왔다. 하지만 스미스는 분명 신학적인 의도가 있었다. 이런 사실이 신학의 역사에 익숙지 못한 사람보다 그 역사를 공부해본 사람에게 분명히 보일 것이다. 스미스가 '조물주Author of nature' 혹은 간단히 '신Deity'을 계속 언급하는 사실을 놓치려면 의도적으로 무시하면서 그의 책을 읽어야 한다. 신학자들은 19세기 내내 스미스를 동료로 생각하며 그의 책을 읽었고, 뒤에서 살펴볼 텐데 칼뱅주의의 섭리 교의가 그의 사유에서 핵심적인 역할을 했다. 예를 들어 다음 문장을 보자. "주의해서 보면 자연의 모든 부분에 조물주의 섭리가 골고루 나타나므로, 우리는 인간의 나약함과 어리석음에서도 신의 지혜와 인자함에 감탄한다."[83]

스미스 시대 신학자들은 성서 외에 교의의 역사를 탐구했지만, 당대에 이름 붙인 '자연신학'과 '계시신학', 종교철학과 오늘날 우리가 말하는 '철학적 신학'에도 관심이 있었다. 그들은 오늘날 유감스럽게도 하위 학문 분과로 갈라진 이 모든 탐구에 정통하고자 노력했다. 스미스 시대에 원래 그랬듯이, 그들은 '신학Divinity'이라고 불리는 분야를 구성했다. 이 명칭은 우리의 청교도 창시자들과 함께 북아메리카로 옮겨 왔고, 지금도 하버드나 예일, 시카고, 듀크 등 이런 학문 분야를 탐구하는 대학원에서 사용된다. 스미스는 '신학'에 포함되는 모든 분야를 장악하지는 않았지만, 그 흐름에서 헤엄쳤다. 스미스가 《국부론》을 쓰기 전인 1759년에 많은 이들이 경탄하는 《도덕 감정론》을 출간한 사실이 중요하다. 이 책은 심리학이나 신학, 윤리학 혹은 이 모든 학문의 텍스트로 읽을 수 있다. 전작의 후속편으로 보지 않고는 《국부론》을 제대로 이해할 수 없다고 주장하는 사람들에게 나 역시 동의한다. 첫 번째 책이 두 번째 책의 토대가 되는 것이다.

그 전과 후의 모든 신학자가 그렇듯, 스미스 역시 18세기 신학자로서 그 시대에 접할 수 있는 고전적인 경향과 당대의 경향을 모두 연구했다. 그런데 18세기 개신교 신학자가 왜 스토아학파에 몰두했을까? 몇몇 동료처럼 스미스가 이 고대 운동에 끌린 한 가지 이유는 소박함과 자제력을 강조한다는 점이다. 스토아학파 철학자는 스미스에게 평생 허튼짓하지 않고 견실히 사는 에든버러와 애버딘, 던디 시민의 선조로 보였음이 분명하다. 그는 당시 가톨릭교도에게 무척 인기를 끈 귀족적인 아리스토텔레스의 사유에 대한 혐오 때문에 스토아학파에 끌렸다. 하지만 문제는 여전히 남는다. 스미스가 신학자라면 굳이 왜 비기독교 철학을 탐구했을까?

물론 그 답은 신학자는 항상 이런 분야를 탐구한다는 것이다. 신학자는 당대의 지적·문화적 경향과 대화하면서 기독교를 재해석하려고 노력한다. 토마스 아퀴나스의 《신학 대전》은 얼마 전에 재발견된 아리스토텔레스 철학을 정교하게 가공한 것이다. 그리고 아퀴나스는 여전히 로마 가톨릭의 공식 철학자다. 19세기 독일 개신교 신학은 헤겔과 칸트 등이 정립한 범주를 활용했다. 20세기를 보면 실존주의의 도전에 대응한 종교 사상가 중에 개신교(폴 틸리히), 가톨릭(가브리엘 마르셀Gabriel Marcel), 유대인(마르틴 부버Martin Buber)이 있고, 다른 이들(피에르 테야르 드샤르댕Pierre Teilhard de Chardin)은 다원주의 진화 사상을 다뤘다. 해방신학자는 마르크스주의의 다양한 표현을 놓고 고심했다. 스토아학파의 경우 많은 역사학자는 기독교와 유사성이 있다고 언급했으며, 성서학자는 성 바울의 저술에서 이런 유사성이 두드러진다고 했다. 스미스가 결코 이상한 선택을 한 것이 아니다.

스미스의 신학에 미친 두 번째 영향은 당대 스코틀랜드를 지배한 온건한 칼뱅주의다. 16세기 제네바의 완고한 종교개혁가 혹은 존 윈스럽John Winthrop이나 후대의 조너선 에드워즈Jonathan Edwards처럼 신학적으로 엄격한 뉴잉글랜드 칼뱅주의 창시자의 모습을 마음속에 그릴 수 있는 사람에게 '온건한 칼뱅주의moderate Calvinism'란 형용모순처럼 들릴지 모른다. 하지만 스미스는 칼뱅보다 200년 뒤에 살았고, 그의 시대에 군림한 칼뱅주의는 인간의 타락을 강조하지 않았다. 앞서 주목한 것처럼 당대 칼뱅주의는 오히려 칼뱅에게 중요한 다른 개념, 즉 세상에서 신의 섭리적 존재, 사회에 대한 종교의 유익한 기여, 신의 진리를 확립하는 데서 이성의 중요한 역할, 신의 자애로운 인도 아래 인류의 축복받은 미래 등을 강조했다.

스미스가 인간 본성에 대해 순진하거나 감상적인 견해를 품었다는 말은 아니다. 그는 인간의 죄와 어리석음을 익히 알았고, 만물의 복잡한 연관성을 인지하지 못하거나 부정하려는 우리의 무능이나 거부에서 이런 죄와 어리석음을 분명히 발견했다. 하지만 그는 자신이 말하는 "자애롭고 전지한 존재(신)는 …… 자신이 관할하는 체계 속에 우주적 선에 대해서는 필요가 없는 악을 한 조각도 받아들일 수 없다"고 생각했다.[84]

스미스 신학의 또 다른 중요한 원천은 당시 명칭으로 하면 자연신학으로, 신이 인간을 위해 '두 권의 책'을 썼다는 전제에 입각한 것이다. 하나는 성서, 다른 하나는 자연인데 보통 대문자로 'Nature'라고 썼다. 이 분야의 가장 유명한 학자는 아이작 뉴턴이다. 뉴턴은 권위 있는 저서 《프린키피아Principia》(공식 제목은 《자연철학의 수학적 원리Philosophiae Naturalis Principia Mathematica》)에서 자연철학의 수학적 원리를 펼쳐 보이겠다고 약속했다. 오늘날 뉴턴이 성서에 관한 주석서도 몇 권 쓰고, 〈요한계시록〉에 관심이 많았다는 사실을 아는 사람이 거의 없다. 뉴턴은 '두 권의 책'을 확고히 믿은 사람이다.

마지막으로 스미스의 사고에 미친 지배적인 영향은 그가 특히 독일식 표현으로 익숙한 자연법 전통이다. 이 학파는 보통 말하는 자연의 우주보다 윤리와 도덕에 관심이 많았다. 이 학파는 스미스가 글래스고에서 '도덕철학'을 가르치는 데 핵심적인 역할을 했다. 자연법 신봉자는 인간이 옳은 것과 그른 것을 구분하는 능력을 타고난다고 주장한다. 그 신학적 함의를 명시적으로 다루는 이들은 이 능력이 신에게서 비롯된다고 가르친다. 간혹 이런 견해는 인간의 이성이 죄로 인해 크게 왜곡되어 은총의 도움을 받지 않고는 이런 도덕적 식별이 사실상 불가능하다는 개신교, 특히 칼뱅주의에 위배된다는 이의가 제기되었다. 스미스는 이런 뚜렷한 모순과 싸워야 했다. 신학자는 이런 활발한 지적 흐름에 관여하기를 원하게 마련이라는 통념에 놀라서는 안 된다. 20~21세기에도 철학자와 신학자는 이런저런 자연법을 놓고 씨름한다. 로마 가톨릭의 사회적 가르침(즉 사회정의에 관한 교회의 교의)은 대부분 자연법에 근거를 둔다.

나는 애덤 스미스가 신학자로 여겨진다고 결론짓는다. 이 주장은 역사적으로 정확할 뿐만 아니라 오늘날 경제학과 신학을 괴롭히는 몇 가지 문제('시장' 종교에 관한 이 책에서 중심을 차지하는 쟁점)와 씨름하는 데 크게 도움이 된다. 예를 들어 많은 경제학자는 경제학이 일종의 교착상태에 다다랐다고 불만을 토로한다. 현재 정의되는 경제학의 경계에서는 가장 절박한 문제를 다룰 수 없기 때문이다. 경제학자는 도덕적 가치와 삶의 의미에 관한 집요한 질문이 경제학 연구에서 필수 요소가 된 계량과 수량화에 도전한다는 사실을 깨닫는다. 실업, 상품 가격 결정, 투자, 광고, 조직 행동 등과 관련된 정책 선택지를 저울질해보라는 질문 앞에서 경제학자는 최신 계량경제학과 가장 복잡한 알고리즘으로도 이 작업을 할 수 없음을 발견한다. 또 다른 차원이 필요하지만 그 차원이 무엇인지, 그 차원에 어떻게 접근할 수 있는지 아는 경제학자는 많지 않다. 규제 받지 않는 시장 자본주의의 아이콘이라는 축소된 (그리고 오해된) 지위를 차지한 애덤 스미스는 지금까지 큰 도움을 주지 못했다. 어쩌면 신학자이자 도덕철학자인 '진짜 애덤 스미스'와 나누는 새로운 대화가 도움이 될 것이다.

한편 신학자에게도 이와 비슷하게 막다른 길이 눈앞에 나타난다. 여러 세대에 걸쳐 수많은 신학자(중요한 예외가 있기는 하다)가 교의를 예리하게 다듬고, 복잡하게 얽힌 다양한 세계종교 전통을 비교하기 위해 많은 노력을 기울였지만, 오늘날 다수 신학자는 사라지지 않는 빈곤이나 재앙적인 기후변화처럼 세계를 위협하는 엄청난 부정의에 대해 뭔가 행동하고 발언하기 원하는 평신도 사이에서 조바심이 커지는 모습을 감지한다. 하지만 신학자는 경제학과 단절한 탓에 대개 이런 위협을 효과적으로 다룰 수 있는 개념 도구가 부족하고, 의도는 좋지만 무능한 공상적 박애주의자라고 무시당하기도 한다. 무엇이 인위적으로 분리된 두 탐구 분야를 화해시키는 첫걸음이 될까? 양쪽 모두 로버트 하일브로너Robert Heilbroner가 말하는 '세속의 철학자들'(점차 경제학의 범주로 규정되는 삶의 의미를 숙고하는 과거와 현재의 사상가)의 대화에 귀 기울이는 것으로 시작할 수 있다.[85] 우리가 데탕트를 향한 첫걸음을 내디딜 때, 종교 안에 전도유망한 수렴점이 되기에 유리한 요소가 존재한다. 공교롭게도 이 요소는 애덤 스미스를 완전히 이해하고 평가할 때 어떤 통찰력을 얻을 수 있는 특징이기도 하다. 나는 스미스를 성자가 아니라 예언자라는 이름으로 부른다.

예언자란 어떤 존재인가? 종교적인 예언자 임명은 어떻게 종교와 경제학의 화해를 촉진할 수 있을까? 히브리 예언자의 가장 중요한 특징은 그들이 고대 이스라엘의 정치적·문화적 삶에 한 층으로 깊이 묻혔으면서도 결코 그 삶에 의해 전적으로 규정되지 않았다는 점이다. 그들에게는 다른 관점(즉 초월적인 참조점)이 있었으며, 덕분에 자신이 속한 사회와 그 지도자에게 비판적이고 때로는 호되게 비판적일 수 있었다. 그들은 자신의 세계 '안에 있으면서도 그 세계의 일부가 아닐' 수 있었다.

따라서 예언자는 있는 그대로 세계에서 정해진 역할이 있을 때도 두드러진다. 만년에 이런 관점을 얻은 사울을 생각해보라. "이전부터 그를 알던 모든 사람들이 보니, 사울이 과연 예언자들과 함께 그렇게 예언을 하는 것이 아닌가! 그래서 그들이 '기스의 아들에게 무슨 일이 일어났는가? 사울이 예언자가 되었는가?' 하고 서로 말하였다."(《사무엘상》 10장 11절) 사울은 왕이지만 예언자의 역할도 했다. 경제학자도 '예언자가 될' 수 있을까?

역사를 연구하는 이들은 대부분 예언을 히브리 신앙의 가장 중요한 특징으로 인식한다. 하지만 일부 유대교 학자는 이런 판단에 모호한 태도를 보인다. 기독교인이 예언자를 과대평가하면서 종종 그들을 예수그리스도의 출현을 예언한 존재로 해석하기 때문에 중요하게 평가한다고 생각하는 것이다. 20세기 위대한 유대교 학자로 꼽히는 랍비 아브라함 요수아 헤셸은 예나 지금이나 예언자는 유대인의 삶에서 중심을 차지하며, 기독교인이 자기 목적을 위해 예언자를 활용한다고 그들의 가치를 낮게 봐서는 안 된다고 주장한다. 헤셸은 예언자에 관한 유명한 저서에서 자기 사유의 핵심이라고 볼 수 있는 견해를 내놓는다. 그는 아모스와 이사야를 비롯한 예언자는 유대교 신앙의 중심 기조를 극적으로 표현하며, 신은 '신인 동정설anthropopathism'(신은 인간의 감정이 있다)이 아니라 '신인 동형설anthropomorphism'(신은 인간의 형태를 취한다)로 볼 때 가장 잘 이해할 수 있다고 주장한다. 헤셸은 이것을 '신의 파토스divine pathos'라고 부른다. 이런 견해에서 보면 예언자는 신을 대변하는 게 아니라, 목소리 없고 가난하고 잊힌 사람들 사이에서 청중에게 신의 목소리를 상기시킨다.[86]

이런 견해는 하느님을 인간의 고통과 번민을 겪는 존재로 보는 기독교의 신 개념에도 적용된다. 예수는 이런 전통 속에 분명히 자리매김한다. '나사렛 선언'(《누가복음》 4장 14~19절)을 통해 고향에서 자신의 사명을 선언할 때도 이런 식으로 자기를 소개한다. 여기서 예수는 다가오는 하느님의 왕국에는 가난한 사람, 포로 된 사람, 눈먼 사람, 억눌린 사람을 위한 특별한 자리가 있다고 선포한다. 나중에 예수는 제자들에게 '너희 가운데 지극히 보잘것없는 사람'에게 자비와 정의를 보여주라고 권유한다.

예수도 예언자들처럼 '종교적인' 문제에 특별히 관심을 두지 않는다. 예언자 예수에 대해 간과된 특성 중 하나는 예수가 가르칠 때 주로 사용하는 비유라는 형식에서 경제적인 문제를 포함한 '세속적인' 문제와 그것이 제기하는 도덕적 도전에 거의 전적으로 초점을 맞춘다는 점이다. 신약성서에 나오는 35개 비유에서 무작위로 표본을 뽑아도 이런 세속적인 언어가 드러날 것이다. 각각의 비유는 경영학부에서 사용되는 축소판 '사례 연구'와 비슷하다. '씨 뿌리는 사람과 씨'(《마가복음》 4장 3~9절), '밭에 난 가라지'(《마태복음》 13장 24~30절) 비유는 무화과나무(《마태복음》 24장 32절) 비유와 마찬가지로 농업에 바탕을 둔 것이다. '포도원의 품꾼'(《마태복음》 20장 1~16절) 비유는 포도 농사에서 끌어왔지만, 고용 관행과 더 관련이 있다.

부자 주인을 속이지만 오히려 대담하고 독창적이라고 칭찬받은 불의한 청지기에 관한 당혹스러운 이야기(《누가복음》 16장 1~13절)는 거래의 세계에서 나온다. 주인이 종들에게 돈('달란트')을 맡기자 어떤 종은 대담하게 투자하고, 어떤 종은 돈을 숨겼다는 일화는 독자(예수 시대라면 청자)를 금융과 투자의 영역으로 인도한다. 우리는 선한 사마리아인의 비유를 통해 때로 위험에 맞닥뜨리는 상인의 삶과 길가 여관이 어떻게 운영되었는지 엿볼 수 있다. '탕자'와 그를 아낌없이 용서하는 아버지의 이야기는 종종 쉽지 않은 가족 상속의 동학에 의지한다. 이 모든 가르침에서 예언자 예수가 하느님을 언급한 경우는 한 번뿐이다. 예수는 분명 청자들이 일상적인 상업과 가정생활, 즉 우리가 말하는 세속적인 세계의 도덕적 차원에 관심을 집중하기를 원한다.

예언자 자격을 얻으려면 무엇이 필요할까? 성서는 모세부터 시작해서 사무엘, 엘리야, 아모스, 이사야, 예레미야, 에스겔, 하박국, 스가랴, 말라기 같은 수많은 '소예언자'를 거쳐 이어지는 광범위한 사람에게 이 이름을 부여한다. 오늘날 통상적인 용법에서는 마틴 루서 킹 주니어나 넬슨 만델라, 그 밖에 종교 공동체뿐만 아니라 일반 세계, 특히 경제 영역에서 가장 중요한 문제를 다루는 사람처럼 영감을 불러일으키는 도덕적 지도자에게도 이 단어가 적용된다. 기원전 8세기의 예언자 아모스가 다음과 같이 예언적인 비판을 한 사례가 있다.

"나 주가 선고한다. 이스라엘이 지은 서너 가지 죄를, 내가 용서하지 않겠다. 그들이 돈을 받고 의로운 사람을 팔고, 신 한 켤레 값에 빈민을 팔았기 때문이다. 그들은 힘없는 사람들의 머리를 흙먼지 속에 처넣어서 짓밟고, 힘 약한 사람들의 길을 굽게 하였다."

—〈아모스〉 2장 6~7절

성서학자에게 히브리의 예언은 유대교 신앙의 가장 중요한 특징인지 모르지만, 다른 많은 특징과 마찬가지로 이런 예언도 선례가 없는 것은 아니다. 예언자는 '선견자'라고 불린 앞선 집단에서 등장했는데, 선견자는 오늘날의 점쟁이나 점성술사처럼 미래에 일어날 일을 안다고 주장했다. '선견자'는 '시장'의 어휘 사전에는 없는 말이다. 하지만 금융 분야는 아주 비슷한 기능을 하는 핵심 집단으로 장식되었다. 손에 돈을 쥐어주면 우리 돈을 어느 주식이나 채권에 맡겨야 하는지 말해주는 사람들이 없다면, 투자의 세계는 어떻게 될까? 월 스트리트는 기를 쓰고 미래를 엿보려고 하는 사람들(물론 성공하는 경우는 극히 드물다)의 거대한 집합으로 봐도 무방하다. 심지어 '선물futures'을 거래하는 활발한 시장도 존재한다.

예언자는 단순한 선견자가 아니다. 교과서에도 나오는 것처럼 '예언자prophet'라는 단어는 '고지자announcer', 즉 미리 말하는 사람보다는 앞을 향해 말하는 사람을 뜻하는 고대 가나안어에서 유래한다. 예레미야와 이사야를 비롯한 예언자도 때로는 모종의 예언을 한다는 사실은 제쳐둔다면, 성서는 비록 예언자가 선견자에서 생겨났다 해도 중요한 차이가 있음을 분명히 한다. 설상가상으로 고대 중국과 그리스를 비롯한 비非히브리 문화에서도 히브리 예언과 비슷한 형태가 등장했다.[87]

이 책의 관심사와 관련 있는 주목할 점은 예언자들이 이스라엘에서 내부의 충성스럽지만 자기비판적인 공동체를 구성했다는 사실이다. 예언자는 다른 근동 사회의 종교 관리들과 달리, 신성한 왕 밑에서 왕의 언명을 대중에게 전달하는 아첨꾼 종복 노릇을 하지 않았다. 히브리 역사에도 때로 왕이 있었지만, 히브리인은 언제나 자신들의 진짜 왕은 하느님이라고 주장했다. 예언자 가운데 세속적 군주의 왕좌 근처를 맴돈 이는 거의 없다. 예언자는 대중 가운데 있었고, 필요하면 천상의 왕의 이름으로 세속의 왕과 대결했다. 가장 통렬한 사례는 다윗 왕과 대결한 나단이다. 다윗이 휘하 전사 우리아의 아내를 가로채기 위해 전장에서 그를 죽게 만들었기 때문이다. 미인인 밧세바가 목욕할 때 다윗이 지붕에서 그 모습을 보고 반한 것이다. 나단은 다윗에게 가서 이야기를 들려준다. 어떤 남자가 동물을 많이 가졌는데 이웃이 가진 하나뿐인 새끼 양을 잡아먹었다는 이야기다. 그러고 나서 다윗 왕에게 손가락질한다. "당신이 바로 그 사람이라!"

예언자는 당대의 종교 의례가 본질적인 도덕적 내용을 상실했다고 판단되면 통렬한 비난을 서슴지 않았다. 아모스가 한 말을 보라.

"나는, 너희가 벌이는 절기 행사들이 싫다. 역겹다. 너희가 성회로 모여도 도무지 기쁘지 않다. 너희가 나에게 번제물이나 곡식 제물을 바친다 해도, 내가 그 제물을 받지 않겠다. 너희가 화목제로 바치는 살진 짐승도 거들떠보지 않겠다. 시끄러운 너의 노랫소리를 나의 앞에서 집어치워라! 너의 거문고 소리도 나는 듣지 않겠다. 너희는, 다만 공의가 물처럼 흐르게 하고, 정의가 마르지 않는 강처럼 흐르게 하여라."

—〈아모스〉 5장 21~24절

또 다른 예언자 이사야 역시 보통 말하는 종교 의례가 아니라 윤리적 정언명령을 상실한 것처럼 보이는 종교적 관행에 날카로운 공격을 가한다.

주님께서 말씀하신다. "무엇하러 나에게 이 많은 제물을 바치느냐?
나는 이제 숫양의 번제물과 살진 짐승의 기름기가 지겹고, 나는 이제
수송아지와 어린 양과 숫염소의 피도 싫다. 너희가 나의 앞에 보이러
오지만, 누가 너희에게 그것을 요구하였느냐? 나의 뜰만 밟을 뿐이다!"

—〈이사야〉 1장 11~12절

이스라엘 예언자들은 다른 시대에 살았지만, 적어도 한 가지 면에
서는 우리와 비슷했다. 그들은 흑백의 단조로운 종교 문화에 살지 않
았다. 그들은 여러 종교가 뒤섞인 세계와 연결되는 동시에 단절되면
서 존재했다. 오늘날 역사학자들은 이스라엘과 유대라는 두 유대왕국
의 경계 바깥뿐만 아니라 그 안쪽도 상이한 종교가 지배했다는 사실
을 인정한다. 다윗은 가나안의 도시 예루살렘을 정복해서 수도로 삼
으며 이미 그곳을 성지로 여기면서 거주하던 여부스인〔여부스는 다윗이
점령하기 전 예루살렘의 이름으로, 여부스인은 예루살렘 원주민을 가리킨다.—옮긴이〕
사제들의 직책을 유지시켰고, 그들은 다윗이 가장 좋아하는 신인 야
훼의 사제들과 나란히 예배를 수행했다.

다윗의 후계자인 솔로몬 왕은 부인이 많았고(1,000명이라는 설은 과
장일 것이다) 신전에 많은 '이방' 신과 여신을 두었다. 예언자들은 이렇
게 혼합된 상황에서 어느 역사학자가 말한 '오직 야훼' 신학을 창조했
다. 이것은 오늘날 우리가 생각하는 일신론이 아니다. 예언자들은 이
방의 신이 존재하지 않는다고 주장하지 않았다. 이스라엘인이 이방의
신을 숭배하거나 섬겨서는 안 된다고 말했을 뿐이다. 이런 사고는 십
계명 1조에서 솔직한 방식으로 표명된다. '너희는 내 앞에서 다른 신
들을 심기지 못한다.' 실제로 예언자들은 종종 바알을 비롯한 당대의

다른 신을 숭배하는 것을 비난했지만, 그들의 주된 관심사는 바알 숭배가 아니라 바알 숭배로 빠져드는 이스라엘인이었다. 이번에도 이것은 오늘날 기독교인이나 이슬람교도, 유대인 등 종교 다원주의의 행성에 살면서 자신을 '일신론자'라고 생각하는 모든 이에게 중요한 통찰이다. 우리가 자신에게 충실하기 위해 다른 신앙의 가치를 반박하거나 무가치하게 볼 필요는 없다.

이 예언자들이 오늘날 우리에게 가장 유의미한 것은 그들이 다른 민족의 제단을 부쉈기 때문이 아니라, 권리를 빼앗긴 이들에게 정의를 실현해주고 성약을 충실히 지키는 것이 무엇을 의미하는지 명확히 설명했기 때문이다. 구체적으로 말하면, 예언자의 신앙은 당대 여러 유력한 종교·경제·정치 제도와 지속적인 긴장 상태에서 유지되었다. 예언자의 소명은 '권력에 진실을 말하는 것'이었다. 따라서 사람들이 잠시나마 사울 왕이 예언자 무리에 속한 것을 보고 놀라는 것도 당연한 일이다. 그것은 (불가능한 일은 아니나) 보기 드문 조합이었다.

안식일이나 성약 같은 이스라엘 신앙의 다른 특징과 마찬가지로, 예언자 역시 그들에 앞선 어떤 것에서 점차 생겨났다. 예언자는 선견자의 오랜 전통이 그 밑바탕이다. 이런 발전은 종종 종교사에서 위치를 정하기 어렵지만, 성서에 분명히 설명된다. 〈사무엘상〉 9장 9절에 다음과 같은 구절이 있다. "옛적에 이스라엘에서 사람들이 하느님께 물으려고 할 때에는, 선견자에게 가자고 말하였다. 오늘날 우리가 '예언자'라고 하는 이들을 옛적에는 '선견자'라고 불렀다."

선견자는 종종 황홀경이나 변성의식상태에 빠졌는데, 이런 일은 성지에서 열성적인 집회가 열릴 때 자주 벌어졌다. 이런 일이 있은 뒤 선견자는 자신이 신을 만났으며, 미래에 어떤 일이 벌어질지 알 수 있다고 주장했다. 오늘날 '시장' 신자 사이에도 이처럼 지나치게 흥분된 상태나 그에 따른 열광적인 어조에 상응하는 사례가 있을까? 내 생각에는 존재한다. 리모컨을 손에 쥐고 이 채널 저 채널 돌리는 많은 시청자는 복음 전도사와 다이어트 보조제나 주방 용품을 홍보하는 사람의 목소리와 어조, 열띤 표정이 놀랍도록 비슷하다는 점을 눈치챌 것이다. 둘 다 다급하고 절박한 목소리로 말을 장황하게 늘어놓는다. 둘 다 지금 당장 움직여야 한다고 역설한다. 그들은 헌금을 보내거나 화면에 뜬 번호로 전화할지 여부를 조용히 생각해보라고 권유하지 않는다. 빌리 그레이엄Billy Graham은 자신의 유명 라디오 프로그램에 〈결단의 시간The Hour of Decision〉이라는 이름을 붙였다. 화장품 판매자는 할인 시간이 얼마 남지 않았다고 알려준다. 당신은 하마터면 영원한 생명이나 기미 없는 피부를 얻을 기회를 놓칠 뻔했다.

여러 세기 동안 종교인은 춤추면서 열광에 빠지거나 단식을 통해 변성의식상태에 들어갔는데, 우리가 그런 단계를 완전히 벗어난 것은 아니다. 오순절 교회의 천막 부흥회나 찬양 집회에 참석하거나 주식시장 현장을 담은 화면을 본 적이 있는 사람이라면 누구나 그 흥분의 정도가 비슷하다는 점을 알 것이다. 이번에도 구원이나 부의 측면에서 많은 것이 걸렸다. 흥분한 상태가 의사 결정을 유도하는 것처럼 보인다. 부흥회에서 허공에 팔을 휘두르는 것은 기도와 기원을 하는 몸짓이다. 주식시장에서 팔을 휘두르는 것은 초 단위로 가치가 변동하는 증권을 매입하려는 행위다. 두 경우 모두, 오늘의 축복이 선포되거나 증권거래소의 종이 울린다고 고양의 시기가 끝나는 것은 아니다. 부흥 기간은 몇 달 동안 계속되며, 경제학자는 1637년 '튤립 투기 열풍'을 낳은 구근 화초에 대한 악명 높은 열광처럼 '아무 근거 없는 열정'이 오랫동안 창궐한 역사를 기록했다.[88] 전통 종교가 황홀경을 독점하는 것이 아니다. '시장' 숭배도 한몫을 갖는다.

예언자들이 하나의 운동으로 등장한 뒤, 그들이 진리를 말해주려고 한 주요 권력은 왕이다. 히브리인은 상대적으로 늦게 왕정 제도를 확립했는데, 예언자 사무엘이 왕을 세워달라고 요청하는 히브리인에게 분명히 밝혔듯이 아주 내키지 않는 태도로 왕정을 세웠다. '백성들'(어쩌면 단지 일부 백성)이 사무엘에게 '모든 이방 나라들처럼' 자기들에게도 왕을 세워달라고 요청했을 때, 그는 다음과 같이 답했다.

"당신들을 다스릴 왕의 권한은 이러합니다. 그는 당신들의 아들들을 데려다가 그의 병거와 말을 다루는 일을 시키고, 병거 앞에서 달리게 할 것입니다. 그는 당신들의 아들들을 천부장과 오십부장으로 임명하기도 하고, 왕의 밭을 갈게도 하고, 곡식을 거두어들이게도 하고, 무기와 병거의 장비도 만들게 할 것입니다. 그는 당신들의 딸들을 데려다가, 향유도 만들게 하고 요리도 시키고 빵도 굽게 할 것입니다. 그는 당신들의 밭과 포도원과 올리브 밭에서 가장 좋은 것을 가져다가 왕의 신하들에게 줄 것이며, 당신들이 둔 곡식과 포도에서도 열에 하나를 거두어 왕의 관리들과 신하들에게 줄 것입니다. 그는 당신들의 남종들과 여종들과 가장 뛰어난 젊은이들과 나귀들을 끌어다가 왕의 일을 시킬 것입니다. 그는 또 당신들의 양 떼 가운데서 열에 하나를 거두어 갈 것이며, 마침내 당신들까지 왕의 종이 될 것입니다. 그때에야 당신들이 스스로 택한 왕 때문에 울부짖을 터이지만, 그때에 주님께서는 당신들의 기도에 응답하지 않으실 것입니다."

—〈사무엘상〉 8장 11~18절

종교의 목소리와 경제 권력의 걱정스러운 관계를 조금만 조사해도 이 구절은 아주 의미심장하다. 왕을 세우는 일에 대한 예언자의 경고는 거의 전적으로 그 때문에 생겨날 경제적 부정의의 언어로 표현된다. 왕은 경제생활의 사실상 모든 측면을 장악할 것이며, 그 결과는 보통 사람에게 재앙이 될 것이다. 일단 세워지면 왕은 제정된 통치 권력이 될 것이다. 이 역사 시기에서는 경제구조가 아직 뚜렷이 분화되지 않았기 때문에 왕은 언젠가 경제구조가 장악할 권력을 좌우했다. 예언자들이 줄곧 그랬듯이 통치자에게 도전하는 것은 왕권뿐만 아니라 국고와 토지 소유 구조, 조세 체제까지 위협하는 행동이었다.

예언자는 왕과 대결하면서 양자가 공유하는 종교 전통에 의지했다. 때로 예언자가 의례를 격렬하게 비난한 탓에 그들은 고대 이스라엘의 상징적 세계관을 재현하고 기리는 축일이나 축제, 제물과 전혀 무관하기를 원한 성상 파괴주의자처럼 보인다. 하지만 이는 그릇된 인상일 것이다. 이런 의례와 상징이 없었다면 이스라엘은 이스라엘이 아니었을 것이다. 사람들은 이런 의례와 상징을 통해 유월절에 이집트에서 해방된 일을 떠올렸다. 그들은 조상의 이야기를 말하고 또 말했으며, 할례 관습으로 조상과 자신의 연속성을 나타냈다. 예루살렘 성전이 세워진 뒤, 그들은 새해에 하느님의 즉위를 기리기 위해 성전에 모였다. 그들은 이런 예배 행위를 통해 과거에 하느님이 자신을 위해 한 일을 기억했고, 덕분에 현재 자신의 자리를 찾을 뿐만 아니라 (최악의 시기에도) 미래에 대한 희망을 얻었다.

예언자는 왜 이스라엘 민족의 안녕에 필수적인 것임을 익히 아는 의례에 대해 격렬하게 비판했을까? 이 질문에 대한 답은 〈이사야〉 1장 13절을 자세히 읽어보면 알 수 있다. "거룩한 집회를 열어놓고 못된 짓도 함께 하는 것을, 내가 더 이상 견딜 수 없다." 이 짧은 구절에 담긴 '놓고'라는 단어가 실마리를 제공한다. 예언자는 의례가 상징하는 도덕적 정언명령과 유리되고, 심지어 모순되게 바뀐 의례의 위선적인 자가당착을 공격한 것이다. 의례는 내용 없는 형식으로 위축될 위험이 있었다.

몇몇 핵심적인 인물은 예언자인 동시에 제사장이었다. 〈출애굽기〉 2장 1절에서 모세는 레위 사람 혹은 제사장으로 지칭된다. 〈열왕기 상〉 18장 27~35절에는 위대한 예언자 엘리야가 제물을 바친 사실이 나온다. 하지만 일상적으로 예언자는 제사장이 아니었다. 이 둘은 다른 직업에 종사했다. 때로는 긴장이 존재했지만, 예언자와 제사장은 서로 의지했다. 예언자는 종종 제사장이 구사하는 의례의 언어를 빌려서 예언을 했다. 하박국이나 나훔, 요엘 같은 후대 예언자에 관한 연구를 보면, 그들의 저술이 전례에 크게 의존함이 드러난다.

예언자는 이스라엘 민족의 갑갑한 의식과 축일에 짜증을 내는 독불장군 종교인이 아니었다. 그들은 이런 의식을 먹고 살았고, 거꾸로 이런 의식이 그들의 메시지를 형성했다. 하지만 예언자는 이런 의식이 "공의가 물처럼 흐르게 하고, 정의가 마르지 않는 강처럼 흐르게 하라"는 하느님의 요구에 부합하기를 원했다. 예수는 예언자의 전통을 새로운 시대로 이었는데, 널리 알려진 가르침에서 이런 균형을 유지했다. 예수는 제물을 바치려고 신전에 가는 길인데 이웃에게 나쁜 짓을 한 일이 기억난다면, 그 틈을 메운 다음 신전에 가서 제물을 바치라고 말했다. 예수가 신전에서 환전상을 쫓아낸 것은 제사장에 반대하는 행동이 아니라, 가난한 순례자를 등쳐 먹는 모리배를 쓸어버리려고 한 일이다.

예언자가 이처럼 당대 '기성종교 집단'에 비판적이면서도 인정하는 관계를 맺은 점을 보면 오늘날의 예언자를 이해하는 데 도움이 된다. 미국 민권운동과 베트남전쟁 반대 시위의 두 예언자 대니얼 베리건Daniel Berrigan 신부와 윌리엄 슬론 코핀William Sloan Coffin 목사는 사제의 역할과 행동주의를 결합했다. 예수회 신부 베리건은 징병 기록을 불태우고 비폭력적인 방법으로 핵무기에 반대하면서도 계속 미사를 올리고 기도원을 이끌었다. 코핀은 미국에서 손꼽히는 뉴욕 시 리버사이드교회Riverside Church에서 설교했다. 마틴 루서 킹 주니어 박사는 미국 전역에서 인종적·경제적 부정의에 항의하는 행진과 시위를 이끌면서도 일요일 아침마다 자기 교회로 돌아가 설교했다. 라틴아메리카에서는 군사독재에 대항하는 투쟁에서 여러 수녀와 신부, 주교 한 명이 목숨을 잃었다. 최근의 사례를 보면 프란치스코 교황은 로마 주교이자 세계 가톨릭교회의 교황으로서, 교회 권력의 정상에 있으면서도 빈곤과 불평등에 대해 낭랑한 어조로 발언한다. 일부 성직자는 당국이 그들의 활동이 기성 체제에 불온하다고 간주했을 때 좌천과 면직에 직면했다. 2,500년 전에 히브리인 사이에서 처음 등장한 예언자와 기성종교 집단의 활발한 상승 관계는 지금도 작동 중이다.

　절대왕권이 상대적인 권력으로 급격히 격하된 과정의 최종적인 결과는 세계사에서 많은 우여곡절을 거쳤다. 초기 기독교인은 황제의 신성을 받아들이지 않으면서 심각한 곤란에 빠졌다. 역대 교황과 후대의 황제들은 여러 세기 동안 관할권 분쟁을 치렀다. 이 싸움은 11세기에 교황 그레고리우스 7세가 현직 황제 하인리히 4세를 폐위하고 파문했을 때 정점에 달했다. 하지만 영리한 군주는 토스카나의 카노사로 달려가서 눈밭에 맨발로 선 채 자비를 빌었다. 교황은 선택의 여지가 없었다. 보란 듯이 초라하게 애원하는 자에게 사면을 거절할 수 있었겠는가? 교황은 사면을 허락했다. 하인리히는 궁전으로 돌아오자마자 종교회의를 소집해서 교황을 폐위하고, 클레멘스 3세(가톨릭 공식 연보에는 '대위교황'으로 표시된다)를 신임 교황으로 앉혔다. 일진일퇴의 싸움은 여러 세기 동안 계속되었다. 싸움은 19세기까지 이어졌지만, 마침내 교황이 바티칸시국을 제외한 모든 소유지를 잃으면서 영적·도덕적 영역으로 관심을 돌렸다. 이 영역에서는 아직 일정한 권위를 주장할 수 있었기 때문이다.

프로테스탄트 종교개혁가들은 영적 영역과 세속적 영역의 윤곽을 어떻게 그려야 하는지 서로 생각이 달랐지만, 두 영역을 분리해야 한다는 점에는 동의했다. '왕권신수설'이 근대 초 유럽에서 잠시 복귀했으나, 그 주인공인 몇몇 왕은 왕권신수설을 옹호하다가 말 그대로 목이 잘렸다. 오늘날 현대 민주주의에서도 종교는 상당한 상징적 권위를 누린다. 현재까지 잉글랜드 군주는 웨스트민스터사원에서 캔터베리 대주교에게 왕관을 받으며, 미국 대통령은 성서에 손을 얹고 취임 선서를 하며 "하느님 저를 도우소서"라는 말로 끝맺는다.

하지만 예언자들이 연 돌파구는 히브리 군주정 역사에서 결정적인 전환점을 나타내며, 그 중요성은 아무리 강조해도 지나치지 않다. 이 돌파구는 역사학자 카를 야스퍼스Karl Jaspers, 에릭 푀겔린Eric Voegelin, 최근에 로버트 벨라Robert Bellah 등이 말하는 '축의 시대axial age', 즉 인간 진화의 대하소설에서 '오늘날 우리가 아는 인간의 모습'이 등장한 시점의 유대식 형태로 귀결되었다.[89] 그들은 그 시대에는 신성한 왕이 초월적인 신과 백성의 연결자가 아니기 때문에 비판과 성찰의 공간, 즉 사람들이 가장 근본적인 차원에서 정치적·문화적·종교적 변화를 상상할 수 있는 초월적인 참조점이 열렸다고 주장한다. 이제 신의 지배와 인간의 지배가 완벽하게 연결된다는 '고대의 신화'에 의문이 던져졌을 뿐만 아니라, 인간이 자신의 가치와 제도를 세우고 바로잡을 책임이 자신에게 있음을 이해했다. 고대 이스라엘에서 예언자와 왕이 보여준 소중한 긴장 관계는 예언자 전통을 영속시키는 존재임을 자부하는 유대인과 기독교인에게 필수 불가결한 본보기를 제공한다. 신앙 공동체와 정부의 관계는 자동적인 반감으로 전락해선 안 되지만, 너무 유착되어서도 안 된다. 예언자는 나쁜 왕이 될 것이며, 왕이 예언자이기를 기대해서는 안 된다. 사울이 예언자였는지에 관한 사람들의 질문에 진정한 답은 이래야 하지 않았을까. "어쩌면 그렇겠지만, 오래가지는 않을 것이다." 창조적인 긴장이 필요하며, 그런 긴장의 형상은 역사가 진전됨에 따라 바뀐다. 어떤 공식도 어느 시점에서 그런 긴장이 어때야 하는지 정확히 규정할 수 없다.

히브리 예언자는 우리와 멀리 떨어진 역사의 한순간에 등장했지만, 그들이 한 말은 그 시대에 국한되지 않는다. 그들의 목소리는 오늘날 우리가 사는 세계를 왜곡하는 거대한 불평등과 불필요한 고통이라는 지독한 부정의를 가차 없이 직면하게 만든다. 머나먼 과거에서 우리에게 말을 건네는 그들의 목소리는 조간신문 머리기사만큼 시의적절하다. 랍비 헤셸이 말했다. "예언은 하느님이 조용한 번민에 내려준 목소리이자, 빼앗긴 가난한 사람들과 세상의 남용된 부에 던지는 목소리다. 그것은 삶의 한 형태이며 하느님과 인간의 교차점이다. 하느님은 예언자의 목소리를 통해 호되게 꾸짖는다."[90]

이런 탐구는 우리가 그토록 자주 오해한 애덤 스미스를 이해하는 데 도움이 될까? 신학자로서 스미스는 분명 자격이 있다. 스미스는 그

전이나 후에 신학자들이 연구한 것과 똑같은 과제, 즉 영원한 복음을 당대의 특수한 도전과 관련지어 설명하는 과제를 충실하게 연구했다. 그런데 스미스는 예언자일까? 예언자 동업조합의 선배에게 요구된 높은 기준을 감안할 때, 스미스가 그 자격에 완벽하게 부합한다고 보기는 어렵다. 그는 아모스나 이사야 같은 예언자가 아니다. 하지만 스미스의 저작을 읽다 보면, 고대 이스라엘에서 생겨나 저 부지런한 성서 연구자 장 칼뱅을 거쳐 이어지는 예언자 정신의 끈을 놓칠 수가 없다. 10장 서두에서 언급한 스미스의 강의 내용을 떠올려보라.

부자와 권세가에 대해서는 감탄하고 거의 숭배까지 하는 성향, 가난하고 비천한 상태에 있는 사람을 경멸하거나 적어도 무시하는 성향은 …… 동시에 우리의 모든 도덕 감정을 타락시키는 가장 크고 보편적인 원인이다.[91]

프란치스코 교황이 구사하는 언어와 비슷해 보이지 않는가? 아모스는 아닐지라도, 우리는 스미스에게서 태동하는 상업 문명 안에서 하느님이 요구하는 정의와 그것을 진전시키는 방법을 기술하려고 분투하는 맹아적 예언자의 모습을 발견할 수 있다. 스미스는 비록 대단히 반가톨릭적인 시간과 공간에서 살았지만, 프란치스코 교황이 '국가의 부'와 지구의 모든 어린이가 그 부를 어떻게 공유해야 하는지 말하는 걸 보면 놀라고 기뻐할 것이다.

12. 은행가, 철학자, 트릭스터, 작가

사회적 상상은 …… 사회 세계의 창의적이고 상징적인 차원, 즉 인간
이 함께 사는 방식과 공동체적 삶을 표현하는 방식을 창조하는 바탕이
되는 차원이다.

—존 톰슨

지난 몇 세기에 '시장'은 사회의 정점이자 중심축으로 부상하면
서 결코 자신을 '경제' 영역에 국한하지 않았다. '시장'의 언어와 이미
지, 가치와 가정은 문화 전체에 침투하면서 우리가 생각하고 살아가
는 방식에 스며들었다. '시장'은 우리가 의식하지 못하는 방식으로 우
리의 모습을 바꿨다. 이런 침투에 관해 생각하는 유용한 방법은 문화
사학자와 종교 사학자들이 말하는 '사회적 상상'의 도움을 받는 것이
다.[92] 3장에서 간략하게 설명했듯이, 이것은 사람들이 자신의 집단적
존재를 상상하기 위해 의존하는 양상의 집합으로 구성된다. 사회적
상상은 주로 전반성적pre-reflective 차원에서 작동하며, 인지적인 의식의

기초를 구성하는 '세계관'과 다르다. 여기서 내가 말하는 요지는 지난 300년 동안 시장에 의해 형성되는 사회적 상상으로 특징지을 수 있는 것이 성장하면서 범위를 확대했으며, 이런 현상은 미국이 유별나긴 해도 미국만 그런 것은 아니라는 점이다. 이 장에서 우리는 금융부터 철학, 문학까지 그 발전을 도표로 그려보고자 한다.

철학

19세기 초 뉴욕주 북부에 알렉산더 브라이언 존슨Alexander Bryan Johnson이라는 소규모 은행가가 번창했다. 1786년 잉글랜드에서 태어난 존슨은 열다섯 살 때 어머니와 함께 미국으로 이주했다. 4년 먼저 이주해서 유티카에 큰 잡화점을 차린 아버지를 찾아간 것이다. 어린 존슨은 자기가 새로 온 이민자라는 사실을 잘 알았고, 부모님 잡화점에서 시작하여 변호사로, 마침내 은행가로 일하며 폭넓은 독서를 통해 자신을 갈고닦으려고 노력했다.

은행가 경력으로 보면 존슨의 생애는 미국 역사 교과서에서 한 문단을 할애하기도 힘들다. 그는 성공한 은행가지만, 앤드루 카네기나 존 D. 록펠러같이 도금 시대Gilded Age에 우뚝 선 금융계 거물과 비교하면 초라한 수준이었다. 존슨이 보여준 독특한 자질 덕분에 그의 이야기는 비범한 것이 된다. 그는 은행 장부와 고객을 꼼꼼히 챙겼을 뿐만 아니라, 철학에 무척 흥미를 보여 이 주제에 관해 책 세 권을 썼다. 이 책은 당시에 큰 관심을 끌지 못했으나, 200년 뒤인 오늘날 우리에게 '금융업의 심리 상태'가 신생 공화국의 일상생활에 어떻게 녹아들면서 일상생활을 바꿨는지 소중한 증거를 제공한다.

공식적인 소속 종교로 보면 존슨은 처음에 애덤 스미스처럼 장로교인이었다. 부인 애비게일이 장로교인인데, 공교롭게도 그녀는 대통령 존 애덤스의 손녀다. 나중에 지역의 장로와 동료 교인들이 그가 안식일을 엄격하게 준수하는 원칙을 어기며 일요일에 우편물을 보낸다고 비난하자, 그는 좀 더 관대한 미국 성공회로 옮겼다. 하지만 존슨의 진짜 인생관은 만년의 칼뱅주의나 저교회파low-church 성공회에서 유래한 것이 아니다. 그의 인생관은 수표와 담보대출, 화폐와 관련된 폭넓은 경험으로 형성되었다. 그는 어느 활발한 라이시엄 운동lyceum movement(19세기 중반 미국 동북부와 중서부에서 일어난 성인교육 운동. 비공식 협회가 수백 개 만들어져서 순회강연, 연극 공연, 교과 수업, 토론 같은 프로그램으로 성인교육에 기여했다. ─옮긴이)에 참여하는 단골 강연자로, 이런 견해에 대해 장황하게 말했다. 이런 강연과 철학 저술을 통해 조만간 현대 시장 사회를 움직이는 비공식적인 '종교'가 되는 사고방식을 엿볼 수 있다. 존슨은 이 종교의 선구자이자 초창기 옹호자다.

존슨의 사고에는 또 다른 특징이 있는데, 오랫동안 알려지지 않은 이 특징은 현세대 철학자에게 흥미로운 주제가 되었다. 언어에 대한, 때로는 거의 강박적이고 강렬한 관심이 그것이다. 20세기 중반 이후 미국과 유럽 대륙의 철학자들은 논리실증주의자부터 루트비히 비트겐슈타인까지 이른바 '언어적 전환linguistic turn'에 몰두했다. 이런 점에서 존슨은 오랫동안 잊혔다가 다락방에서 발견된 빛바랜 가족사진과 비슷하다. 갑자기 중요하고 적절한 이야기를 한 듯 보이는 잊고 지낸 조상과 같은 존재다.

존슨은 자신의 강연과 저술을 특징지은 여러 범주의 혼합을 잘 알

왔다. 예일대학교 역사학자 진-크리스토프 애그뉴Jean-Christophe Agnew는 존슨에 관한 훌륭한 논문에서 이 유티카의 은행가가 자신에 관해 발언한 내용을 그대로 인용한다. "회계과에서 하는 일과 학문 연구가 끊임없이 뒤섞였고, 현재 집필 중인 논문과 대차대조표가 책상에 나란히 놓인 모습이 종종 눈에 띄었다." 애그뉴는 "존슨의 저술은 인용문 짜깁기 수준"이라고 비꼬면서 이런 인용문 짜깁기는 미국 시장 문화의 핵심적인 측면의 전조라고 결론짓는다.[93]

존슨의 투박한 철학에서 도대체 어떤 점이 그런 전조일까? 존슨은 은행 집무실에서 엄청나게 많은 지폐와 채권을 다루며 화폐 자체는 본래적인 가치가 거의 없다는 사실을 깨달았다. 화폐를 은행에 가져가서 바꿔보라. 손에 들어오는 것은 더 많은 종이 쪼가리나 기껏해야 동전이다. 이런 화폐의 고유한 가치는 거기 찍힌 숫자의 단편일 뿐이다. 어떤 돈이든 그 가치는 그것을 현실의 물리적인 재화와 용역(토지나 말, 레스토랑의 식사)에 대한 지불액으로 받아들이는 사람들에 의해 전적으로 투사된다. 존슨은 돈의 가치는 전적으로 그것이 가진 유용성의 기능이라고 결론지었다. 인간이 돈에 실질적인 가치가 있다고 생각하지 않으면, 돈은 인쇄된 종이만 한 값어치도 없다.

지금까지 우리는 존슨의 사고 경로를 쉽게 따라갈 수 있다. 이런 생각은 일상적으로 거액을 다루는 사람들의 사고 습관에 깊이 뿌리박혔을 것이다. 은행 직원이 심드렁한 표정으로 20달러나 100달러짜리 지폐 다발을 다룰 때, 잠깐이나마 매혹되어 바라보지 않는 사람이 있을까? 존슨이 다음 단계로 나갈 때, 우리는 노련한 야바위꾼이 잭과 에이스를 뒤집는 모습이나 마술사가 콩을 숨긴 조개껍데기를 획획 옮기는 모습을 지켜볼 때처럼 눈을 부릅뜨고 관찰해야 한다. 존슨은 이제 말은 모든 중요한 점에서 돈과 비슷하다고 말한다. 말(즉 단어)에는 본래적인 가치나 의미가 없으며, 관습과 일상적인 용법에 따라 가치와 의미가 할당될 뿐이다. 애그뉴가 존슨의 견해를 특징짓듯이, "말은 거울과 비슷하다. 그 자체는 텅 비었지만 그 앞에 놓는 사물만큼 잠재적인 의미가 많은 사회적 관습이다".[94]

존슨이 이런 전제에서 결론을 도출하는 데는 한 발짝만 내딛으면 된다. 첫째, 언어는 그렇게 허깨비 같은 것이기 때문에 우리가 자신이나 세계를 이해하는 데 도움을 얻기 위해 말에 의지하는 것은 잘못이다. 둘째, 말은 실질적인 의미가 전혀 없기 때문에 우리는 아무런 죄책감도 없이 사람을 매혹하고, 설득하고 심지어 우쭐하게 치켜세우기 위해 말을 사용할 수 있다. 말은 쓰라고 있는 것이다.

존슨의 소박한 고찰에서 우리는 '진리는 효과를 발휘하는 것truth-is-what-works'이라는 윌리엄 제임스의 실용주의뿐만 아니라 광고업계가 잠재적인 고객의 지갑을 열기 위해 상징과 단어와 이미지를 동원하는 능수능란한 전조를 발견할 수 있지 않을까? 더 심층적인 차원으로 보면 가차 없는 화폐의 셈법이 가정생활에서 정치까지, 교육에서 영성과 예술까지 사실상 모든 것에 대한 우리의 사고에 침투한 문화의 시초를 찾아볼 수 있지 않을까?

지금 와서 보면, 존슨은 미국 철학에서 반짝 성공한 것이 아닐 수 있다. 존슨이 세상을 떠나고 오래지 않아 때로 미국의 가장 위대한 철학자로 간주되는 윌리엄 제임스가 '실용주의'라는 지속적인 공헌을 고안했다. 실용주의란 간단히 말해 관념은 유용한 한에서 참이라는 주장이다. 이 주제에 관한 많은 저술에서 제임스는 일반 독자에게 이 개념을 명료하게 밝히기 위해 종종 '현금 가치'라는 은유를 사용한다.

제임스는 이런 거친 어조를 철학적 사유에 끼워 넣는다는 이유로 당대 사상가들에게서 강한 비판을 받았다. 어떤 이들은 '현금 가치' 개념은 그의 사유를 평범하게 만들 뿐만 아니라, 실용주의의 본질에도 적합하지 않다고 주장했다. 이 논쟁은 오늘날에도 이어진다. 영국의 철학자 앨프리드 에이어Alfred Ayer는 현금 가치 은유를 "정확하기보다 생생한 편"이라고 빈정댔다.[95] 제임스는 자신의 은유 때문에 파란이 이는 것을 알았지만, 이 은유를 계속 사용했다. 존슨과 크게 다르지 않은 그의 요지는 관념 자체는 본래적인 진리나 가치가 없다는 것이다. 관념은 오직 경험의 영역에서 그 가치를 드러낸다.

내가 말하는 요지는 제임스의 은유가 그의 철학을 조명하는 데 도움이 되는지 판단하는 게 아니라, 존슨의 사고가 당대에는 비록 주변에 머물렀지만 오늘날에도 반향을 일으킨다는 점이다. 윌리엄 제임스는 우리 지성사에서 결코 사소한 인물이 아니다. 밑바탕에 놓인 시장의 사회적 상상은 미국 사상의 핵심적 전통조차 바꿔놓았다.

트릭스터 등장

광고업계 브랜드 홍보 마법사인 위대한 흥행사 P. T. 바넘이나 시청자에게 요통 같은 질환을 치료하려면 텔레비전에 손을 올려놓으라고 지시하는 텔레비전 부흥사의 판매 전략을 생각해보자. 본질적인 차이가 있을까? '시장'의 독창적인 사제, 쇼 비즈니스계의 홍보 업자, 엘머 갠트리(1927년 싱클레어 루이스의 소설. 1960년 리처드 브룩스가 감독한 영화로도 유명하다. 빌리 선데이를 모델 삼아 변형한 주인공인 사기꾼 세일즈맨 엘머 갠트리가 뛰어난 말솜씨로 전도사로 성공하는 이야기로, 복음주의 부흥 운동을 풍자한다.─옮긴이〕 같은 종교 행상인이 구사하는 전술이 겹친다는 사실은 오랫동안 미국 문화 관찰자의 관심을 끌었다. 종교학 분야에서 '트릭스터trickster(장난꾸러기)' 비유는 이들을 비교하는 매혹적인 수단을 제공한다. 농담, 장난, 잔꾀, 골려 먹기. 이는 신화와 민간신앙 연구자들이 고등 종교와 하등 종교를 막론하고 사실상 알려진 모든 종교에서 찾아볼 수 있는 원형인 트릭스터에서 발견하는 무한한 저장고에 담긴 책략이다. 트릭스터는 신일 수도 있고 반신반인이나 동물, 인간일 수도 있다. 구체적인 특징은 전통에 따라 다르지만, 트릭스터는 언제나 똑똑하고 빈틈없고 창의적이다. 그리고 일반적인 예절 규칙과 관습을 조롱하는 농담과 책략의 원천이다. 이런 캐릭터의 사례는 북유럽 민간전승의 로키Loki부터 북아메리카 설화에 등장하는 코요테까지 광범위하다. 레이너드Reynard the Fox〔중세 유럽의 민담에 등장하는 꾀바른 여우─옮긴이〕가 보여준 교활한 술수 때문에 영어 단어 'foxy'는 간교하고 약삭빠르다는 뜻이 되었다. 몇몇 트릭스터는 민간 이야기에서 떨어져 나와 좀 더 공식적인 역할로 들어갔다. 셰익스피어는《한여름 밤의 꿈A Midsummer Night's Dream》에서 퍽Puck, 일명 로빈 굿펠로Robin Goodfellow를 등장시킨다. 작곡가 리하르트 슈트라우스는 교향시〈틸 오일렌슈피겔의 유쾌한 장난Till Eulenspiegel's Merry Pranks〉에서 또 다른 트릭스터를 찬미했다.

몇몇 성서학자는 히브리 족장 야곱은 트릭스터로 볼 때 가장 잘 이해할 수 있다고 주장한다.[96] 야곱은 눈이 어두운 아버지 이삭을 이용해 형 에서가 마땅히 받아야 할 유산을 빼앗는다. 나중에 야곱은 외삼촌 라반을 현혹한다. 그런데 라반은 야곱을 속여서 라헬과 결혼하는 대가로 7년 동안 일하게 만들었고, 결국 야곱은 라헬의 언니 레아와 첫날밤을 보낸다. 성서에는 레아의 눈이 사시cross-eyed라고 묘사된다〔대한성서공회의 새번역성경에는 창세기 29장 17절 해당 부분이 "레아는 눈매가 부드럽"다고 번역되었고, 흠정역성서에는 "레아는 눈이 약하"다고 나온다. 레아의 눈을 표현하는 히브리어 'rach'는 영어 성서에서 'weak' 'tender' 'delicate' 'gentle' 등으로 번역되는데, 지은이는 해당 부분이 레아와 라헬의 외모를 대조하는 맥락으로 쓰였기 때문에 그냥 약한 눈이 아니라 근시 같은 원인으로 사시였을 것이라는 해석을 따른다.─옮긴이〕. 트릭스터는 다른 트릭스터를 속여 먹는 일을 즐긴다.

야곱이 트릭스터 유형의 좋은 사례인 것은 그가 비록 거짓말하고 남을 속여 빼앗지만, 우리는 그의 용기와 독창성을 높이 평가할 수밖에 없기 때문이다. 이런 점은 거의 모든 트릭스터에 해당한다. 우리는 트릭스터의 꼴사나운 광대 짓에 고개를 설레설레 저을지 몰라도, 그들에게 미소 짓고 어여삐 여기며 심지어 존경한다. 트릭스터가 종종 어떤 좋은 목적을 위해 일하기 때문일 것이다. 혹은 삶이 온통 불공정하고 불확실한 상황에서 트릭스터가 적어도 불행과 정면 대결하는 한 가지 방법을 보여주기 때문이라고 보는 게 더 타당하다.

미국 문학은 세계 최고 수준의 트릭스터를 하나 이상 만들었다. 알렉산더 브라이언 존슨이 회계장부를 뒤적이며 언어의 금전적 성격을 곱씹던 무렵, 대각성 운동이 휩쓴 뉴욕주 북부의 같은 지역에서 어떤 사람이 밀접하게 관련된 주제를 숙고했다. 뒷날 미국의 가장 위대한 소설가가 되는 허먼 멜빌은 1830년에 가족과 함께 트로이에서 북쪽으로 몇 마일 떨어진 랜싱버그로 이사했다. 멜빌은 단편과 장편소설을 썼는데, 어떤 것은 성공하고 어떤 것은 실패했다. 《모비 딕Moby Dick》은 1851년 출간 당시 성공하지 못했지만, 지금은 많은 비평가들이 미국 대하소설의 원형이자 미국 정신을 통찰한 우화로 평가한다.

몇 년 뒤인 1857년, 멜빌은 고향 땅의 영혼을 소설적으로 탐사한 작품을 발표했다.《사기꾼: 그의 변장The Confidence Man: His Masquerade》은 《모비 딕》과 마찬가지로 선상이 무대다(이번에는 포경선이 아니라 미시시피강을 오가는 배가 무대). 소설에는 망상에 사로잡힌 '피쿼드호'의 에이하브 선장처럼 의족으로 쿵쿵거리며 걷는 괴팍한 사람과 혼성적인 코즈모폴리턴 문화를 나타내기 위한 다른 인물들이 등장한다. 멜빌은 묵직하게 나가는 외륜선〔선체 옆에 물레방아 모양 외륜을 돌려서 움직이는 19세기 증기선—옮긴이〕에 '피델Fidele호'라는 이름을 붙이는데, 이 이름은 책의 주제를 미묘하지 않게 암시한다. 신생 공화국, 어쩌면 전 세계 동료 시민에게 신뢰, 아니 쉽게 믿는 마음이 이어진다는 것이다. 저자는 인물의 이름을 짓는 데도 그다지 미묘하지 않다. 프랭크 굿맨Frank Goodman〔솔직한 가장—옮긴이〕, 찰리 노블Charlie Noble〔고상한 백인—옮긴이〕 심지어 피치Pitch〔원유를 증류하고 남은 검고 끈적이는 찌꺼기—옮긴이〕도 있다. 이 이름은 중세의 도덕 우화를 암시한다. 어느 순간 의족을 한 인물은 배를 '바보 배ship of fools'라고 말한다. 나중에 박애주의자라고 묘사되는 또 다른 인물은 말한다. "인생은 가장 피크닉picnic en costume이오. 누구나 역할을 맡고 재치 있게 바보 역할을 할 준비를 해야 하지요."[97]

《사기꾼》은 승객이 유창한 사기꾼에게 속아서 차례로 돈을 빼앗기는 풍자적인 사건을 다룬다. 도스토옙스키처럼 신문과 잡지에서 아이디어를 얻은 멜빌은 윌리엄 톰슨에 관한 기사를 봤다. 빼입은 신사 톰슨은 1849년에 체포되어 일련의 작은 절도죄로 싱싱교도소에 수감된다. 대부분 처음 보는 사람들이 그가 믿어달라고 하자, 자진해서 시계를 넘겨준 사건이다. 그가 벌인 엉뚱한 짓은 극장주 윌리엄 버튼William Burton이 무대에 올린 소극笑劇〈사기꾼The Confidence Man〉의 바탕이 되기도 했다. 당대의 한 평론가는 《위클리헤럴드Weekly Herald》에 톰슨은 그래도 '대규모로' 사기를 벌이는 월 스트리트 금융가보다 나은 사기꾼이라고 썼다.[98] 멜빌이 (우연이라고 보기 힘들게) 1857년 만우절에 소설을 출간한 사실은 같은 점을 강하게 암시한다.

하지만 이 소설에는 훨씬 더 많은 층위가 있으며, 이야기가 펼쳐짐에 따라 독자는 질문한다. "도대체 누가 누구를 속이는 거지?" 마침내 멜빌은 교묘하고 능수능란한 문학적 눈속임으로 독자가 이 긴 이야기를 읽는 내내 우리 역시 속았음을 깨닫게 만든다. 실제로 우리의 삶 전체가 거대한 순회 서커스 천막이나 월 스트리트 안에서 진행된다. 대륙의 끝에서 끝까지 펼쳐진 이곳에서 우리는 누구라 할 것 없이 피델호에 탄 사람처럼 다른 모든 이들을 속이는 것 같다.

당시 흥행사이자 사업가, 성공한 사기꾼으로 꼽히며 승승장구하던 P. T. 바넘은 이런 사실을 누구보다 잘 알았다. 바넘은 이 모든 직업에서 능수능란했다. 대다수 사람들이 유리를 통해서 어렴풋이 식별하는 사실, 즉 사람은 일정한 수준에서 자기가 속는 것을 알면서도 그걸 즐긴다는 사실을 분명히 알았기 때문이다. 개 머리가 달린 소년을 멍하니 바라보거나, 여자 몸을 톱으로 반 토막 내는 모습을 구경하기 위해 큰돈을 내고 서커스 곁들이 공연에 비집고 들어가는 사람은 자기가 속는다는 걸 알거나 의심한다. 그래도 빤히 보이는 수작에 기꺼이 발을 들여놓는다.

우리는 모두 가장 피크닉에 참여하는 배우이자, 바보 배에 탄 승객이다. 멜빌은 선상에서 벌어지는 이런 속임수의 잔치에 자신을 예외로 두지 않는다. 어쨌든 그는 허구의 이야기인 소설을 지어내는 작가이며, 소설은 독자가 기꺼이 공모하는 거짓말의 직조다. 그는 독자에게 건네는 일종의 방백으로 쓴 한 장에서 소설이 어떻게 더 많은 오락 뿐만 아니라 "현실의 삶 자체가 보여줄 수 있는 것보다 많은 현실"까지 기대하는 독자를 만족시키는지 설명한다. 현실에서 사람들은 예의범절을 지키기 위해 진정한 자아를 위장하지만, 소설 속 인물은 그런 제약을 받지 않는다. 계속해서 멜빌은 소설만큼 허위의 그물망이면서도 인간의 눈에는 분명하게 보이지 않는 진실을 드러내는 기능을 하는 종교와 연관 짓는다. 그는 다음과 같이 결론을 내린다. "소설에서도 종교만큼 다른 세계, 하지만 유대감이 드는 세계를 보여줘야 한다."[99] "우리는 속이는 사람 같으나 진실하"다는 성 바울의 말이 떠오른다(〈고린도후서〉 6장 8절).

그렇다면 이 책은 '시장'과 성서 종교가 공유하고, 멜빌이 인상적인 감수성으로 발견한 어떤 것에 관한 책이다. 《사기꾼》을 피상적으로 읽으면 인간 본성에 대한 시큰둥하고 냉소적인 견해를 보여주기 십상이지만, 멜빌은 더 깊이 들어간다. 장로교 집안에서 자라 인간 본성에 대한 칼뱅주의 관점과 멀지 않은 멜빌은 인간의 마음에 완고하게 잠재한 자기기만 능력을 의식했다. 《모비 딕》에서 에이하브 선장의 치명적인 결함은 자기 다리를 앗아 간 흰 고래 속에서 악의 화신을 본다는 것이다. 에이하브는 그 장대한 악의 화신을 뿌리 뽑으려고 애쓰면서 배를 가라앉힌다. 멜빌은 때로는 희미하지만 결코 사라지지 않는 구원의 희망을 기억한다. 그는 '피델호'라는 지구에 사는 우리 모두 믿음이 필요하며, 어떤 식으로든 믿음을 발견할 것이라고 믿는다.

하지만 멜빌은 자신의 칼뱅주의를 엄격하게 제한한다. 그가 말하는 요지는 우리 안에 있는 야만성을 무시하거나 부정하는 대신 그것을 의식하고 그것과 접촉할 필요가 있다는 것이다. 그는 칼뱅이라면 전혀 받아들이지 않았을 법한, 하느님에 대한 이해도 고찰한다. 연구자들은 멜빌이 《사기꾼》에 집어넣지 않은 초고 한 장을 발견했다. 여기서 소설가는 자신이 '저자들의 저자'라고 부르는 하느님조차 인간이 처한 조건의 온갖 모순과 수수께끼를 피하지 못한다고 숙고한다. 우리는 모두 이런 조건에 처했다. 멜빌이 잇따라 쓴 초고를 보면 그가 이런 생각을 계속 다른 방식으로 고쳐 썼지만, 결국 폐기했음을 알 수 있다. 독실한 사람들의 심기를 건드려서 책의 판매에 해를 끼칠 수 있다는 결론에 이른 것 같다. 멜빌은 솜씨 좋은 트릭스터이자 사기꾼처럼 조끼 안쪽에 끗발 높은 패를 숨겨놓았다.

멜빌이 이 장을 쓰레기통에 넣은 것은 유감스러운 일이다. 당대 일부 독자에게는 이 장이 불경해 보였겠지만, 최근의 많은 종교 학파는 부정적인 반응을 보이지 않았을 것이다. 예를 들어 앨프리드 노스 화이트헤드Alfred North Whitehead의 철학에 근거한 '과정 신학process theology'은 신이 고전 신학자들이 생각한 완전성에 아직 이르지 못했다고(심지어 그런 완전성을 원하지 않을 수도 있다고) 가르친다. 신 역시 인간이 부여잡고 고투하는 유한성의 한계를 일부 공유한다는 것이다. 11장에서 우리는 아브라함 요수아 헤셸이 《예언자들》에 성서의 하느님은 신인동형이 아니라 신인 동정이라고 한 주장(신도 인간처럼 기쁘고 괴로운 감정이 있다는 주장)을 탐구했다. 일부 기독교 신학자는 바울이 설명하는 그리스도의 자기 비움, 일명 '케노시스kenosis'(〈빌립보서〉 2장 6~7절)야말로 하느님이 모든 신적 완전성을 갖췄음에도 성육신에서는 이런 완전성을 밀쳐두고 유한성이 인간에게 부과하는 제한을 완전히 공유하는 증거라고 말한다. 내 생각에는 멜빌 역시 이 말에 동의했을 것이다.

13. 하느님의 숨결과 시장의 정신

"바람은 불고 싶은 대로 분다. 너는 그 소리는 듣지만, 어디에서 와서 어디로 가는지는 모른다. 성령으로 태어난 사람은 다 이와 같다."

―〈요한복음〉 3장 8절

'하느님께서 말씀하신다. 마지막 날에 나는 내 영을 모든 사람에게 부어주겠다. 너희의 아들들과 너희의 딸들은 예언을 하고, 너희의 젊은이들은 환상을 보고, 너희의 늙은이들은 꿈을 꿀 것이다.'

― 베드로가 오순절에 예루살렘에서 한 설교, 〈사도행전〉 2장 17절

기독교에서 '성령Holy Spirit'이라는 용어는 신이 우리 안에(테니슨의 시구처럼 "그대의 숨결보다 가까이, 손이나 발보다 가까운 곳에") 있을 뿐만 아니라 바다와 숲과 산 그리고 일부 신학에서는 모든 유정물에 존재한다는 사실을 가리킨다. 이것은 기독교만의 독특한 개념이 아니다. 이렇게 신성이 내재한다는 관념은 거의 모든 종교에서 찾아볼 수

있다. 이런 관념은 막스 베버가 《프로테스탄트 윤리와 자본주의 정신Protestant Ethic and the Spirit of Capitalism》에서 고전적으로 분석한 '시장' 종교에도 존재한다. 베버는 책을 독일어로 출간했는데, 그가 정신geist의 의미로 사용하는 단어는 성령Heilige Geist에 사용되는 단어와 같기 때문에 양자의 친족 관계를 몰라보기는 힘들다.[100]

베버의 책이 출간되고 나서 20세기에 이 자본주의 정신은 그가 상상할 수 없던 정도로 전 세계에 확산되었다. 자본주의의 성격도 근본적으로 바뀌었다. 베버가 책을 쓴 때는 경제체제의 축적 단계가 만개하고, 검약과 욕구 만족의 유예 같은 '프로테스탄트적' 미덕이 요구된 시점이다. 이제 시장-소비자 단계에서는 이런 자질이 불필요할뿐더러 방해물이 되었다. 사람들은 어려울 때를 대비해 저축하는 게 아니라 세일이 끝나기 전에 당장 물건을 사라고 요구받는다. 이와 동일한 정신이 여러 상이한 사고방식을 고무해야 한다.

많은 이들은 영어로 'Holy Spirit'이 한때 'Holy Ghost'라고 지칭된 일을 기억할 것이다. 서구에서는 'heavenly host'와 운율을 맞춰야 하는 널리 쓰이는 송영Doxology(애창곡인 찬송가 〈만복의 근원Old Hundredth〉)처럼 지금도 간혹 이런 표현을 쓴다. 'ghost'라는 단어는 고대 영어 'gast'에서 유래한 것인데, gast는 독일어 'geist'와 가깝다. 최근 수십 년 동안 성서 번역가들은 이 단어를 거의 없애버렸다. 일상 어법에서 이 단어는 핼러윈 도깨비나 죽은 사람의 유령을 떠올리게 하기 때문이다. 성령은 '하느님의 영the Spirit of God'이나 '진리의 영the Spirit of Truth' 혹은 간단하게 '영the Spirit' 등 어떤 식으로 표현되든 성서 전체에서 언급된다. 히브리 성서에는 'ruach', 즉 하느님의 숨결로 표현된다. 〈창세기〉 천지창조 이야기에는 태초의 물 위를 움직이는 영이다. 우리는 여러 사건에 관한 설명에서 성령이 여호수아와 사울, 다윗 같은 핵심 인물에게 '임했다'고 배운다. 특히 신약성서에서는 성령이 예수의 생애에 활동한 것으로 묘사된다. 예수는 마리아에게 수태될 때 '성령으로 잉태되었다'고 묘사된다. 요단강에서 예수가 요한에게 세례 받을 때 성령은 비둘기의 형태로 내려온다. 이 때문에 비둘기는 여러 세기 동안 성령을 나타내는 주요한 예술적 상징이 되었다. 성령은 예수를 광야로 이끌고, 예수는 거기서 권세와 영광의 유혹과 싸운다. 예수는 생의 막바지에 이르러 제자들에게 자신이 떠난 뒤 그들을 위로하기 위해 성령을 보낼 것이라고 약속한다.

성 바울은 아테네의 아레오바고 법정에서 군중에게 연설하며 성스러운 영이 거의 우주 전체에 존재한다는 널리 공유되는 생각에 호소한다(《사도행전》 17장 15~34절). 그의 유명한 설교의 수사적 양상을 보면, 발언을 시작할 때 이 이방인의 사도가 기분이 좋지 않았음을 알 수 있다. 그가 아테네에 도착했을 때 고대 그리스의 수도는 영광스러운 시절을 지났지만, 그래도 문화 관광객이 반드시 봐야 할 장소였다. 바울은 '우상'에 강한 편견이 있는 유대인이자 처음 방문한 사람으로서 도시를 가로지르며 목격한 많은 신상神像에 화가 난 게 분명하다. 그는 초대받지도 않았는데 마주치는 사람들을 호되게 꾸짖는 것으로 시작한다. 그는 하느님에게 그런 인간이 만든 고안물이 필요하지 않다고 신랄하게 주장한다. 그리고 어조를 바꾸면서 문화적 간극을 메우려는 시도 속에 계속 말한다. "하느님은 우리 각 사람에게서 멀리 떨어져 계시지 않습니다. 여러분의 시인 가운데 어떤 이들도 …… 말한 바와 같이, 우리는 하느님 안에서 살고, 움직이고, 존재하고 있습니다."(《사도행전》 17장 27~28절)

복음서 바로 뒤에 이어지는 〈사도행전〉의 이 지점에 이르면, 성령이 여러 차례 등장했다. 첫 번째 장에서 부활한 그리스도는 혼란에 빠져 괴로워하는 사도들에게 말한다. "성령이 너희에게 내리시면, 너희는 능력을 받고, 예루살렘과 온 유대와 사마리아에서, 그리고 마침내 땅 끝에까지 이르러 내 증인이 될 것이다."(〈사도행전〉 1장 8절) 그 직후에 성령이 실제로 사도들에게 내려온다. 우리는 〈사도행전〉 2장에서 초기 예수 운동을 따르느라 심란한 사도들이 오순절(말 자체에 함축된 것처럼 부활절에서 50일이 지난 때다)을 맞아 가깝고 먼 곳에서 예루살렘으로 모이는 모습을 본다. 세찬 바람이 방 안에 휘몰아친다. 불길이 혓바닥처럼 사도들의 머리 위로 내려앉고, 각자 방언으로 말하는데도 어쩐 일인지 서로 말을 알아듣는다. 이 모든 일은 상당한 소동을 일으킨 게 틀림없다. 행인들이 그들이 술에 취해 흥청거린다고 착각할 정도였으니 말이다. 하지만 베드로가 모든 이를 안심시킨다. "지금은 아침 아홉 시입니다. 그러니 이 사람들은, 여러분이 생각하듯이 술에 취한 것이 아닙니다." 지금 벌어지는 일은 하느님이 히브리 예언자 요엘을 통해 "내 영을 모든 사람에게 부어주겠다"고 한 예언이 이뤄지는 것이다.

베드로의 발언은 하나의 돌파구를 나타낸다. '모든 사람all flesh'이라는 핵심 단어는 성령이 이제 왕과 예언자 같은 사람이나 수태와 세례 같은 중요한 사건뿐만 아니라, 모든 사람에게 모든 때 자신의 존재를 나타낼 것임을 시사한다. 그리하여 내재하는 영은 인간 안에 있는 하느님의 이미지와 비슷해진다. 이런 사고는 천지창조 이야기까지 그 연원을 추적할 수 있다. 이런 생각은 '모든 사람 속에 하느님의 것'이 있다는 퀘이커파의 믿음도 상기시킨다. 성 바울은 이런 영의 활동을 자주 언급한다. 이것은 하느님의 은총을 열어주는 내적인 연결점일 뿐만 아니라 사랑과 기쁨, 평화, 친절, 안식 등 영적 선물의 원천이기도 하다. 예수가 말하듯이 성령은 "너희를 모든 진리 가운데로 인도하실 것이다"(〈요한복음〉 16장 13절).

이 내면의 영은 하느님과 인간이 연결되는 데 필수 불가결하다. 하지만 기독교인이 이 사실을 항상 인식한 것은 아니며, 삼위일체는 실제로 적용될 때 종종 두 위격의 협력으로 축소되었다. 이제는 바뀌고 있다. 지난 100년 동안 기독교가 거친 행로에서 매혹적인 특징 가운데 하나는 개인적인 성령 체험을 강조하는 오순절주의Pentecostalism(성령강림 운동)의 폭발적인 성장이다. 이 운동은 불과 한 세기 만에 로스앤젤레스 아주사 스트리트의 말 보관소를 개조한 건물에서 소집단이 하던 기도 모임에서 전 세계 기독교인 4분의 1을 차지하는 신자 수억 명을 거느리는 글로벌한 물결로 성장했다. 지금도 라틴아메리카와 아프리카, 중국 대륙, 동북아시아에서 성장하는 추세다. (앞에서 한국 서울에 위치한 세계 최대의 단일 기독교 교회인, 오순절과 여의도순복음교회를 묘사한 부분을 떠올려보라.)

성서는 내재하는 신과 외재하는 신의 관계의 정확한 성격에 대해 서로 다른 말을 한다. 때로는 인간이 '하느님 안에' 있다고 묘사되지만, 다른 경우에는 우리 안에 있는 하느님에 관해 말한다. 성 바울은 이 관계를 아주 내밀한 것으로 만든다. 바울은 "이제 살고 있는 것은 내가 아닙니다. 그리스도께서 내 안에서 살고 계십니다"(〈갈라디아서〉 2장 20절)라고 말한다. 모든 종교 전통에서는 신비적인 통로가 내면의 길에 집중된다. 예를 들어 이슬람 수피즘은 의무적인 성지 순례haj를 완성하기 위해 (사우디아라비아에 있는) 지상의 메카까지 갈 필요가 없다고 주장한다. '내면의 메카'를 향해 끈기 있는 여행을 하는 일이 중요하기 때문이다. 스페인의 신비주의자 아빌라의 테레사Teresa of Ávila는 하느님의 존재에 다가가는 것을 '내부의 성'에 있는 방으로 들어가는 일이라고 묘사했다.

하지만 〈사도행전〉 1~2장에 나오는 성령에 관한 묘사를 순서대로 나열하면, 기독교 역사에서 이어진 긴장이 드러난다. 문제는 서로 다른 두 가지 '전해짐'이 있는 것 같다는 점이다. 2장에서 말하는 것처럼 성령이 '모든 사람'에게 전해진다면(부어진다면), 예수는 왜 이 전언을 '땅 끝까지' 퍼뜨리기 위해 사도를 보내야 한다(〈사도행전〉 1장 8절)고 생각했을까? 하느님의 영이 모든 사람 안에 존재한다면, 복음 전도와 선교 사업의 목적은 무엇일까? 영은 존재하는데 사람들이 알아보지 못할까? 성령은 단지 잠재적으로 존재할까? 동일한 영이 상이한 문화와 어쩌면 상이한 종교에서도 다른 방식으로 나타날까?

기독교인은 여러 세기 동안 이런 딜레마를 놓고 큰 싸움을 벌였다. 존재하는 영을 강조하는 이들(때로 '보편주의자'라고 불렸다)은 선교사를 보내는 일은 시간 낭비이자 부당한 침해라고 여긴다. 다른 입장을 취하는 이들은 "너희는 온 세상에 나가서, 만민에게 복음을 전파하라"(〈마가복음〉 16장 15절)는 예수의 '위대한 사명'을 따라야 한다고 주장한다. 후자의 믿음은 20세기에 이르러 기독교 복음주의자들이 지구상 거의 모든 부족과 언어권에 뻗어 나가도록 강요했다. 실제로 복음서가 모든 언어와 방언으로 설교될 때까지 그리스도가 재림을 미룰 것이라고 믿는 근본주의 선교사들이 일부 존재한다. 그들은 아마존강 상류의 가장 작고 외딴 부족까지 샅샅이 찾아다닌다.

영에 대한 이런 설명으로 제기되는 다른 딜레마는 보편성과 획일성의 긴장과 관련된다. 다시 베드로의 오순절 설명에 따르면, 우리는 한 때 다소 우연적이던 영의 존재가 이제 보편적이 되었음을 이해한다. 그것이 '모든 사람'이라는 단어의 의미다. 하지만 모든 곳에 퍼진 영의 존재는 그것이 모든 곳에 **동일하게**, 즉 획일적으로 퍼졌음을 함축하거나 요구할까? 이것은 수백 년 동안 많은 잉크와 적지 않은 피가 흘려진 또 다른 논쟁거리다. 바로 뒤에서 살펴보겠지만, 이는 '시장' 종교를 괴롭혀온 난문이다. 이 종교에서도 이 문제가 비슷한 모습으로 나타나기 때문이다. '시장' 종교에서 오순절이나 온 세상에 사도를 보내는 일에 해당하는 것을 찾아낼 수 있을까? '시장' 선교사들은 왜 세계 구석구석의 마을과 동네까지 그 메시지를 전해야 한다는 의무감을 가질까? 모든 사원과 절, 교회와 탑의 맞은편에 황금 아치를 세워야 할까? 트빌리시에서 아우디를 팔고, 타슈켄트에서 구글 안드로이드를 팔아야 하나? 교토뿐만 아니라 부에노스아이레스에도 스타벅스가 세 블록마다 있어야 하나? 건축물이나 차대 설계, 양조 혼합법에는 얼마나 많은 획일성이 뚜렷하게 나타나야 하나?

이 장 나머지 부분에서 성령과 내가 말하는 '시장 정신The Market Geist', 좀 더 심리학적인 용어로는 '시장 심성market mentality'의 유사성을 검토하고자 한다. 다음 장에서는 기독교와 '시장'이 획일성과 특수성의 모순에 대처하는 방식의 유사성으로 다시 관심을 돌릴 것이다.

최근에 부상한 '시장신'에도 성령에 해당하는 존재, 즉 인간에 내재하는 동격의 협력자가 있을까? 나는 그렇다고 생각한다. 막스 베버가 《프로테스탄트 윤리와 자본주의 정신》을 썼을 때, '정신'에 해당하는 원어는 앞서 말한 것처럼 독일어 'geist'다. 학자들은 수십 년 동안 베버의 명제를 놓고 논쟁을 벌였지만, 자본주의가 성공하려면 단순한 제도적 기반 시설 이상이 필요하다는 그의 핵심 주장에 동의하지 않는 이는 거의 없다. 자본주의는 초기 단계에서 검약과 근면, 만족의 유예 같은 습관을 구현해야 하는 새로운 심성도 필요하다. 하지만 베버가 예견하지 못한 무엇, 즉 자본주의는 다음 단계에서 검약보다 소비를 자극할 필요가 있다. 베버가 염두에 둔 것은 산업자본주의다. 우리가 사는 소비자본주의 시대에 이런 내적 정신은 윌리엄 제임스가 말하는 '믿으려는 의지'라기보다 구매하려는 의지다. 그렇다 해도 베버의 주장은 성립된다. '외부에' 존재하는 게 아니라 우리의 피부와 신경 접합부를 파고드는 '시장'의 중요한 차원이 존재한다. 이런 내적인 동반자가 없으면, '시장신'은 연결할 능력을 잃을 것이다. '시장신'이 원하는 목적을 이루려면 사람들이 자신의 메시지를 수용하고 명령에 따르게 만들어야 한다. 그러므로 '시장신'을 우리 주변과 위에 있는 존재로, '손이나 발보다 가까운 곳에' 있는 존재로 이해해야 한다. '시장'은 어떻게 "그 영을 모든 사람에게 부어줄"까? 어떻게 그 정신을 내면에 주입할까? 그 답은 외적인 과정과 내적인 과정 모두 필요하다.

먼저 외적인 풍경을 살펴보자. '시장'은 불균등하거나 비대칭적인 것은 죄다 혐오한다. 마케팅, 생산, 유통은 사회 환경이 획일적일 때 더 효율적이다. 다양한 문화적 풍경과 사회적 제도, 국지적 취향과 전통 관습에 맞추기 위해 광고 카피를 끊임없이 고쳐 쓰고 판매 기법을 조정하는 일을 걱정하는 것은 비용이 많이 든다. '시장'은 〈시편〉의 작자처럼 산과 언덕은 깎고 '험한 곳은 평지로' 만들기 원한다. 주형이 깨질 때만 중요한 혁신이 일어나는 것은 사실이다. 경제학자 슘페터는 이런 사실을 자본주의의 '창조적 파괴'라고 불렀다. 하지만 '시장'은 이런 혼란을 불쾌하게 여기며, 가급적 일관성과 예측 가능성을 열망한다. 그 결과 '시장'은 이런 진력나는 비대칭을 가차 없이 지워버린다. 이 때문에 오늘날 우리가 세계 어느 곳을 여행하든 모든 장소가 다른 곳과 비슷하게 보인다. 구별하기 힘든 주택단지나 설상가상으로 전통 건축물을 베낀 현대건축이 우후죽순으로 생겨나면서 한때 토착적인 건축물과 현지 음식, '고유' 의상이던 것이 서서히 사라진다. 월마트나 갭 매장에서 산 옷과 슈퍼마켓 판매대에서 비닐 포장으로 파는 요리가 의복과 음식을 균질하게 만든다.

다음으로 내적인 풍경을 살펴보자. '시장'은 단색 외부 지형만 요구하는 게 아니라, 내면적인 예측 가능성도 필요하다. 사람들이 개심에 열려야 하는 것이다. 우리 안에 있는 '시장' 심성은 우리를 둘러싼 '시장'과 부합해야 하고, 그렇지 않으면 가장 중요한 연결이 불발될 것이다. '시장'의 복음은 복잡한 게 아니다. 물론 어지러울 만큼 갖가지 방식으로 전해질 수 있지만, 그 밑바탕에 놓인 내용은 대동소이하다. 그 복음이 하는 말은 간단하다. "이걸 사면 당신은 행복해질 것이다." 하지만 이윤은 똑같은 블라우스와 자동차, 손목시계의 대량생산에서 나오기 때문에 일정한 내면적 취향의 획일성을 창출해야 한다. 문제는 사람들이 똑같지 않다는 것이다. 사람들은 상이하고 잡다한 선호와 욕망을 반영한다(혹은 한때 반영했다). '시장신'은 사람들을 과거 상태에서 벗어나 자신의 메시지를 받아들이고, 그에 따라 행동할 태세를 갖춘 존재로 바꿀 필요가 있다. 거듭나게 만들어야 하는 것이다. 포장이나 색상, 맛이 조금씩 다를 뿐 똑같은 것을 원하도록 사람들을 개조해야 한다.

글로벌 시장의 지적 옹호자들은 '시장'이 지방적·지역적 다양성을 전복하고, 내면적 인간 감성을 평준화한다는 사실을 잘 안다. 실제로 그들은 이런 현상에 박수갈채를 보낸다. 마이클 노박Michael Novak은 한때 사제가 되기 위해 공부한 적이 있는 가톨릭 평신도로, 미국기업연구소American Enterprise Institute에서 종교·철학·공공 정책 분야 조지 프레드릭 주잇 학자George Frederick Jewett Scholar〔조지프레드릭주잇재단의 지원으로 미국기업연구소에서 초빙한 석좌 지위로 마이클 노박이 유일하다. —옮긴이〕로 오랫동안 재직했다. 그는 날카로운 지성과 상당한 철학적 정교화를 통해 '시장' 시대를 위한 형이상학적 토대를 확립하려고 시도했다. 그는 개인주의적인('카우보이식') 기업가 정신과 정실 자본주의crony capitalism의 위협이 야기하는 위험성에도 민감하다. 그는 '시장' 종교가 낳은 최고 신학자일 것이다.

노박은 신은 다른 어떤 속성보다 조물주라는 관찰을 전제로 주장을 편다. 신은 흙을 가지고 '당신의 형상대로' 사람을 만들면서 창조의 능력과 책임이 있는 피조물을 만들었다. 인간은 가치 있는 것을 창조함으로써 처음 6일 뒤 신의 작업을 계속한다. 기업가와 그 연장선에서 기업은 말 그대로 지상에 있는 신의 대리인이다. 이런 신학적 토대가 마련된 뒤 논리적으로 이어지는 다음 단계는 신이 개시한 이런 활동을 가로막는 것(여기에는 심각한 장애를 낳는 규제와 과중한 세금이 포함될 것이다)은 무엇이든 명백하게 신의 의지를 꺾는다는 점을 인정하는 것이다. 세계 어디서든 빈곤을 뿌리 뽑는 최선의 방법은 이런 장애물을 치우고 '시장'이 그 명백한 운명을 이행하도록 하는 것이다.

노박은 결코 초신자가 아니다. 그는 '시장' 시대를 위한 방대한 신학 대전을 만들었다. 그리고 가공할 만한 선조인 토마스 아퀴나스와 마찬가지로, 노박은 이 신학 대전에 담긴 윤리적·정치적·사회적 함의를 명쾌하게 설명하기를 주저하지 않는다. 그는 말한다. "개인적인 경제적 기획의 실행은 인간 인격의 도덕적 중심에 가깝다."[101] 사회적 차원에서 보면 노박의 신학은 기업가에게 그들이 사업을 하는 나라의 문화적·정치적 제도, 더 나아가 정신적 사고방식까지 개조하는 데 적극적으로 참여할 것을 요구한다. 부를 창조하라는 신이 내린 명령을 완강하게 가로막는 전통적인 장애물을 치우는 것을 목표로 삼아야 한다. 노박은 프랑스 식민주의 시대 '문명화 사명mission civilisatrice'에 대한 믿음을 무의식적으로 반영하듯이 이 목표를 '시장의 문명화 실천'이라고 부른다.[102]

물론 노박은 '시장' 복음을 확대할 뿐만 아니라, 그것을 가로막는 문화적·종교적 장벽도 대체해야 한다는 이런 원리를 일종의 제국주의로 볼 수 있음을 실감한다. 특히 '시장' 복음에 의해 관습적인 생활방식을 위협받는 사람들은 그런 비난을 할 수 있다. 그들은 심지어 토템 기둥을 베고, 이교도의 신전을 태우고, 가슴을 가리지 않은 아프리카 여자들에게 마더 허버드Mother Hubbard〔동요에 나오는 여주인공 이름. 19세기 말부터 20세기 초까지 미국 여성이 입은 단이 길고 헐렁한 드레스를 가리킨다. ―옮긴이〕를 입도록 강요한 혹독한 기독교 선교사를 떠올릴지 모른다. 노박은 그런 위험 때문에 단념해서는 안 된다고 주장한다. 그의 추론은 독창적이다. 해방신학과 그것이 내세운 '가난한 사람들을 위한 편애'에 상당히 공감하면서 경력을 시작한 노박은 빈곤 경감은 열성 신자들의 으뜸가는 임무이며, 그것을 위해서는 부를 창출할 필요가 있다고 주장한다. 이것이 지상에 하느님의 왕국을 앞당기는 길이다. 그리 복잡할 게 없다.[103]

이와 같이 일정한 동일성을 달성하기 위해 문화적 장애물을 일소하는 일이 벅찬 도전이 되는 시기가 있었다. 아시아나 아프리카, 라틴아메리카 등지에서 '시장'의 메시지를 설교하며 상품을 팔려고 한 '시장' 최초의 선교사들은 거듭 좌절했다. 수많은 잠재적 고객이 빅맥과 청바지, 리복에 손을 뻗는 대신 전통적인 차파티와 토르티야, 헐렁한 의복과 샌들을 고수하려고 했기 때문이다. '시장' 개척자들은 이슬람 국가에 파송되어 포도밭에서 10년을 일했는데 아직 한 사람도 개종 시키지 못했다고 본국의 지원자에게 답장을 써야 하는 운 나쁜 기독교 선교사와 비슷한 처지였다.

'시장'이 직면한 문제는 무엇보다 중요한 내면적 차원을 창조하지 못했다는 점이다. 옛날에는 사람들이 시장을 어슬렁거리거나 무역 박람회를 찾아갈 때면 어김없이 흥분했다. 하지만 물건을 산다는 생각이 언제나 머릿속에 있던 것은 아니고, 물건 구입이 성공한 삶의 비결도 아니었다. 아직 광고판은 등장하지 않았고, 인터넷 브라우저의 동영상 팝업 광고는 더군다나 꿈도 꿀 수 없었다. '쇼핑하기 위해 태어났다'는 문구가 적힌 티셔츠가 맹위를 떨치기 전의 일이다. 이제 모든 것이 바뀐다. 청바지는 도쿄에서 팀북투까지 진정한 전통 의상이 되고 있다. 그렇다면 의문이 생긴다. 이런 변화는 언제, 어떻게 일어났을까? 우리가 말하는 '시장 심성'은 언제부터 단순한 일시적 현상이 아니었을까? 이것은 언제부터 모든 문화의 사고방식에 퍼졌을까? 그것의 신성한 존재는 언제부터 주로 외적인 것에서 벗어나 우리의 내적인 부분에 깃들었을까? '시장신'의 '오순절'을 정확히 찾아낼 수 있을까? '시장신'의 메시지가 기독교 복음처럼 모든 사람과 장소에 전해져야 한다면, 그 사도들은 어떻게 해서 이 메시지가 풍부하게 수용되도록 만들 수 있을까? 다음 장에서 이런 질문으로 돌아가자.

14. "세상으로 나가라"

"그러나 성령이 너희에게 내리시면, 너희는 능력을 받고, 예루살렘과 온 유대와 사마리아에서, 그리고 마침내 땅 끝에까지 이르러 내 증인이 될 것이다."

— 〈사도행전〉 1장 8절

우리는 〈사도행전〉 앞부분 장에 서술된 성령의 '보내짐', 즉 세상에 보내진 성령과 사도들에게 보내진 성령에 내재한 긴장을 살펴보았다. 첫째, 하느님은 성령을 보내 '모든 사람에게' 부어준다. 둘째, 예수는 제자들에게 성령이 강림할 것을 기대하라고 말한다. 성령은 그들에게 '땅 끝에까지' 말씀을 퍼뜨릴 권능을 줄 것이다. 이 장에서는 부어줌과 보내짐의 관계를 탐구하고, '시장' 종교에서 그에 상응하는 관계를 살펴보고자 한다.

지난 몇 세기 동안 '시장'과 그 메시지가 확대된 역사를 잠깐 보기만 해도 기독교 운동의 확산과 놀라운 유사성이 드러난다. '시장'의 관리자들에게 '온 세계로' 나가도록 강제하는 것이 무엇인지에 관해서는 의심할 여지가 없다. '시장'은 선택의 여지가 없다. 시장은 끊임없이 확대되지 않으면 정체하고, 정체하는 즉시 사멸한다. 이것은 자본주의 체제의 내적 논리다. 성장은 선택 사항이 아니다. 하지만 더 곤란한 질문이 존재한다. 마케팅 복음이 머나먼 땅의 해안에 당도할 때 그 복음이 왜, 어떻게 '연결'되는가? 어떤 이는 비교적 최근까지 '시장 복음'의 전도는 운에 맡기는 문제였다고 주장할 수 있다. 어떤 사람들에게는 메시지가 당도했으나, 많은 이들은 여전히 구원을 받지 못한다. 하지만 지난 수십 년 동안 결정적인 변화가 생겼다. 이미 새로운 시대가 열렸다. 불길이 혓바닥처럼 날름거리면서 모든 사람에게 성령이 내려오는 '시장'의 오순절이.

이런 내면화의 신기원, '시장' 심성을 위한 획기적인 변화가 시작된 때를 화소가 출현한 시점으로 추정해보자. 이 맥락에서 사용하는 화소란 전자적으로 만들어진 이미지의 가장 작은 요소로, 이 화소가 한데 모여 가령 우리가 손안의 기기나 텔레비전 화면에서 볼 수 있는 이미지를 형성한다. '시장'의 영이 '강림하는' 것은 이런 깜박이는 아이콘 덕분이다. 화소는 우리에게 홍수 같은 신호를 부어주며, 이 신호는 생각할 필요도 없이 우리 뇌로 슬며시 들어온다. 화소 이미지는 뇌에 자국을 남기고, 뇌를 바꾸기도 하면서 기억의 흔적을 남긴다. 시각 이미지가 눈에서 대뇌피질로 전달되는 데는 0.3초밖에 걸리지 않는다. 하지만 뇌 안의 수용체가 논리적 메시지나 합리적 메시지를 다루는 기관은 아니라는 점을 유의하는 게 중요하다. 화소는 감정을 전달하는 회로에 직접 연결된다. 화소 이미지는 우리의 언어 처리망language grid을 우회하며, 이 신경화학 자국이 만들어지면 사실상 지울 수 없다.

화소 오순절이 생기면 그 인상이 우리에게 영원히 남는다. 화소는 어떻게 우리 안으로 들어올까? 전자 이미지의 시대가 처음에 텔레비전으로 생기고, 다음에는 스마트폰으로 도래했음을 보라.

흔히 교사나 치료사, 종교 사상가들은 현대 생활에서 성찰과 숙고가 사라졌다고 개탄한다. 하지만 이런 현상을 뜻밖의 행운으로 여기는 텔레비전 산업의 거물들은 전혀 슬퍼하지 않는다. 폭스뉴스 최고경영자 로저 에일스Roger Ailes는 화소의 복음 전도사이자, 성찰보다 감정이 앞서는 흐름emotion-over-reflection wave을 뻔뻔스럽게 찬미하는 사람이다. 때로 '탁월한 이미지 제조자'라고 지칭되는 에일스는 우리 문화 전반의 주의력 결핍 장애, 즉 눈 한 번 깜박하는 순간 이상 무엇에든 집중하는 능력이 끊임없이 감소하는 현상을 처음 인지한 인물로 손꼽힌다. 그는 이 증후군을 비난하는 대신 활용하기로 결심했다. 어느 평자가 말하듯, 에일스는 1980년대에 《당신이 메시지다You Are The Message》라는 책에서 솔직하면서도 선견지명을 가지고 이야기했다. "사람들의 감정에 호소하고, 계속 공세를 펼치며, 간결성과 속도, 다채로운 언어에 대한 텔레비전의 사랑을 끌어안는 것"이 중요하다고.[104] 그는 사람들의 관심을 끌기 위해서는 간명하면서도 효과적이고 생생해야 한다고 주장했다.

로저 에일스는 화소를 발명하지 않았고, 주의력 결핍 장애도 고안하지 않았다. 둘 다 눈부신 속도로 발전한 기술과 '시장'의 결합이 낳은 소산이다. 화소의 강림은 '시장'이 땅 끝까지 존재를 확대하기 위한 선행 요건이자 그 결과였다. 화소는 모든 사람에게 강림했을까? 거의 그렇다. 돌파구가 열린 순간은 처음에 텔레비전과 함께 도래했다. 시청률 조사로 유명한 기업 닐슨의 보고에 따르면, 미국 가구 99퍼센트가 텔레비전을 시청하고, 미국인 95퍼센트가 매일 일정 시간을 텔레비전 시청에 쏟다. 평균적으로 미국인은 하루에 5시간 이상 텔레비전 프로그램을 시청하며, 65세 이상은 시청 시간이 7시간 이상으로 많아진다.[105] 확실히 이런 통계는 현실을 약간 과장할 수 있다. 텔레비전이 켜진 시간 중 실제로 아무도 시청하지 않는 시간이 어느 정도인지 알기 어렵기 때문이다. (집에 누군가 있는 것처럼 잠재적인 절도범을 속이기 위해 외출할 때 일부러 텔레비전을 켜두는 사람들이 있다.) 그러나 화소가 도달하는 범위는 대단히 넓으며, 수도원에 틀어박혀 사는 수사를 제외하고 기도나 묵상, 성서 읽기 등에 시간을 그만큼 할애하는 사람은 거의 없다. 성서의 신과 '시장'의 균형은 특히 한쪽으로 기울어 보인다.

텔레비전의 상황에서 볼 때, '시장'의 복음은 전부는 아니라도 주로, 총 방송 시간의 3분의 1 이상을 차지하는 광고를 통해 선포된다. 제리 맨더Jerry Mander는 다음과 같이 썼다. "하루에 4시간 이상 텔레비전을 보는 평균적인 시청자는 해마다 2만 5,000개 광고에 노출되는데, 65세까지 계산하면 그 숫자는 200만 개가 넘는다. 해마다 2만 5,000번씩 **'이걸 사면 더 행복해질 겁니다'**라는 메시지를 반복적으로 듣는 셈이다."[106] 세계 나머지 지역의 통계도 크게 다르지 않다. 화소가 등장한 이래, 무엇을 입고 먹어야 하는지에 대해 최신 유행하는 인상을 수십억 명의 머리로 직접 전송할 수 있다. 관습과 전통뿐만 아니라 성찰과 의식적인 평가도 우회할 수 있는 것이다. 예를 들어 나이지리아의 외딴 마을이나 리우데자네이루 외곽의 빈민촌을 보라. 아무리 가난한 집이라도 한때 어디나 있던 십자가에 못 박힌 예수상 대신 신호를 표시하는 텔레비전 안테나가 걸렸다. '시장' 정신은 선교사들보다 빠르게 지구 외딴 구석구석으로 뻗어간다.

예수는 한때 "어린이들이 내게 오는 것을 허락하라"고 말했는데, '시장' 역시 어린이를 무시하지 않는다. 워싱턴대학교의 한 연구에서 밝혀진 바에 따르면, 3개월짜리 유아 40퍼센트와 2세 어린이 90퍼센트가 정기적으로 텔레비전을 보거나 적어도 텔레비전에 노출된다. 많은 부모는 자녀의 방, 심지어 유아의 방에도 텔레비전을 놓는다. 바쁜 부모에게 화소는 대리 육아 도우미가 된다. 2~11세 어린이는 하루에 평균 4시간씩 텔레비전을 보는데, 대다수 광고는 아이들이 부모한테 이런저런 상품을 사달라고 조르게 만들기 위해 고안된다.[107] 광고 산업의 로비가 강화되는 가운데, 어린이 대상 텔레비전 광고를 제한하려는 입법 시도는 큰 영향력을 얻지 못한다. 다섯 살배기 아이가 테이스티크런치Tasty-Crunchy 아침 식사용 시리얼이나 네이비실 장난감을 사달라고 조르는데 어떤 부모가 이길 수 있겠는가?

오순절의 성령강림과 화소의 등장은 어떤 면에서 흡사하지만, 다른 면에서는 중요한 차이가 있다. 유사성은 예나 지금이나 어느 쪽도 합리적 과정이 아니라는 사실에 있다. 첫 번째 오순절은 혓바닥처럼 날름거리는 불길에 의해 밝혀졌다. 화면에서 대뇌피질로 전달되는 화소의 이동 역시 논리적인 것은 아니다. 예루살렘에서 사도들이 오순절에 경험한 일처럼 화소도 직접 전달된다. 화소는 온갖 방언으로 말한다. 말은 부차적이다. 오늘날 머리 위를 맴도는 화소의 불길은 보이지 않는 전자 임펄스이며, 우리가 듣는 울부짖는 소리는 그저 텔레비전의 볼륨인지 몰라도 최종적인 결과는 섬뜩할 만큼 비슷하다.

성령의 도래와 화소의 당도는 구조적으로 유사하지만, 그 결과는 근본적으로 다르다. 이 차이는 앞에서 논의한 보편성과 특수성의 긴장과 관련이 있다. 성서학자들은 오순절을 다양성의 단호한 찬양으로 해석한다. 성서는 방 안에 "바대 사람과 메대 사람과 엘람 사람, 메소포타미아와 유대와 갑바도기아와 본도와 아시아와 브루기아와 밤빌리아와 이집트와 리비아의 여러 지역에 사는 사람"(《사도행전》 2장 9~10절)이 있었다고 말한다. 그들은 각기 다른 언어로 말했지만, 성령 덕분에 상대의 말을 알아들을 수 있었다. 여기서 그들 모두 그리스어나 라틴어, 히브리어로 말한 것은 아님에 주목하자. 그들은 언어적 획일성에 종속되지 않았다. 오히려 그들은 자기 언어로 말했고 서로 이해했다. 이것은 그들이 문화적 차이를 유지할 수 있었음을 의미한다. 언어는 문화의 직조를 제공하기 때문이다. 오순절 사건은 바벨탑 이야기를 뒤집은 일화다. 바벨탑 이야기에서 사람들은 각기 다른 언어를 써서 갑자기 서로 이해하지 못했다. 첫 번째 오순절은 문화적 특수성을 지우지 않은 채 좀 더 포용적인 공동체를 가능하게 했다. 반면 화소의 오순절은 그런 차이를 삭제함으로써 새로운 집단을 창조한다. 슈퍼 볼이 열리는 일요일에는 단일 광고가 한 번에 1억 명에게 인상을 남긴다.

판매원이나 선교사라면 서류에 서명을 받는 가장 좋은 방법은 제품을 시연하는 것, 즉 잠재적 고객이 사거나 잠재적 개심자가 받아들이게 만들려고 하는 상품이나 교리를 보여주는 것임을 안다. '시장'의 열성 신자들은 이 점을 아주 잘 안다. 어떤 경우 이렇게 보여주는 일은 어렵지 않다. 커피를 한 모금 맛보거나, 모델하우스를 둘러보거나, 신형 캠리를 시운전해보라고 할 수 있다. 다른 경우에는 사정이 다르다. 부채 담보부 증권을 어떻게 샘플로 보여줄 수 있을까?

역사적 종교에서도 그런 일은 쉽지 않았다. 성서는 "'주'께서 선하신 것을 맛보고 알지어다"(《시편》 34장 8절[한글 번역은 흠정역성서 — 옮긴이])라고 말하며, 일부 소집단은 그런 믿음 속의 삶이 어떤 것인지 보여주는 실례로 자신을 제시했다. 신학자들은 이런 전략이 과연 현명한지 의심한다. 그럼에도 인간은 그런 분할에 기꺼이 동의하는 경우가 거의 없었다. 우리는 단순한 인간으로서 천상의 도성이 어떤 모습일지 조금이라도 맛보거나 냄새 맡거나 눈으로 보기를 갈망한다.

따라서 종교의 역사를 보면 다양한 종교 주창자들이 여러 차례 천상의 도성의 지상판 실물 모형, 일종의 전시용 모델을 제시하려고 했다. 이런 공개 전시의 주목적은 메시지를 단순히 말로 전달하는 게 아니라 육신으로 보여주기 위해 구체화하는 것이다. 그들은 말했다. "이런 삶의 방식의 신봉자가 되는 것이 어떤 모습인지 알고 싶으면 바로 여기를 보라." 이런 모델은 자동차를 시운전하거나 새로운 부동산 단지의 모델하우스에서 깨끗한 침실과 티끌 하나 없는 주방을 둘러보는 일과 비슷하다.

이와 같은 천상 영역의 지상 전초기지에는 다른 목적도 있었다. 이 기지들은 타락한 세상의 유혹과 매혹에서 부분적이나마 벗어날 수 있는 장소를 제공했다. 여기서는 적어도 이론상 사람들이 일상적인 세계의 허영의 시장Vanity Fair에 마음을 빼앗기지 않은 채 신조의 이상을 실천할 수 있었다. 이렇듯 외부인에게 복음을 전하는 일과 내부인을 보호하는 일을 결합한 가장 유명한 사례가 기독교의 수도원 운동이다. 물론 이 운동은 한때 불법화된 기독교가 제국의 이데올로기가 된 뒤 세속 권력과 타협하는 것을 받아들이지 못한 일부 기독교인이 산과 사막으로 도망치며 시작되었다. 처음에 그들은 고립되거나 작은 무리를 지어 살았지만, 점차 기도와 노동을 함께하기 위해 더 큰 공동체로 모였다. 5세기에 유명한 〈계율Rule〉을 통해 이런 공동생활의 규칙을 정립한 것은 성 베네딕투스다. 베네딕도회 수사들은 1,500년이 지난 지금도 이 계율을 따른다. 하지만 수사들은 자신이 사악한 세계와 정도를 벗어난 교회에서 지켜주는 안식처 이상이라고 생각했다. 그들은 자신의 기획을 일종의 반反문화이자 기독교도라 함은 무엇을 의미해야 하는지 가시적인 구현으로 보았다.

그들도 인간인지라 수도원 기획은 불가피하게 결함과 오점이 생겼다. 일부 수도원은 부와 광대한 토지를 손에 넣었다. 생전에 수도원에 기도와 중보 기도를 애타게 구한 사람들이 죽으면서 유산을 남기는 경우가 많았다. 이탈리아의 몬테카시노Monte Cassino수도원과 프랑스 남부 클뤼니의 거대한 수도원이 경쟁했는데, 어떤 수도원은 허식과 영향력에서 로마 교황을 능가한다고 자랑하기도 했다. 일부 대수도원장은 처음에 암묵적으로 (때로는 공공연히) 비난하던 세속의 군주와 흡사한 생활을 했고, 많은 수사들이 방탕한 수준은 좀 떨어져도 그런 선례를 따랐다. 현실의 수도원이 아무리 부족하다 해도 그것이 추구한 이상은 남았다. 수도원의 성원들은 육욕과 탐욕과 폭력으로 가득한 세상의 정신에 맞서 소박함과 형제애와 고행의 삶을 실물로 보여주려고 애썼다.

미국은 종교적 시범 집단촌의 풍부하고 다양한 역사를 자랑한다. 이런 시범의 충동은 나라가 생길 때부터 존재했고, 미국인의 DNA에 여전히 남았다. 청교도는 자신들이 '언덕 위에 도성'을 세운다고 믿었다. 이 도성 덕분에 온 세상이 하느님의 말씀으로 다스려지는 사람들의 삶의 본보기를 눈앞에서 볼 터였다. 하지만 그런 사람들이 실제로 어떻게 살아야 하는지 분명하지 않았다. 19세기에 존 험프리 노이스John Humphrey Noyes는 뉴욕주 오나이다에 논쟁적인 천국 집단촌을 창설했다. 이 공동체에서는 노동과 물질 재화뿐만 아니라 성적 사랑까지 공유되었다. 오나이다 공동체Oneida Community 주민은 자신들이 기독교적 '완전성', 즉 소유욕과 질투심이 선과 애정의 공동화에 길을 내주는 이상을 보여준다고 믿었다.[108]

종교적인 '시범 집단촌'을 세우려는 여러 다른 시도에서 가장 인상적인 특징은 각각이 서로 얼마나 다른가 하는 점이다. 펜실베이니아의 퀘이커파, 매사추세츠의 셰이커파, 오나이다 공동체, 곳곳에 있는 베네딕도회 수도원은 믿음의 삶이 어떤 것일 수 있고 어떤 것이어야 하는지 놀랍도록 다른 입장을 나타냈다.

이와 대조적으로, '시장'은 다양성과 관련해서 애먹는다. '시장'의 내적 논리는 획일성으로 치닫는다. 맥도날드가 좋은 예다. 상대적으로 역사가 짧은 맥도날드는 1940년 패서디나에서 드라이브인 식당으로 출발해 2015년에 전 세계 119개 나라 3만 6,000개 지점에 직원 190만 명을 거느린 글로벌 식당 제국으로 성장했다. 빅맥이 유례없는 성공으로 도약한 계기는 1948년에 정복을 위한 '시장'의 마법 부적, 즉 표준화를 고안한 것이다. 그해에 맥도날드는 헨리 포드와 그의 밋밋한 검은색 자동차를 경이적인 성공작으로 만들어준 유력한 기법인 생산 라인을 식당에 도입하기로 결정했다. 훈련된 요리사는 자기 접시와 은 식기만큼 불필요한 존재가 되었다. 그 대신 10대를 고용해서 아무 재량도 주지 않은 채 단순 업무를 시킬 수 있었다. 패티를 뒤집고, 빵에 올리고, 특제 소스를 듬뿍 바르고, 일회용 종이 상자에 담는 일 등이다. 직무 훈련이 거의 필요하지 않기 때문에 더 낮은 임금을 줄 수 있었다.

이 모든 것이 빠른 서비스와 획일적인 제품, 싼값에 기여했고, 그에 따라 판매가 늘어났다. 재료와 조리의 표준화는 또 다른 결과를 낳았다. 이런 표준화는 폴란드나 일본, 우루과이 어디서 빅맥을 사도 똑같은 제품을 먹을 수 있음을 의미한다. 맥도날드 웹 사이트에 '당신이 세계 어디에 있는 맥도날드를 찾아가든, 세계적으로 유명한 우리의 프렌치프라이와 빅맥의 탁월한 맛은 똑같습니다'라는 문구가 있다. '전 세계 어디서나 하나의 맛'[109]의 전형이다. 이런 단일한 조리법의 문제점은 현지의 음식 터부와 부딪힐 때 일정한 창의적 요리법이 요구된다는 사실이다. 텔아비브에서는 유대 율법에 맞는 고기를 써야 했다. 이슬람 국가에서는 할랄 기준을 충족해야 했다. 소를 도살할 수 없는 인도에서는 염소 고기로 빅맥을 만들어야 했다. 이 모든 난관에도 맥도날드 경영진은 최대한 같은 맛을 유지하기 위해 노력했으며, 그럭저럭 성공했다.

일단 획일성을 강요하려는 충동이 자리 잡으면 자체의 관성이 만들어진다. 맥도날드는 일찍이 모든 햄버거의 맛을 똑같게 만들 뿐만 아니라, 자사 레스토랑의 겉모습도 동일하게 하기로 결정했다. 적절한 상징물을 찾던 맥도날드는 오늘날 익숙해진 황금색 아치를 도입했다. 나중에 심리학 훈련을 받은 마케팅 컨설턴트 루이스 체스킨Louis Cheskin은 로고를 바꾸지 말라고 경영자들을 설득했다. 어머니의 젖가슴에 관한 무의식적 기억을 환기한다는 이유다.[110] 이런 프로이트적 가능성의 진실이 무엇이든 간에 효과가 있었고, 1969년에 맥도날드는 햄버거 40억 개를 팔았다. 1976년에는 그 수가 200억 개에 달했다. 다시 40년이 지난 뒤, 맥도날드 레스토랑은 이제 10억 단위로 표시하지 않는다. 숫자 단위가 너무 빨리 커지기 때문이다. 맥도날드 레스토랑은 금세기에 가장 빠르게 성장하는 건축상의 특징이 되었다.

맥도날드가 알려진 세계의 구석구석으로 확산되는 현상은 어떤 면에서 초기 기독교의 폭발적 팽창과 흡사하다. 새로운 종교는 예수가 산 때부터 200년도 되지 않아 영국과 스페인에 도달하고, 북아프리카를 가로질렀으며, 아프가니스탄과 인도까지 파고들었다. 그 직후 네스토리우스파 기독교 공동체가 중국에 등장했다. 얼마 지나지 않아 지리적으로 분산되고 문화적으로 상이한 기독교의 진영과 분파 사이에 신학, 전례, 조직 구조 등을 둘러싸고 분열이 나타났다. 페르시아와 아비시니아〔에티오피아의 옛 이름—옮긴이〕, 이집트, 인도에서 가지각색의 기독교가 성장했고, 로마 주교(나중에 '교황'이라고 불렸다)가 하나로 묶으려고 애썼지만 분열이 발생했다. 이런 분열은 대부분 지금까지 이어진다. 주요한 분리는 1054년에 일어났는데, 현재 우리가 동방정교회라고 부르는 교회가 로마에서 떨어져 나왔다. 여러 세기 동안 적대적인 접촉이 있었을 뿐인데, 서방 기독교도가 1204년 4차 십자군 당시 콘스탄티노플을 약탈한 뒤로는 더욱 그랬다. 최근에도 양쪽의 관계는 냉랭했다. 지금은 이스탄불이라고 불리는 도시에 여전히 거하는 정교회 총대주교는 2013년에야 교황의 축성식에 참석했다. 그해 3월 프란치스코 교황을 위해 참석한 것이다. 2016년에는 교황과 러시아 정교회 총대주교가 거의 1,000년 만에 처음 만났다.

사방으로 뻗어가는 기독교 세계에 영적 통일성을 강제하려는 많은 시도 중에서 가장 매혹적이고 결정적인 것은 이른바 중국 의례 논쟁이다. 17세기 초 예수회의 유명한 중국 선교사로 황제의 궁에서 신임받는 고문으로 일하던 마테오 리치가 유교의 일부 의례와 조상 제사가 기본적 성격상 공민적인 것이며, 가톨릭으로 개종한 중국인에게 이런 의례를 계속하도록 허용해야 한다고 결정하면서 논쟁이 벌어졌다.

다른 종교 교단인 도미니코회 대표자들은 이 의례가 우상숭배이므로 기독교인이 참여하는 것을 금지해야 한다고 주장했다. 논쟁은 황제가 리치의 입장을 지지하지 않는 선교사들을 추방할 때까지 여러 해 동안 이어졌다. 뒤이어 스페인 프란치스코회가 논쟁에 뛰어들었다. 그들은 예수회가 사실상 토착화된다고 교황 클레멘스 11세를 설득했다. 예수회는 중국의 문화양식에 끼워 넣기 위해 복음을 희석한다는 것이다. 예를 들어 프란치스코회는 '하느님'을 중국어 '상제上帝(지고한 황제)'로 표기해서는 안 되며, '천天'은 기독교에서 말하는 천국과 다른 의미라고 결정했다. 예수회는 이런 결정을 받아들이지 않았고, 이 사건은 질질 끌었다. 마침내 1742년 교황 베네딕토 14세가 예수회의 손을 들어주면서 중국 예배에서 중국의 문화적 범주를 사용하는 것을 금지하고, 이 문제에 대해 일체의 토론을 가로막았다.

마테오 리치는 그 후 여러 해 동안 가톨릭교회에 남았지만 평판이 좋지 않았다. 게다가 중국에서 진정으로 기독교적이면서도 중국적인 토착 가톨릭 공동체를 세울 가능성은 사라진 듯 보였다. 1958년 교황 요한 23세는 〈목자들의 왕Princeps Pastorum〉이라는 회칙에서 마테오 리치를 모범적인 선교사로 기려야 한다고 결정했다.[111] 하지만 그때는 너무 늦었다. 최근에 진정한 중국 기독교의 가능성이 되살아났지만 가톨릭교도에 의한 것은 아니다. 오늘날 중국에서 급속도로 늘어나는 것은 오순절교도다. 기독교를 중국 문화와 융합하는 방식이 통한 것이다. 다양성이 획일성을 이긴다.[112]

하지만 이와 동일한 논쟁이 쟁점과 지역을 달리하면서 계속 맹위를 떨친다. 1997년 바티칸은 티사 발라수리야Tissa Balasuriya를 파문하는 극단적인 조치를 취했다. 이 스리랑카 사제는 고국 문화의 고유어로 기독교를 다시 정식화하려고 노력한 인물이다. 뒷날 교황 베네딕토 16세가 되는 요제프 라칭거는 신앙교리성성 장관이던 때, 해방신학의 위험성보다 가톨릭과 토착 관습의 융합을 우려했다. 발라수리야는 다시 받아들여졌다. '가톨릭'이 언제나 로마 가톨릭일 필요는 없음을 보여준 일이다.

글로벌 '시장' 교회의 역사는 다소 다른 궤적을 따른다. '시장' 교회가 직면한 가장 큰 문제는 그것이 전광석화처럼 성장하고 지구 곳곳으로 확산되면서 모든 곳에서 공통된 양식을 강요하려 함에 따라 다양성과 표준화의 요구를 어우러지게 하는 데 점차 어려움을 겪는다는 점이다.

이번에도 맥도날드가 유용한 사례를 제공한다. 이처럼 지구 곳곳에 뻗어가는 상황에 직면하자, 1997년 최고경영자는 거의 2,000년 전에 로마의 디오클레티아누스 황제가 제국이 지나치게 커졌을 때 한 일과 똑같은 조치를 취했다. 기업을 반＊자율적·자체적으로 경영하는 소제국으로 분할한 것이다. 보편성과 통일성 사이의 긴장이 내재된 것처럼 보인다. 무엇이든 덩치가 커질수록 동일성, 아니 그 어떤 것이든 강제하기 어려워진다.

하지만 이것은 희망의 징후임이 밝혀질 수 있다. 전통 종교와 '시장'에 흔히 일종의 도전으로 보이던 이런 긴장은 심지어 끝없는 반복의 지루한 단조로움에서 양자를 구할 수 있다. 농학자들은 작물의 다양성은 인간이 지구에서 생존하기 위해 필요 불가결한 조건이라고 말한다. 현악기와 타악기, 목관악기로 구성된 오케스트라는 튜바 40개나 클라리넷 50개로 구성된 오케스트라보다 귀를 즐겁게 해준다. 최근에 전 세계 대다수 종교와 교파는 수많은 교회일치운동과 종교 간 대화 운동을 통해 종교의 다양성을 개탄하기보다 긍정하고 인정하는 분위기다.

'전체적인 그림'을 조망하는 일부 사람들은 금세기 가장 극적이고 가시적인 두 가지 움직임은 예상치 못하게 종교가 (해악으로든 축복으로든) 부활한 점, '시장'의 제도와 가치가 북극에서 남극까지 확대된 점이라고 말했다. 우리는 이 책 전체에 걸쳐 종교와 상업의 변하는 연계를 검토하지만, 지금 시대에 우리는 이런 장기적인 상호작용의 특별한 사례를 목도한다. 양자 모두 성장하기 때문이다. 어떤 연결 고리가 있다면, 이 두 움직임 사이의 연결 고리는 무엇일까?

금세기 초 노르웨이 오슬로대학교 신학과는 이 문제를 다루는 장기 연구를 시작했다. 이 프로젝트의 한 성과는 2006년 《세계화의 정신들Spirits of Globalisation》이라는 책을 출간한 것이다. 다양한 학자들이 쓴 논문을 모은 책인데, 양자의 상관관계는 거의 합의되지 않았다. 어떤 이들은 종교의 새로운 부상이 '시장' 심성에 양분을 제공하고 뒷받침한다고 생각했다. 특히 오순절주의적 표현 속에서 종교는 예를 들어 성찰에서 벗어나 '시장'이 판매를 부추기기 위해 필요한 즉각적인 만족에 대한 충동을 자극할 수 있다. 다른 이들은 활발하고 정력적인 종교운동은 '시장'이 불어넣는 탐욕과 물욕에 의문을 제기할 수 있다고 생각했다. 많은 학문적 모험에서 흔히 그렇듯이 결론은 신과 맘몬의 관계는 여전히 복잡하고, 의심할 나위 없이 지역에 따라 다르다는 것이다.[113]

학자들은 거의 논의하지 않는다 해도, 그와 같은 세계화 연구서 제목에 '정신들Geisten'이라는 단어를 포함한 것은 정확하고 계몽적인 결정이다. 종종 불화하지만 때로 중첩되기도 하는 두 강력한 충동은 우리 시대에 작동하며, 둘 다 이 단어의 가장 광범위하고 중요한 의미에서 '정신적(영적)'이다. 이런 결론은 다소 조심스러우나, 덕분에 나는 종교현상으로서 '시장'을 좀 더 들여다보고픈 마음이 생겼다. 이 책이 그 결과물이다.

15. '시장'의 교회력

'시장'은 초기 단계부터 영적인 영역에서 단어와 상징을 빌려왔다. 이것은 전혀 놀라운 일이 아니다. 모든 종교는 처음 등장한 어스레한 과거부터 언제나 앞선 종교의 여러 양상을 빌리고 훔치고 개조했다. 예를 들어 성서 저자들은 천지창조와 태곳적 대홍수 이야기를 끌어와서 자기 목적에 맞게 개작했다. 기독교의 세례는 고대 유대의 '미크바mikvah'라는 관습을 각색한 것이다. 히브리 성서와 신약성서의 이야기는 겹쳐져서 코란에 나온다. 불교는 기원전 500년에 처음 등장할 때 밑바탕이 된 힌두교 환경의 요소를 담고 있다. '시장' 종교는 이런 관행을 되풀이할 뿐이다.

예를 들어 코티Coty가 소유한 뷰티 브랜드 필로소피Philosophy는 독창적인 제품의 이름을 지을 때 수분 크림은 '호프 인 어 자Hope in a Jar(병 속의 희망)', 핸드크림은 '핸즈 오브 호프Hands of Hope(희망의 손)', 향수는 '어메이징 그레이스Amazing Grace(놀라운 은총)'를 떠올렸다. 물론 '희망(소망)'(그리스어elpidis)은 신약성서에서 핵심적인 용어다. 성 바울은 믿음, 사랑과 더불어 소망을 가장 변치 않는 세 가지 덕으로 꼽는다(〈고린도전서〉 13장). 〈어메이징 그레이스〉는 개신교 찬송가에서 가장 친숙한 곡일 것이다. 노예 상인에서 노예제 폐지론자로 변신한 개심자 존 뉴턴John Newton이 작사한 이 노래는 2015년 6월 사우스캐롤라이나 주 찰스턴의 이매뉴얼아프리칸감리교회Emanuel African Methodist Episcopal Church 설교단에서 버락 오바마 대통령이 불러 더 많은 인기를 누렸다(미국 남부의 유서 깊은 흑인 교회인 이곳에서 2015년 6월 17일 백인 청년이 총기를 난사하는 증오 범죄를 저질러 신자 9명이 사망했다. 6월 26일 희생자 중 한 명이자 사우스캐롤라이나주 상원 의원인 클레멘타 핑크니Clementa Pinkney 목사의 장례식에서 오바마 대통령이 추모 연설 도중에 이 노래를 불렀다. 장례식은 찰스턴의 TD아레나 경기장에서 열렸다.─옮긴이).

코티 브랜드가 벌이는 박애 사업에 관한 《뉴욕타임스》의 한 기사는 이 회사의 핸드크림 용기에 인쇄된 영감을 담은 설교 문구를 인용한다. "핸즈 오브 호프는 돕고 치유하고 보호하고 위안을 주는 손입니다. …… 당신의 손으로 희망을 주세요. 그러면 버틸 수 있는 희망을 얻을 겁니다."[114] 이 기사가 인쇄될 때, 회사는 가수 겸 작곡가 나타샤 베딩필드Natasha Bedingfield가 〈희망Hope〉이라는 신곡을 만들어 뮤직비디오를 발표하게 준비해두었다. 아이튠즈 수익금 20퍼센트는 정신 치료 자선기금에 기부할 예정이었다. 회사는 이 홍보로 판매량이 늘어날 것이라는 희망을 품는다. 이제 고객은 몸에서 더 좋은 향을 풍기고, 자선사업에도 참여할 수 있다.

하지만 '시장'이 종교의 외투를 많이 걸칠수록 그 옹호자는 영적 아우라를 풍기는 데 유리한 면과 불리한 면이 두루 있음을 발견한다. 이런 전략의 불확실성을 보여주는 사례는 축제와 축일이 이어지는 '시장신'의 교회력이다. 모든 종교 전통에는 특별히 기념하는 시일(각기 다른 관습과 이야기로 각 달에 의미를 부여하는 다양한 축제일과 금식일)을 담은 달력이 있다. 축일은 하늘이 선포한 것이 아니다. 축일은 이런저런 종교의 사제와 예언자들이 만든 것이며, 주로 창시자나 성인의 탄생이나 사망, 생애의 중요한 사건, 종교 전통의 전설에서 중요한 사건을 기리기 위한 것이다.

어떤 종교의 역사든 각 종교가 발전과 분리, 확산과 쇠퇴를 거치면서 축일이 어떻게 부상하고 추락하는지도 보여준다. 중요하게 기리는 날짜와 철의 의미가 계속 일정하지 않다는 점 역시 널리 알려진 특징이다. 사람들이 특정한 시간을 특별하게 표시하는 데 익숙해지고, 어떤 음식이 그날과 연결되면 계속 그 음식을 마련해서 먹는 것처럼 보인다. 동시에 그날의 취지와 의미는 환경의 변화에 따라 어느 정도 변형될 수 있다. 프랑스의 역사학자 퓌스텔 드쿨랑주Numa Denis Fustel de Coulanges는 고전적인 저서 《고대 도시La Cité Antique》에서 로마의 도시 축제가 초창기부터 공화국과 제국을 거쳐 어떻게 변했는지 기록한다. 대개 외적인 형식은 그대로 남았지만, 내적인 내용은 근본적으로 바뀌었다.[115]

미국에서 기리는 종교적·시민적 축일은 여러 해가 흐르는 동안 고정되지 않았으며, '시장'의 중요한 축일에도 비슷한 변화가 생기는 것을 나중에 볼 수 있다. 사람들의 마음속에서 여러 축일이 갖는 상대적인 중요성 역시 바뀔 수 있다. 수십 년이나 몇 세기 전에 아주 인기 있던 축제일이 주변으로 밀려나고, 때로는 사소해 보이던 축일이 많은 인기를 얻기도 한다. 대개 이런 변화는 해당 종교의 신봉자들이 다른 생각을 한 결과가 아니며, 심지어 신봉자들은 괴로워할 수도 있다. 그리하여 여러 세기 동안 중요하지 않던 유대교 축일 하누카Chanukah는 점점 더 중요해졌다. 주변을 둘러싼 다수 문화의 중요한 기념일인 성탄절과 아주 가깝기 때문이다. 유대교 지도자들은 하누카를 전통적인 틈새 자리로 되돌리려는 고귀한 싸움을 벌이지만 대체로 패배한다. 어떤 축일도 그 배경이 되는 일반 사회에서 자유롭지 못하다. 요즘은 동네 잡화점에서 성탄절 카드 바로 옆에 하누카 카드를 놓고 판다.

'시장' 종교는 두 가지 방식으로 자신의 교회력을 만든다. 때로는 독자적인 축일을 고안한다. 하지만 대개 종전 종교 축제에서 생겨난 정서와 관행을 자기 것으로 흡수하며, 나름의 취지를 위해 이런 감정을 활용한다. 이런 취지가 항상 해당 축일의 원래 취지와 일치하는 것은 아니다. '시장'은 대체로 흡수 전략을 선호한다. 충분히 이해할 수 있는 일이다. 종교 축일의 활기에 편승하는 게 무에서 고유한 축일을 창조하는 것보다 쉽기 때문이다.

어떤 축일도 판매를 확대할 기회로 활용하려는 시도에서 자유롭지 못하다. 이 특별한 날은 충분히 많은 잠재적 고객을 끌어들일 만큼 유명해야 하지만 말이다. 이런 아주 오래된 이야기를 내가 최근에 직접 목격한 사례는 타미힐피거가 이슬람교 성월인 라마단을 추가적인 크리스마스 시즌으로 활용하려고 벌이는 캠페인이다. 이 움직임은 거의 불가피한 일이었다. 예언자 무함마드가 코란을 처음 계시 받은 때를 기리는 라마단은 한 달 내내 계속되며, 3일간 벌어지는 이드알피트르Eid al-Fitr로 끝난다. 축제에서는 가족이 모여 성대한 음식을 먹고, 여자들은 겉모습을 한껏 꾸민다. 타미힐피거는 이런 매혹적인 시장을 활용하기 위해 카프탄caftan〔터키와 지중해 동부 아랍의 전통 의상. 로브풍 상의인데, 여기서는 카프탄식 드레스를 가리킨다.―옮긴이〕과 카울 넥cowl neck〔원래 카울은 중세 수도승이 쓰던 후드 달린 망토로, 카울 넥은 후드를 뒤쪽으로 늘어뜨린 것처럼 목 부분이 겹겹이 주름진 옷을 가리킨다.―옮긴이) 검은색 새틴 이브닝드레스, 청록색 긴소매 드레스(다소 이슬람교도답지 않게 무릎에서 발등까지 절개되었다) 등을 출시했다. 지금까지 이 전략은 성공한 듯 보인다. 시장조사 기업 유로모니터인터내셔널Euromonitor International의 한 분석가는 "전형적인 '라마단 소비자'가 크리스마스 쇼핑객과 같은 방식으로 글로벌한 현상으로 등장할 가능성이 있다"고 예측했다.[116]

타미힐피거만 이 게임에 뛰어든 건 아니다. 라마단을 지키는 많은 사람들은 재정적 자원이 차고 넘치며, 한 벌에 2,890달러인 오스카 드 라 렌타Oscar de la Renta의 자수 카프탄도 인기 드레스가 되었다. 발렌티노Valentino의 3,790달러짜리 빕 프런트bib front(가슴에 버튼으로 여미는 천을 덧댄 상의―옮긴이) 실크 미디 드레스가 경쟁자였다. 이런 잠재적 쇼핑객 집단이 중동에 국한된 것은 아니다. 미국이슬람소비자컨소시엄American Muslim Consumer Consortium은 전 세계 20억에 육박하는 이슬람교도 가운데 900만 명 정도가 북아메리카에 산다고 지적한다. 이 컨소시엄의 창립자 중 사비하 안사리Sabiha Ansari는 미국 이슬람교도의 연간 구매력이 1,000억 달러에 이른다고 추산한다.

'시장' 종교가 다양한 방법으로 자신의 신성한 달력을 구성하는 과정뿐만 아니라, 그 달력이 '시장' 신앙의 내적인 원인과 그 밑바탕이 되는 문화의 변동에 따라 어떻게 변하는지 관찰하는 일은 매혹적이다. '시장' 종교의 교회력에 관한 다음 논의에서 우리는 '주요 축제일'이라고 부를 만한 것에 초점을 맞출 것이다. 각각의 경우는 축일이 어떻게 생겨나고 어떤 식으로 진화하거나 이전되었는지 보여준다.

블랙 프라이데이의 흥망성쇠

미국에서 해마다 추수감사절 다음 날 불쑥 벌어지는 광란의 판매와 열광적인 쇼핑의 날부터 시작하자. 전통적으로 많은 소매업체가 '적자 상태'에서 '흑자 상태in the black'로 넘어간다고 해서 블랙 프라이데이라고 불리는 이날은 '시장'의 가장 중요하고 성스러운 시즌의 시작을 알린다. 이 시즌은 크리스마스 이후까지 5주 동안 계속된다. 최근 벌어진 몇 가지 난투극을 보면 이 시즌이 얼마나 열정을 불러일으키는지 알 수 있다. 2008년 뉴욕 시 월마트에서 문을 열던 경비원 한 명이 몰려드는 손님에게 밟혀 죽었다. 2013년 필라델피아 프랭클린밀스몰Franklin Mills Mall에서는 한 여자가 전기 충격기를 다른 쇼핑객에게 겨눴다. 로스앤젤레스에서는 한 여자가 쇼핑객을 앞질러 절실하게 갖고 싶은 엑스박스Xbox 비디오 게임기를 손에 넣으려고 페퍼 스프레이를 사용했다. 여자는 경찰이 오기 전에 게임기를 구입해서 자리를 떴지만, CNN의 보도에 따르면 그녀가 일으킨 소동 때문에 20명이 경상으로 치료를 받았다고 한다. 뉴저지의 월마트에서는 특별히 난동을 부리는 쇼핑객을 경찰이 페퍼 스프레이를 사용해서 진압했다. 보안 컨설턴트 존 로버츠John Roberts는 보스턴의 한 신문에 상황이 "해마다 심해지는 것 같다"고 말했다. 폭력 사태는 대부분 주차장에서 벌어진다. 광적인 쇼핑객이 자기가 산 상품 더미를 지고 먼 거리를 힘들게 갈 필요가 없도록 출입구 가까운 자리를 놓고 경쟁하기 때문이다. 2013년에는 버지니아의 월마트 앞에서 한 남자가 칼에 찔렸다. 이 광적인 소비자 축제에서 당한 부상으로 8명이 사망했다.[117]

이 모든 사고가 '시장'의 주요한 축일에 벌어진 것은 '시장'의 성지인 고급 부티크와 지하 할인 매장에 모이는 군중이 루르드나 파티마로 모여드는 군중보다 훨씬 많기 때문이다. 날씨가 궂어도 사람들의 열정이 무뎌지는 일은 없다. 2014년 11월에는 눈이 20센티미터 내려 동북부 곳곳을 뒤덮고 기온도 영하로 곤두박질쳤지만, 열정적인 순례 자는 줄지 않았다. 사람들은 컴컴하고 추운 밤에 스키복에 담요를 뒤집어쓰고 나타나서 오전 5~6시에 상점 문이 열리기를 기다린다. 가게에서 '문 깨기door buster'라고 부르는 세일 상품을 남보다 먼저 손에 넣기 위해서다. 2013년 블랙 프라이데이에는 월마트 상점에서 2,200만 명이 밀고 밀치며 난장판을 벌였다. 한 해 동안 디즈니매직킹덤을 방문한 숫자보다 많은 인원이다. 물론 이들이 윈도쇼핑만 한 건 아니다.

사람들은 물건을 샀다. 그것도 많이. 소매업체 타깃Target은 각 매장이 문을 열고 처음 한 시간 동안 1분에 텔레비전 1,800대, 비디오게임 2,000개를 팔았다고 보고했다.[118]

이런 치명적인 탐욕에 대한 애착, 고대 신학자들이 말하는 '탐욕의 죄'를 단순히 비난하기는 쉬운 일이다. 하지만 좀 더 살펴보면 간단한 문제가 아니다. 상황이 점점 나빠진다고 보는 소매업체 보안 전문가 존 로버츠는 다른 동기도 작용한다고 생각한다. 사람들은 이런 경험의 스릴과 위험까지 즐기는 것 같다. 어쩌면 오늘날 벌어지는 일은 인간 역사의 수렵·채집 단계에서 유래한 원시적 충동이 부활하는 것인지 모른다. 로버츠는 말한다. "쇼핑객은 문을 밀치고 들어가서 물건을 낚아채 싼값에 살 때 아드레날린이 솟구치는 걸 좋아합니다. 불안하고 흥분되는 분위기니까요."[119]

많은 이들이 보기에 지금까지 상점 주인은 인간 정신의 원초적인 층위를 활용했고, 언제나 승승장구할 것 같다. 정말 그럴까? 일부 상점이 개점 시간을 금요일 이른 아침에서 추수감사절 당일인 목요일 늦은 밤으로 앞당겼는데도 몰려드는 사람이 약간 줄었다. 줄이 짧아지고 부상자 수도 줄었다고 보도되었다. '시장'의 축일은 다른 종교 축일의 역사를 또 다른 방식으로 되풀이하는 것처럼 보인다.

역사를 살펴보면 한때 두드러진 축일이 생기를 잃은 채 유물처럼 흩어졌다. 미국에서 기리던 몇 가지 축일도 다양한 문화적 추세에 따라 점차 희미해진다. 이런 희석 작용의 한 가지 원인은 여가와 소비를 중시하는 사회에서 대중이 '긴 주말'을 요구한다는 사실이다. 공휴일을 의도적으로 금요일이나 월요일로 정할 때〔미국에서는 공휴일을 특정한 날짜가 아니라 ○월 ○주 ○요일로 정한다 ─ 옮긴이〕, 사람들은 24시간이 아니라 72시간 휴일을 얻는다. 그 결과 한때 의도한 상징적 의미를 잃는다. 미국 시민 종교의 공휴일이 대표적인 사례다. 대통령의 날, 독립 기념일, 재향군인의 날, 노동절 등은 이제 여행과 짧은 휴가를 위한 3일짜리 연휴에 포함된다. 이는 점증하는 레저산업뿐만 아니라 시간에 쪼들리고 종종 과로에 시달리는 가정에도 이득이 된다. 하지만 그 결과로 애당초 이런 공휴일을 만든 취지가 사라지기 일쑤다. 몇몇 재향군인을 제외하면 오늘날 누가 그들을 기리는 날에 치르는 의식에 관심을 둘까? 이제 그냥 '4일The Fourth'〔7월 4일 미국 독립 기념일 ─ 옮긴이〕이라고 부르는 날을 맞아 긴 연휴에 불꽃을 쏘는 사람이나 해변으로 놀러 간 휴양객은 영국에서 독립하기 위해 식민지가 벌인 싸움을 신경이나 쓸까? 얼마나 많은 사람이 노동절에 노동자에 대해 생각할까? 국기 제정 기념일이나 전몰장병 기념일처럼 내가 젊었을 때 지내던 기념일은 요즘 누가 기억이나 할까?

현재 블랙 프라이데이는 전통적인 종교 축일의 일반적인 흥망성쇠 곡선에서 어디 있을까? 전성기가 끝나고 이제 쇠퇴기가 시작된 것처럼 보인다. 이런 쇠퇴는 2014년에 분명해졌다. 한 가지 결과는 앞서 언급한 것처럼 추수감사절 이후 세일이 추수감사절로 확대되는 현상이 전에는 드물었는데, 이제 일반적인 관행이 되었다는 것이다. 추수감사절 주말 판매량은 전년 574억 달러에서 509억 달러로 11퍼센트 이상 급락했다. 추수감사절 주말에 쇼핑한 1억 3,370만 명은 전년에 비해 5.2퍼센트 줄어든 수치고, 쇼핑객은 6.4퍼센트 적게 지출했다. 블랙 프라이데이는 전 같지 않았다. 리테일메트릭스Retail Metrics 창립자 켄 퍼킨스Ken Perkins는 《뉴욕타임스》에 블랙 프라이데이가 과거의 유물로 바뀐다고 말했다.[120] 2015년 소매 거래 조사 기업 쇼퍼트랙ShopperTrak은 《타임》 기사에서 블랙 프라이데이에 초점을 맞춘 오프라인 상점 판매량이 2014년 116억 달러에서 2015년 104억 달러로 떨어졌다고 밝혔다.[121]

왜 그럴까? 이런 쇠퇴의 한 가지 원인은 고객과 일부 상인 사이에서 블랙 프라이데이의 정신과 그 과도함에 대한 대중적인 항의가 나타난다는 점이다. 2015년 10월 스포츠 용품 체인점 레크리에이셔널 이큅먼트REI는 블랙 프라이데이에 자사 매장 143곳이 영업하지 않고, 직원들이 야외에서 시간을 보내도록 보너스를 줄 것이라고 발표했다. 온라인과 신문에 발표된 편지는 이 성스러운 날에 제단을 돌보는 목사들에게 반가운 뉴스가 될 수 없었다.

REI는 블랙 프라이데이에 문을 닫습니다. 틀림없는 사실입니다. 11월 27일에 우리는 매장 143곳 전부 문을 닫고, 직원들에게 야외로 나가라고 보너스를 지급할 계획입니다. 우리가 이렇게 하는 이유는 다음과 같습니다.

76년 동안 우리 협동조합은 한 가지에 전념했습니다. 야외 활동이 그 것입니다. 우리는 야외로 나가야 삶이 더 윤택해진다고 믿습니다. 블랙 프라이데이는 우리에게 이런 본질적인 진리를 상기시키기에 정말 좋은 때입니다.

우리는 다른 회사입니다. 전 세계 다른 기업들이 건물 안에서 사투를 벌이는 동안 우리는 약간 다르게 그날을 보낼 것입니다. 우리는 야외에 나가기로 선택했고, 여러분도 우리와 함께하기를 바랍니다.

　　　　　　　　　　　　—제리 스트리츠키Jerry Stritzke, 회장 겸 최고경영자

주목할 만한 발언이다. 종교의 역사를 살펴보면, 어떤 관습에 반대 하는 이들이 신도석에 앉은 평민뿐일 때 그들의 불만은 적어도 한동 안 무시될 수 있다. 하지만 하위 성직자와 고위 성직자까지 분노하면 조만간 변화가 일어날 것이다. 16세기에 어느 성난 여자가 스코틀랜 드의 성직자가 '책을 가지고 기도한다'는 이유로 의자를 집어 던졌을 때, 이 사건은 수상쩍은 매너를 드러낸 고립된 사례로 간과될 수도 있 었다. 하지만 교회의 고위 관리들이 빈약한 예배 형식주의에 반대하 는 물결에 가세하자, 스코틀랜드 종교개혁이 일어났다. REI의 결정은 우호적인 주목을 많이 끌었지만, 오로지 홍보를 위한 노력에 근거한 것은 아닌 듯하다. 회사는 직원과 고객이 공유하는 다른 가치에 힘입 어 신선한 공기와 운동을 장려하고, 세일보다 품질과 서비스에 집중 한다고 강조할 수 있었다. 이 사례는 '시장'이 전능성을 획득하려고 열 심히 노력하는데도 그 경지에 오르지 못했음을 보여준다. 다른 가치 의 중추들이 여전히 '시장' 영역에서 작동한다. 스트리츠키는 최고경

영자 한 명에 불과할지 모르지만, REI의 신선한 정책은 '시장'의 한 기념일의 미래에 불길한 그림자를 드리운다. 우리가 허공을 가르며 날아가는 모습을 본 것이 작은 의자일까?

확실히 우리가 블랙 프라이데이의 황혼을 목도하는 또 다른 원인은 돈 쓰는 난리법석을 11월에서 점점 앞당길수록 그 강도가 약해질 수밖에 없다는 점이다. 고객은 며칠 더 기다리면 가격이 훨씬 더 내려가는 걸 안다. 이제 블랙 프라이데이는 더 긴 구매 열풍 기간에 자리 잡았고, 대통령의 날이나 독립 기념일처럼 긴 주말에 덧붙은 공휴일과 비슷한 운명이 되었다. 블랙 프라이데이가 오그라드는 또 다른 원인은 쇼핑객이 온라인으로 구매할 기회가 많아졌다는 점이다. 전자 스크린을 통한 판매 비율이 해마다 커진다. 실물 상점이 차지하는 비중은 점점 줄어든다. 2014년에 군중의 규모가 다소 작아지고 줄이 짧아지면서 블랙 프라이데이의 전성기가 지나가는 신호가 보였다.

마케팅 교회의 목사들조차 그 답을 확실히 알지 못했다. 한 가지 가능성은 2014년의 점진적 경제 회복이 양면적인 효과를 낳았다는 것이다. 여전히 실업 상태거나 불완전고용 상태인 사람들은 아직 경제 회복의 혜택을 맛보지 못했기 때문에, 가격이 아무리 폭락해도 많은 물건을 구입할 돈이 없었다. 한편 회복의 조짐을 피부로 느끼고 돈도 약간 있는 사람들은 군중을 헤치면서 세일 품목을 뒤질 의지가 없었다. 아직 부고를 내기는 이르지만, 마케팅 전문가들은 블랙 프라이데이의 쇠퇴에 관해 이야기한다. (세상의 영광은 이렇게 지나간다Sic transit Gloria mundi.)

성탄절: 예수, 산타, 꼬맹이 팀, 루돌프

예수가 태어난 날짜나 연도는 아무도 알지 못한다. 초기 기독교도는 어느 정도 이런 이유 때문에 여러 해 동안 예수의 탄생일을 기념하지 않았고, 훨씬 더 중요한 축일이라고 생각한 부활절에 집중했다. 예수 탄생일을 정하기로 결정했을 때 그들은 여전히 로마 당국의 의심을 받았고, 때때로 박해를 당하기도 했다. 그들은 현명하게도 농업의 신 사투르누스를 기리는 이교도의 떠들썩한 축제 사투르날리아Saturnalia가 열리는 날을 예수 탄생일로 선택했다. 사람들이 축제로 흥청거리는 가운데 기독교도의 수수한 축하 행사는 당국의 이목을 끌지 않을 테니까. 기독교 역사의 초기 몇 세기 동안 부활절은 대표적인 축일이었다.

동방 교회에서 날짜가 다른 성탄절은 중세에 중요하게 대두되었고, 종교개혁이 일어난 시기까지 중요한 의미를 부여받았다. 마르틴 루터는 숲에서 상록수를 끌고 와 촛불로 장식한 일화로 유명하다. 뉴잉글랜드에 정착한 칼뱅주의 성향이 강한 청교도는 성탄절을 받아들이지 않았다. 그들이 보기에 성탄절은 이교적이고 천주교적이었다. 어쨌든 '크리스마스Christmas'에는 '미사mass'란 단어가 들었고, 소나무는 이교를 연상시키는 요정과 숲의 정령의 냄새를 풍긴다. 그들은 성탄절을 거들떠보지 않았고, 12월 25일에도 얼어붙은 밭으로 터벅터벅 걸어서 일하러 갔다. 라인란트 경건파, 나중에 루터교도와 가톨릭교도가 온 뒤에야 성탄절이 미국 문화에서 중심을 차지했다. 성탄절도 블랙 프라이데이처럼 쇠퇴하는 중일까?

많은 이들이 성탄절의 상업화와 심지어 몰락에 대해 목소리 높여 개탄해왔다. 초기 기독교도는 성탄절을 아기 예수의 탄생을 축하하는 날로 생각했는데, 산타클로스와 꼬맹이 팀, 루돌프가 무대 전면을 차지하면서 종종 원래의 중심점이 사라진 것은 사실이다. 하지만 오늘날 기독교인이 (서구에서) 12월 마지막 2주 동안 고조되는 지나친 음주와 화려한 물질주의, 흥청망청한 분위기를 개탄하는 가운데 사투르날리아를 슬쩍 흡수한 과거를 상기해도 좋을 것이다. 사투르날리아는 음주와 흥청거림으로 유명했다.

현대 역사에서 성탄절 이야기의 몇몇 특징은 이 시즌을 규정하는 마케팅 기풍에 대한 순응으로 변형되는 일종의 번역을 겪었다. '박사' 3인의 이야기가 좋은 예다. 그들은 '동방에서' 왔는데, 이 이야기는 원래 그리스도의 탄생이 유대인뿐만 아니라 인류를 위한 하느님의 자비로운 행동임을 의미한다. 여러 세기가 지나 군주정이 권력을 획득하고 가톨릭교회가 대관식을 성사로 만드는 방안을 고려할 정도가 되자, 낙타를 타고 온 동방박사 세 사람은 '왕'으로 신분이 바뀌었다.

최근에는 동방박사가 이방인이나 국왕보다 예물로 황금과 유향과 몰약을 가져온 사람들로 기억된다. 그들은 이제 '시장'의 명줄인, 화사하게 포장된 선물 꾸러미의 쇄도로 변형된 관습을 시작한 사람들로 여겨진다. 문화사학자들에 따르면, 이렇게 터번을 쓴 빅 스리Big Three로 나타난 것은 19세기 미국에서 시작된 현상이다. 산업 경제가 군건히 자리 잡으면서 마케팅 담당자들이 소비자 지출을 자극해야 했기 때문이다. 동방박사는 맡은 임무를 잘 해냈다. 19세기 이전에 미국인은 집에서 구운 빵과 직접 뜨개질한 옷가지를 주고받는 것을 선호했고, '상점에서 산' 선물을 주는 것은 멋없고 인간미 없는 일이라고 생각했다. 하지만 19세기가 끝날 무렵, 광고업자들이 막대한 노력을 기울인 덕분에 제조업 기성품으로 취향이 바뀌었다. 이런 전환은 영리 기업에게 결정적으로 중요했다. 이 시점에서 어떤 이는 어느 해 미국에서 아무도 크리스마스 선물을 사지 않는다면 경제가 혼란에 빠져 붕괴하지 않을까 의심이 들 것이다.

별을 따라 망토를 걸치고 베들레헴의 말구유로 온 세 인물이 시간이 흐르면서 재건 수술을 받은 종교적 인물의 유일한 사례가 아니다. 예를 들어 3세기 미라Myra(오늘날 터키의 도시)의 주교인 니콜라우스를 생각해보라. 그는 서기 330년에 니케아공의회에 참석한 것으로 기록되었지만, 어린이와 뱃사람의 수호성인이 되었다. 아무도 그가 '유쾌하다'고 설명하거나 그가 "허허허"라고 말한다고 기록하지 않는다. 그는 요정이라고 언급된 적도 없다. 하지만 니콜라우스 주교는 역사상 가장 널리 알려진 고위 성직자가 되었다. 그는 자신의 그런 역할을 인정하지 않겠지만 말이다. 그는 흰 수염에 통통한 몸, 빨간 옷을 차려입은 산타클로스가 되었다. 이제 선물을 주는 일, 선물을 구입하는 일의 성인이 된 것이다.[122]

확실히 산타클로스가 명성을 얻는 데 가장 중요한 기여를 한 것은 1820년에 클레먼트 무어Clement Moore가 〈성 니콜라우스의 방문A Visit from Saint Nicholas〉을 발표한 일이다. 이 시는 나중에 삽화가 추가되어 계속 출간되었으며, 오늘날 크리스마스 구비 설화에서 필수 요소로 자리 잡았다. 운율도 맞지 않는 이 서투른 시는 산타에게 명성을 안겨주고 순록의 이름을 가르쳐주는 것 이상의 일을 했다. 이 시는 19세기까지 젊은이와 가난한 사람이 무리 지어 돌아다니면서 이웃 부잣집의 문을 두드리고 술과 선물, 때로는 돈을 요구한 '술잔치' 날에서 벗어나 성탄절이 변모하는 데도 기여했다. 시는 성탄절을 '교화'하는 데 도움을 주었다. 역사학자 스티븐 니센바움Stephen Nissenbaum이 말하듯이 진화하는 산타 이야기는 선물 교환 유행과 융합되었고, 성탄절을 거리에서 가정으로 옮기는 구실을 했다. 이제 선물 주기는 바뀌었다. 부자가 가난한 이에게 선물을 주는 대신 나이 든 세대가 자녀와 손자에게 선물을 주는 것이다.[123]

가난한 사람에 대한 관심은 일부 남았다. 교회가 칠면조와 크랜베리 소스를 살 돈이 없는 가정에 나눠주는 식품 바구니나 성탄절 전후로 신문에서 벌이는 '가난한 사람을 기억합시다' 캠페인이 대표적인 사례다(일부 비평가는 이런 시도는 설령 동기가 진실하다 해도 가난한 사람은 자선보다 정의를 선호하며, 제아무리 자비로운 바운티풀 부인Lady Bountiful〔조지 파쿼George Farquhar가 쓴《멋쟁이의 책략The Beaux' Stratagem》(1707)에 나오는 돈 많고 자비로운 부인. 여성 자선사업가를 다소 부정적으로 칭하는 말이다.—옮긴이〕이라도 자기를 대상으로 삼으면 분개하게 마련이라는 불쾌한 사실을 감춘다고 지적한다).

"당신은 산타클로스를 믿습니까?" 좀 더 분명한 신학적 차원에서 보면, 산타에 대한 평결은 복합적이다. 일부 교회 지도자는 산타를 신앙과 믿음의 영역에 두는 것은 어린아이들을 혼란스럽게 만든다고 불평한다. 하지만 산타는 종종 교회학교 성탄절 행사에 선물 보따리를 메고 나타난다.[124] 다른 이들은 산타가 성탄절을 영적 안녕을 물질적 안녕과 혼동시키는 소비의 난장판으로 만든 주범이라고 비판한다. 그들은 산타가 하느님은 총애하는 사람에게 부와 번영을 보상으로 준다는(부와 번영이 없는 사람은 은총을 받지 못하는 상태라는) 생각을 부지불식간에 영속화한다고 말한다. 이런 생각은 다시 가난한 사람의 성탄절 양말에 석탄 조각이 가득한 것은 자기네 책임이라는 사고를 조장한다. 좀 더 근면하고 참을성 있고, 열심히 일하고 절약하면 하느님

258

의 총애를 받을 수 있다는 것이다.

산타 신화에서 중심을 차지하는 것은 흰 수염이 덥수룩한 노인이 수수께끼에 싸였다는 점이다. 어린이들이 보기에 벽난로 선반에 걸어둔 양말에 선물을 넣는 것은 부모가 아니라 산타다. 하지만 산타 이야기에서 이 선물은 모두 즐거운 순록이 일하는 북극의 작업장에서 오는 것이기에, 어떤 이들은 이것은 사람들이 실제로 어딘가에서 장난감을 만드는 불편한 현실을 감추는 이야기라고 지적한다. 우리는 그와 같은 현실에 처한 노동자의 임금이나 노동조건을 자세히 보지 못한다. 소비자들이 점차 자신이 사는 제품이 어디서 어떻게 만들어졌는지 알고 싶다고 요구하고, 노동 착취형 공장에 반대하는 소비자 캠페인이 등장하는 시기에 산타 이야기는 이와 같이 의심스러운 목적에 이바지한다. 그 이야기는 현대의 기업 체제나 그와 관련된 현실의 고용 관행을 신비화한다.

세인트닉Saint Nick(산타클로스)을 둘러싼 언쟁은 과열되기 쉽다. 산타클로스 지지자들이 아이들에게 산타를 '믿게' 가르치면 믿음의 가치를 심어줄 수 있다고 말하는 반면, 일부 비판론자는 그게 문제라고 대꾸한다. 이렇게 무비판적으로 남을 쉽게 가르치는 것이 종교의 잘못된 점이며, 민주주의에서 적절한 태도가 아니라는 것이다. 산타의 팬들은 종교의 도덕적 중요성을 옹호하기 위해 종교에서 '믿음'의 차원을 최소화하는 데 사용되는 익숙한 주장을 고스란히 되풀이하는 것으로 대응한다. 그들은 산타는 어린이에게 관대함과 자선, 심지어 유쾌함의 미덕까지 보여줌으로써 공공선에 기여한다고 말한다. 스티븐 헤일스Steven Hales는 산타는 이런 자질의 모범으로, 예수보다 뛰어난 전형이라고 주장한다.[125]

과연 성탄절은 쇠퇴하는 중일까? 그런 것 같지는 않다. 뉴욕 메이시스백화점의 유명한 추수감사절 퍼레이드는 항상 산타의 등장으로 클라이맥스에 도달하고, 이제 거의 전적으로 성탄절 퍼레이드가 되었다. 2015년에 플리머스 순례자는 한 명도 행렬에 등장하지 않았지만, 세계 최대의 순록이 거대한 풍선으로 공중에 떠다녔다.

구유에서 아기가 태어난 날을 기리는 축일로서 성탄절의 의미는 산타와 스크루지, 사탕 요정Sugar Plum Fairy 등에 의해 빛을 잃은 것 같다. 하지만 수억 명이 여전히 이날을 평화의 왕이 태어난 날로 이런저런 식으로 기념한다. 1년 내내 교회에 발을 들여놓지 않는 수많은 사람도 성탄 전야에는 교회에 나온다. 로마 산피에트로대성당에서 교황이 집전하는 성탄 미사는 수백만 명이 텔레비전으로 시청한다.

성탄절의 원래 영적인 의미와 '시장'의 '연말연시happy holidays' 욕심이 오랫동안 공존할 수 있다면, 그리하여 포스트모던한 방탕의 나팔 소리와 소동에 둘러싸인 채 구세주의 강림에 조용히 감사하던 초기 기독교도의 경험을 의도치 않게 반복한다면, 아이러니한 일이 될 것이다. 이런 유쾌한 타협은 불가능해 보인다. 어쨌든 로마 사투르날리아에서 술을 들이켠 이들은 아기 예수를 **그들의** 상징 중 하나로 흡수하려 하지 않았다. 앞서 살펴본 것처럼, 오늘날 이 기독교 축일의 많은 요소가 상업적 패러디와 뒤섞인 나머지 합성물 자체가 불안정해 보인다. 구유에 누운 아기나 썰매 탄 노인이 계속 유행할지는 오직 시간이 말해주리라.

어머니날: 여성 신의 귀환?

한 해 중에서 통화량이 가장 많은 날이 언제일까? 짐작하기 어렵지 않다. 최근 한 해에는 37퍼센트 증가할 정도로 5월 둘째 일요일에 통화량이 급증한다. 이날은 미국의 어머니날이다. 하지만 어머니날은 공휴일 하나가 아주 짧은 시간에 어떻게 일련의 변천을 겪을 수 있는지 극적으로 보여주는 사례다. 이날은 '시장' 종교가 어떻게 공휴일을 흡수해서 고유한 금전적 의미를 불어넣을 수 있는지 보여주는 생생한 사례이기도 하다.

어머니날은 전 세계 공휴일 중에서 가장 오랜 계보가 있다고 주장할 수 있다. 라스코동굴 벽에 그려진 인간의 유일한 그림은 임신한 것이 분명한 여자의 모습이다. 그 후 잇따라 모신 숭배가 등장했는데, 그중에는 레아와 키벨레를 기리기 위해 특별한 시간을 할애하는 로마인과 그리스인의 신앙도 있다. 모성을 기리는 의식은 종종 다산이나 성애, 때로 둘 다 기리는 의식과 뒤섞였다.

이런 관습은 기독교가 확산됨에 따라 종종 점증하는 동정녀 마리아 숭배와 융합되었다. 431년 에페수스 공의회가 소집되었을 때 의제에 오른 논쟁적인 문제 중 하나는 마리아를 어떻게 이해할 것인가 하는 점이다. 단순히 예수의 어머니로 기려야 하는가, 그리스도의 어머니로 기려야 하는가? 아니면 테오토코스Theotokos, 즉 신의 어머니로 받들어 모셔야 하는가? 공의회 교부들은 신의 어머니로 모시기로 결정했는데, 이후 여러 세기 동안 역사학자들은 이 공의회가 열린 장소가 어떤 역할을 했다고 추측했다. 에페수스는 '에페수스인의 디아나'를 숭배하는 주요 무대로, 강하고 신성한 여성에 대한 숭배의 중심지다.

언젠가 나는 어느 가톨릭 역사학자에게 공의회 교부들이 왜 '신의 어머니'라는 결정에 이르렀는지 물었는데, 그녀는 주저 없이 대답했다. "그들이 여성 신을 원했으니까요."

사실은 달랐을지 모르지만, 중세가 시작됨에 따라 마리아 신앙의 전성기가 자리 잡았다. 마리아는 강력한 영적·문화적 힘이 되었다. 헨리 애덤스Henry Adams는 샤르트르대성당을 지은 것은 마리아라고 썼다. 이후 16세기 프로테스탄트 개혁가들은 다른 방향으로 나갔다. 그들은 마리아를 중요한 성인의 하나로 여겼는데, 성인에게 기도드리는 데는 단호히 반대했다. 마리아는 주변으로 밀려났다. 반종교개혁과 그 후 몇 세기 동안 가톨릭교도가 종교개혁을 밀어내면서 점차 마리아 신앙을 중요시한 것은 이해할 만한 일이다.

19~20세기 가톨릭 신앙에서 마리아의 이런 지위는 다른 방식으로 높아졌다. 1854년 교황 비오 9세는 무염시태(그리스도의 동정녀 탄생과 혼동해서는 안 된다) 교의를 선포했다. 마리아 부모의 성관계가 하느님에 의해 원죄를 옮기지 않도록 보호받았기 때문에 마리아와 성령의 자손인 예수가 원죄의 오점이 묻지 않았다는 것이다. 1950년 교황 비오 7세는 한 발 더 나아가 성모승천 교의를 공표했다. 동정녀 마리아가 죽음의 문을 통과하는 대신 육신 그대로 승천했다는, 널리 퍼진 대중적 믿음을 확인하는 내용이다. 일부 가톨릭 신학자는 마리아를 그리스도와 '공동 구속자Co-Redémptrix'로 봐야 한다고 촉구했다. 이 교의들이 신학 차원에서 도입되는 가운데, 대중적인 종교 신앙에서도 이와 유사한 발전이 있었다. 종종 어린이들이 마리아의 환영을 봤다는 이야기가 루르드와 파티마, 그 외 많은 곳에서 몇 번이나 나왔고, 그 결과 이 도시에 순례자가 몰렸다. 기독교는 여성 신을 섬기는 쪽으로

한층 가까이 가는 것 같았다.

개신교는 교의나 대중적인 신앙 어느 쪽에서든 이런 상황 전개에 전혀 만족하지 못했다. 일각에서는 이런 상황을 갈라진 교파가 재통합하는 것을 가로막는 심각한 장벽으로 봤다.

스위스 개신교 목사의 아들인 카를 융은 성모승천 교의가 종교개혁 이래 기독교에서 가장 중요한 발전이라고 환호했다. 신의 여성적 측면을 상징하는 것이라는 이유에서다.[126] 19세기에 현재와 같은 어머니날이 도입되었을 때, 그것은 모성에 대한 종교적 찬미의 오랜 역사를 반영한 것이었다.

이런 원초적인 인간 현실이 최근에 반복되는 일은 어떻게 시작되었을까? 현대 어머니날이 창시된 이유와 시기는 다른 축일과 마찬가지로 논란거리다. 한 가지 믿을 만한 설명은 1870년 줄리아 워드 하우Julia Ward Howe가 〈어머니날 선언Mother's Day Proclamation〉을 발표하면서 창시했다는 주장이다. '어머니 평화의 날'에 관한 그녀의 구상은 어머니들이 집결해서 세계 평화를 요구하자는 것이었다(〈공화국 전투 찬가The Battle Hymn of the Republic〉의 작사가로서는 다소 아이러니한 기획이다). 1865년 '어머니 우애의 날Mothers' Friendship Day'이라는 행사를 조직한 웨스트버지니아주의 앤 리브스 자비스Ann Reeves Jarvis가 이날의 창시자라는 설도 있다. 어머니들이 북부 연방과 남부 연합 참전 군인들을 초청해서 화해를 위한 노력을 하게 만드는 행사다. 이런 시도는 앤 리브스 자비스의 딸 애나 자비스Anna Jarvis가 벌인 활동의 선구적인 일로 여겨진다. 1905년에 어머니가 죽은 뒤, 애나 자비스는 어머니날을 자기 어머니와 자녀를 위해 희생한 모든 어머니를 기리는 미국의 공휴일로 만드는 일에 몰두했다.

여기서 '시장'의 복사들이 무대에 등장한다. 애나 자비스는 사업을 진척하는 데 열중하면서 필라델피아의 유명한 백화점 재벌의 지원을 받았다. 존 워너메이커John Wanamaker는 자비스의 구상에 고무되었을지 모르지만(어느 누가 모성애의 마술에 저항할 수 있겠는가?), 나름대로 구상이 있었다. 이 새로운 공휴일로 만들어낼 수 있는 사업을 생각해보라! 하느님과 맘몬의 협정은 금세 문젯거리가 되었고, 애나 자비스는 변질된 파트너십에 후회했다. 1908년 5월 자비스는 웨스트버지니아주 그래프턴의 감리교회에서 첫 번째로 기록된 어머니날 예배를 준비했다. 같은 날 워너메이커는 필라델피아의 자기 상점에서 성대한 어머니날 행사를 열었다. 어머니날을 '시장'의 교회력에서 중요한 기념일로 흡수하는 첫 단계다.

자비스는 워너메이커와 파트너십을 기반으로 삼아 어머니날을 국경일로 만드는 일에 착수했다. 자비스는 개인에게 초점을 맞추는 미국의 공휴일이 하나같이 남자를 기리기 위해 고안된 것이라는 사실을 혐오했다. 그녀는 편지 보내기 운동을 개시하면서 정치인을 상대로 로비했고, 어머니날국제협회Mother's Day International Association를 설립했다. 1914년 우드로 윌슨 대통령이 5월 둘째 일요일을 어머니날로 공식 확정하는 법률에 서명함으로써 그녀는 목표를 달성했다.

거의 곧바로 어머니날의 관리권을 둘러싸고 진지한 싸움이 벌어졌다. 앤 리브스 자비스가 어머니날을 구상할 때 염두에 둔 것은 남북전쟁 당시 반대편에서 싸운 참전 군인들이 화해하는 날이었다. 줄리아 워드 하우는 평화를 장려하는 날을 구상했다. 애나 자비스는 이날을 흰 카네이션을 달고 어머니 집을 찾는 날로 생각했다. 하지만 꽃 가게와 식당, 선물 가게 주인 등은 생각이 달랐다. 카네이션이 분열의 씨앗으로 작용했을 것이다. 어머니날은 금세 감사 카드와 장신구 제조업자를 위한 기념일이 되었다. 레스토랑은 어머니가 일손을 놓게 외식하라고 고객을 몰아세웠다. 수십 년 뒤 사업 가능성을 포착한 무인 자동 판매 레스토랑 체인 혼앤드하다트Horn and Hardart는 사전 조리된 포장용 메뉴를 완비하고, '어머니 일거리 덜어주기' 메뉴라고 홍보했다.

애나 자비스는 마케팅 담당자들이 자기 구상을 흡수해서 조잡하게 만든다며 실망했다. 처음에 그녀는 어머니날을 좀 더 가시적으로 만들기 위해 꽃 산업과 협력했지만, 1920년에 노골적인 상업화를 보고 치를 떨었다. 그녀는 이 기념일을 약탈하는 짓이라고 여긴 행동을 비난했고, 더 나아가 상점에서 광고하는 카드와 꽃을 사지 말라고 사람들에게 촉구했다. 하지만 램프에서 요정이 나온 뒤였고, 어머니날 창시자조차 요정을 다시 집어넣을 수 없었다. 화가 나고 절망한 자비스는 '어머니날'이라는 단어를 사용하는 기업을 상대로 소송을 시작했다. 그녀는 끝없는 법률 비용에 재산을 쏟아부었지만 아무 성과도 없었다. 1948년에 그녀는 자신이 창시하는 데 일조한 기념일이 자기와 무관하다고 주장했으며, 국경일에서 제외하도록 연방 정부를 설득하려고 했다.[127] 이런 노력도 실패로 돌아갔다. 어머니날은 창시자의 취지에서 벗어나 좀 더 '시장' 친화적이고 수익성 좋은 의미로 쓰였다.

이 이야기에는 또 다른 복잡한 방향 전환이 있다. 어머니날은 실제로 거대한 상업적 성공작이 되었지만, 웨스트버지니아주 그래프턴의 감리교회에서 탄생한 이날은 교회에서 결코 사라지지 않았다. 거의 모든 교파가 5월 둘째 일요일을 어머니날로 기린다. 안내인은 종종 어머니들에게 꽃을 나눠준다. 목사와 사제는 모성에 관해 설교한다. 성가대는 간혹 자녀와 남편에게 침대에서 아침 식사를 대접받고 온 어머니에게 어머니에 관한 찬송가를 불러준다.

최근에 많은 개신교 교회에서 어머니날에 관해 또 다른 미묘한 전환이 나타났다. 마리아가 돌아온 것이다. 일부 개신교 교회는 회중의 어머니, 역사 속의 중요한 어머니와 나란히 예수의 어머니에 주목했다. 2015년 어머니날, 나는 나도 모르게 맨해튼의 리버사이드교회에 갔다. 간혹 미국 '자유주의 개신교의 대성당'으로 여겨지는 곳이다. 그 날 교회에서 마리아가 찬송가와 기도, 설교에서 두드러진 자리를 차지했다. 곧바로 이리저리 알아보았고, 다른 많은 교회에서도 비슷한 일이 벌어진다는 걸 확인했다. 물론 마리아는 성탄 카드나 잔디밭에 세우는 구유 속의 아기 예수상에서 모습을 감춘 적이 없지만, 이제는 개신교의 전례에 등장하기 시작했다. 구노의 〈아베마리아〉가 장로교회에서 들린다.

테오토코스의 복귀를 주장할 수는 없다. 하지만 뉴잉글랜드의 칼뱅주의 창시자나 다른 누구도, 심지어 예수의 어머니도 예수를 밀어내고 무대 중앙에 서는 것을 원치 않아서 오직 예수를 중심으로 삼은 이전 시대의 침례교도나 감리교도라면 이런 변화에 충격을 받는 것은 당연하다. 방금 전에 언급한 사례에서 결론을 끌어내면, 마리아 신앙에 대한 개신교의 혐오는 이제 희미해지는 것처럼 보인다. 어머니날은 19세기에 고안된 것이 아니라 아주 오래된, 고대의 전통이 최근에 발현된 것으로 볼 때 가장 잘 이해할 수 있을 것이다.

어머니 기리기의 역사, 어머니날에서 나타나는 종교적·상업적 체현과 관계에 대한 개관은 사람들이 기념하는 많은 축일에도 적용되는 한 가지 요점을 보여준다. '시장' 세력은 종교 축일에 의해 발생하는 에너지를 활용해서 나름의 목적을 달성하기를 즐긴다. 충분히 이해할 만한 일이다. 종교 축일을 자기 것으로 만드는 일은 무에서 고유한 축일을 창조하기보다 쉽다. 패션 산업이 라마단을 활용하려고 한 사실에서 목격했듯이, 어떤 축일도 예외가 아니다.

이제 우리는 라마단의 전통적 의미와 '라마단 소비자'의 긴장을 목격할까? 독실한 이슬람교도는 우리가 "예언자를 라마단으로 돌려놓아야 한다"고 요구할까?

더 기본적으로 보면, 어떤 축일이든 그 영적·상업적 차원이 밀접하게 연결된다는 사실은 어떻게 둘 중 하나 혹은 둘 다에 영향을 미칠까? 이 관계의 사업적 측면이 종교적 측면에서 많은 에너지를 흡수한다면, 원래의 영적 자본을 줄이지 않은 채 계속 흡수할 수 있을까? 예를 들어 소박함, 겸양, 자기희생 같은 동정녀 마리아와 결부된 전통적 특질이 향후에 훨씬 더 많이 나타난다면, 그것이 과소비에 대한 열정을 조금이라도 꺾을까? 전통적인 종교 축일로서 성탄절이 그 핵심적인 영적 메시지가 크게 훼손되지 않은 채 '시장'의 쇼핑 열기와 계속 뒤얽힐 수 있을까?

이런 질문은 '종교가 문화와 어떤 관계를 유지해야 하는가'라는 현재진행형 질문에 날카로운 방식으로 초점을 맞춘다. 종교는 그 배경이 되는 문화의 가치와 세계관을 수용해야 하나, 비판이나 도피 혹은 그저 무시해야 하나? 이 질문은 적어도 고대 히브리인이 요단강을 건넌 뒤 가나안에 사는 이웃의 관습을 어떻게 대해야 하는지 결정해야 했을 때부터 존재했다. 나중에 누군가 가이사에게 세금을 바쳐야 하는지 예수에게 물었을 때 이 질문이 제기되었다. 각각의 경우 당사자들이 주변을 둘러싼 문화에서 종종 감춰진 종교적 차원을 밝히고, 이것이 자신의 열망과 상충하는지 결정할 필요가 있었다. 이 때문에 우리가 시장 지향적 사회의 암묵적인 종교적 측면을 드러내고, 계속 우리 것으로 주장하는 영적 전통에 비춰서 그 측면을 평가하는 것이 중요하다. 페르시아제국과 로마제국이 사라졌듯이, 현재 우리가 가진 시장으로 뒤덮인 문화market-suffused culture 역시 언젠가 사라질 것이다. 그렇다고 해서 그리스도와 문화의 어려운 문제가 해결되지는 않을 것이다. 궁극적이지만 불가피한 '시장신'의 죽음 이후 무엇이 뒤를 잇든 이 문제는 영원할 테고, 몇 번이고 붙잡고 씨름해야 한다.

16. 모든 소원을 아시며

전능하신 하느님, 주께서는 모든 사람의 마음과 소원을 아시며, 은밀한 것이라도 모르시는 바 없사오니, 성령의 감화하심으로 우리 마음의 온갖 생각을 정결케 하시어, 주님을 진심으로 사랑하고 주님의 거룩하신 이름을 공경하여 찬송케 하소서.

—성공회 기도서

우리는 유달리 고백을 좋아하는 사회가 되었다. 고백의 효력은 폭넓게 확산되었다.

—미셸 푸코

전통적인 기도에 따르면, 하느님은 우리 마음속에 있는 욕망을 안다. '시장'도 그 욕망을 알고 싶어 한다. 하느님이 생각하는 목적은 우리에게 하느님과 인간을 사랑할 능력을 주는 것이다. 반면 '시장'이 추구하는 목적은 판매량을 늘리는 것이다. 하느님은 이런 깊은 지식이 있다고 말해지지만, 하느님이 지상에 거느린 대표자들은 그렇지 못하다는 점을 인식하는 게 중요하다. 그들은 그 지식을 얻고 싶어 한다. 기독교에서 교회는 여러 세기에 걸쳐 마음의 비밀을 알아내는 효과적인 방식을 고안했다. 주된 방법은 고해성사로, 프랑스의 철학자 미셸 푸코는 그 역사와 의미를 상세히 연구했다.[128]

이 관행은 사제가 죄를 뉘우치는 사람들로 하여금 자기 죄를 밝히고 용서받아 짐을 덜 수 있게 해주는 방법으로 시작되었다. 시간이 흐르고 사제들은 지침서에 따라 단순히 고백하는 사람이 상기할 수 있는 위반 행위를 밝히는 데서 더 나아가도록 지시를 받았다. 이제 사제들은 상대가 간과했을지 모르는 다른 종잡을 수 없는 생각과 행동을 암시할 것이 기대되었다. 하지만 암시에 취약한 인간의 성격을 감안할 때, 이런 절차는 고백하는 사람이 생각해보지 않았을 욕망을 심어주는 효과도 여러 차례 발휘했다. 이전에는 인식하지 않았을 새로운 욕망이 이런 식으로 얼마나 많이 고안되었는지 아무도 모른다.

마르틴 루터는 아우구스티노회 수사 시절에 이런 참회의 십자포화를 맞았다. 그는 고해하러 갈 때면 꿇어앉았다 일어나 고해실에서 나가자마자 다른 악행과 불순한 생각이 떠올라 돌아가곤 했다고 술회한다. 성 바울의 〈로마서〉를 읽으면서 하느님이 자신의 모든 죄를 용서해주었다는 생각이 들 때까지 고해성사는 그에게 고문이었다. 루터는 자신이 창시한 개혁 교회에서 칠성사를 두 개로 줄이고, 개인적 고해를 없앴다(로마가톨릭교회와 동방정교회에서는 세례, 견진, 성체, 고해, 혼인, 병자, 성품 등 일곱 가지 성사를 두며, 개신교에서는 성찬식과 세례식을 성례전이라는 표현으로 이해한다. ─옮긴이).

'시장'도 우리의 내적 욕망을 알 필요가 있다. 그래야 우리 정신 속의 욕망을 자신이 팔고자 하는 상품과 연결할 수 있기 때문이다. 마찬가지로 '시장'은 욕망을 발견하는 정교한 계획을 만들어냈다. 이런 기법 중에 가장 유명하고 널리 활용되는 것이 '포커스 그룹focus group'이다. 마이클 셔드슨Michael Schudson은 광고의 역사에 관한 정보를 담은 책에서 1980년대에 유나이티드항공의 광고를 대행한 레오버넷Leo Burnett Company이 승객 4분의 1이 여성이고, 더 많은 여성이 노동력에 진입함에 따라 그 비율이 늘어나는 것을 어떻게 발견했는지 설명한다.[129] 회사는 이 여행객의 소집단을 모아 항공 여행에서 어떤 점이 좋고 어떤 점이 싫은지, 항공 여행이 어떻게 홍보되는지 이야기해달라고 요청했다. 새로운 기법이 초기에 이룬 개가다. 셔드슨은 마케팅 연구자 캐런 샤피로Karen Shapiro의 말을 인용한다. "이 조사에 참여한 타깃 청중이 이야기한 단어는 사람들이 광고에서 어떻게 소리 내야 하는지 배우려고 애쓰는 창작자들에게 가장 소중한 정보를 제공한다."[130]

여기서 언급하는 '창작자들'은 항공사를 경영하는 사람이 아니라 항공사를 위해 광고를 만드는 사람이다. 조종사나 공항 터미널 인력, 승무원 같은 노동자는 더욱 아니다. 포커스 그룹에 관한 조사 결과 때문에 항공 여행의 성격 자체가 바뀌었음을 보여주는 기미는 거의 없다. 대다수 전문가 의견에 따르면, 유나이티드항공이나 다른 어떤 항공사도 지난 수십 년 동안 항공 여행의 질은 꾸준히 나빠졌다. 좌석 사이 공간은 좁아졌고, 기내식은 빈약하거나 아예 없다. 포커스 그룹 때문에 바뀐 것은 오직 하나, 비행기 여행을 홍보하는 방식이다. 셔드슨이 포커스 그룹에서 수집한 정보에 대해 언급했듯이, 이 정보는 광고 대행업체에게 "거리의 남녀들과 개인적 접촉을 유지하게 해주고, 아이디어의 원천을 제공하며, 심지어 광고 창작에 영감을 주는 단어와 문구, 일상 언어의 보고까지 준다".[131] 다시 말해 포장이 바뀌었을 뿐, 내용은 바뀌지 않았다.

최근 몇 년 동안 포커스 그룹은 그만큼 중요한 역할을 하지 못했다. 마케팅 담당자들이 데이터를 사용해서 틈새시장(즉 우편번호나 기타 예상되는 취향과 선호의 지표로 확인되는 구매 가능성이 높은 고객 집단)을 찾는 법을 배웠기 때문이다. 기업은 이른바 '데이터 마이닝data mining' 업체와 연결된 거대한 데이터베이스를 구축했다. 잠재적 소비자, 고객, 유권자에 관해 수집한 데이터는 어마어마하다. 미국 최대 데이터 중개업체는 액시엄Acxiom이다. 최근의 한 보도에 따르면, 액시엄은 컴퓨터 서버 2만 3,000개를 보유하고 1년에 데이터 거래 50조 건을 처리한다. 이 회사는 개인별로 13자리 숫자 고유 번호를 붙인 미국인 2억 명에 관한 '디지털 기록'에 평균 2,500개 데이터 포인트를 저장한다. 이 개인들이 어디를 가든 추적할 수 있다는 뜻이다. 액시엄이 축적한 데이터는 대부분 페이스북 같은 소셜 미디어에서 거둬들일 수 있다. 개인은 70가지 '라이프스타일 집단' 중 하나에도 속한다. 그래야 표적 마케팅이 용이하기 때문이다. 액시엄은 이런 소중한 데이터를 고객에게 판매한다. 주 고객은 신용카드 회사, 보험회사, 일반 은행, 글로벌 자동차 기업, 제약 회사 등이다. 전체적으로 보면 액시엄의 고객 명단에는 미국 100대 기업이 절반 정도 포함된다.[132]

이 조사의 특징이 무엇이든, 마케팅 담당자들 역시 전통적인 고해실과 마찬가지로 마음속 은밀한 욕망을 발견하는 것을 훌쩍 넘어선다. 그들은 이런 욕망을 창조하기 위해 무슨 일이든 한다. 산업 비평가 제리 맨더는 광고 회사 중역이라는 성공적인 경력에서 은퇴한 뒤에야 자기가 사람들에게 원치 않는 물건을 사게 만들었음을 깨달았다고

말한다.[133]

'매디슨 애비뉴Madison Avenue'라는 단어로 상징되는 광고업계에 종사하는 다른 이들은 이런 특성 규정에 반박한다. 그들은 기업이 무엇을 만들지 결정하는 것은 고객이며, 마케팅 담당자가 만드는 광고는 고객이 원하는 물건을 찾는 데 도움을 준다고 주장한다. 누이 좋고 매부 좋은 상황처럼 들린다. 하지만 우리를 둘러싸고 매일같이 우리 공간을 침범하는 광고(스팸 메일, 텔레비전 광고, 길거리 광고판, 인터넷 광고)에 대해 한 번 더 생각한 사람은 주변에 흘러넘치는 광고가 대부분 전에는 존재하지 않던 곳에서 욕망을 창조하려는 가차 없는 시도임을 안다. 이 과정은 과거 고해실처럼 종전의 열망을 드러낼 뿐만 아니라, 새로운 열망을 불어넣기도 한다.

푸코는 고해 의례는 고백하는 사람을 개인과 그들이 고백하는 제도의 권력 궤도에 자리매김할 수밖에 없게 만든다고 생각했다. 한 강렬한 구절에서 푸코는 권력은 '이중의 효과'를 낳았다고 말한다. "다시 말해 권력의 행사 자체에 의해 일종의 충동이 권력에 주어지고, 일종의 흥분이 감시하고 통제하는 활동을 보상하면서 감시와 통제를 한층 진전시키며, 농밀한 고백에 힘입어 질문자의 호기심이 새로운 활기를 얻고, 쾌락을 포위하고 노출하는 권력 쪽으로 그 쾌락이 역류한다. ……권력은 유혹의 기제처럼 작용한다. 이를테면 감시의 대상인 그 야릇한 언동을 유인해서 끌어낸다." 고해성사든, 시장조사에서 발생하는 의견 공유든 중립적이거나 쌍방에 모두 유리한 제안을 내놓지 못한다. 둘 다 권력 거래다.[134]

푸코는 고해를 보며 처음에 종교에서 생겨난 관행이 어떻게 일반 사회로 옮겨 가는지, 다른 말로 하면 '시장'이 자기 목적을 위해 이런 관행을 어떻게 병합하는지 보여주는 사례도 발견한다. 그는 다음과 같이 말한다. "일찍이 이보다 많은 권력의 중심, 많은 명백하고 수다스러운 관심, 많은 순환적 접촉과 유대, 농밀한 쾌락과 집요한 권력이 자체의 폭넓은 확산을 위해 서로 불꽃을 돋우는 많은 장소가 존재한 적은 없다."[135]

우리는 가톨릭교회가 고해성사를 제도화한 것이 사람들이 자기 양심을 탐색하고 용서받는 데 따르는 위안을 경험하게 하려는 의도였다고 가정할 수 있다. 하지만 교회는 사람들을 자신의 영적 권력 아래 더 확실하게 묶어두려는 목적도 있었음이 분명해 보인다. 더 많은 욕망은 더 많은 죄를 의미하고, 더 많은 죄는 더 많은 고백을 의미하며, 더 많은 고백은 교회의 영향력을 강화하고 심화하고 확대하는 것을 의미한다.

'시장'은 왜 욕망을 창조할 필요가 있을까? 광고 산업의 최근 역사를 잠깐 훑어보면 이 질문에 답하는 데 도움이 된다. 문화 연구자 레이먼드 윌리엄스Raymond Williams는 현대 광고의 출발점을 신기술이 발명되고 독점체가 형성되면서 기업들이 생산을 늘리는 방법이 아니라 과잉생산에 대처하는 방법에 대한 도전에 직면한 19세기 말로 추적한다. 어떻게 하면 만들어내는 모든 제품을 판매할 수 있을까?[136]

이 도전은 2차 세계대전 이후 극심해졌다. 전투기와 탱크, 대포를 건조하던 공장들이 전례 없는 수준으로 자유롭게 소비재를 생산했다. 이 생산물을 전부 흡수할 소비자가 있었을까? 사람들이 더 많은 물건을 사지 않으면 경제가 심각한 곤란을 겪었을 것이다. 이는 새로운 문제가 아니다. 뒷날 대통령경제자문위원회 초대 위원장에 오르는 에드윈 너스Edwin Nourse는 1934년, 브루킹스연구소Brookings Instutition의 한 연구에서 주도적인 역할을 했다. 그 보고서인 〈미국의 생산 능력America's Capacity to Produce〉은 '시장 침투'와 '과잉생산 능력'을 심각한 도전으로 꼽았다.[137] 이 도전에 대처하기 위해 몇 가지 기제가 고안되었다. 먼저 예약 할부제, 할부 구매, 장기 담보대출, 최종적으로 신용카드 같은 광범위한 신용 도구를 창조하는 것이다. 이 모든 수단은 사람들에게 전혀 생각해본 적 없는 물건을 사도록 부추겼고, 사람들은 부추김에 넘어갔다. 종교 영역에서 이런 변화는 이전 시기에 장려된 검약과 소박함, 만족의 유예 같은 일부 도덕적 미덕이 이제 필요하지 않을 뿐만 아니라 '시장'의 거추장스러운 장애물이 되었음을 의미한다. 교회는 사람들에게 "순간순간을 즐기며 살고", 초조한 마음을 가라앉히며, "마음을 편하게 먹어라"라고 장려할 것이 기대되었다. 많은 종교 기관이 이런 기대에 부응했다. 소비자 채무는 급증했고 저축예금은 감소했다. 어떤 이들은 이 과정을 '저축에 맞서 소비를 지키기 위한 전쟁'이라고 했다. 1982~1990년 미국 소비자의 평균 부채는 30퍼센트 증가했지만, 기업 이윤은 급등했다.

　판매를 확대하기 위한 또 다른 전술은 진부화obsolescence〔원래는 자산에 대해서 발생하는 경제적·기능적 감가 원인을 일컫는 표현인데, 여기서는 새 상품의 판매를 위해 구 상품의 가치를 의도적으로 떨어뜨리는 마케팅 기법을 가리킨다. 계획적 진부화라고도 한다.─옮긴이〕 속도를 높이는 것이다. 가정용품은 더 빨리 닳도록 설계되었다. 그래야 물건을 새로 살 수밖에 없기 때문이다. 스타일의 변화, 특히 여성복의 변화 속도가 빨라졌다. 맵시 있는 모델이 활보하는 밀라노와 파리의 런웨이가 텔레비전과 컬러 잡지를 통해 가정에 들어왔다. 자동차 제조업체는 해마다 포드나 닷지의 신모델을 출시했다. 기업은 제품 개선보다(물론 일부 개선이 있기는 했다) 포장을 매혹적으로 만드는 데 점점 더 많은 예술적 재능과 상상력을 쏟아부었다. 7장에서 논의한 금융 부문의 확대는 파생 상품인 부채 담보부 증권 같은 수많은 신'제품' 발명으로 귀결되었다. 냉전은 미국과 광범위한 동맹국을 위해 다시 한 번 무기를 대량생산 하는 군수공장의 장기적인 성장을 부추겼다.

하지만 쇠약해진 수요와 시장의 포화 상태에 대응하려는 이런 고안물 가운데 광고업계에 의한 욕망의 창조와 주입이 가장 강력해졌다. 욕망을 창출해서 판매를 확대하기 위한 혁신적인 기법은 텔레비전이 그 범위와 침투력을 확대하면서 무대에 등장했다. 그것은 '시장'의 초대형 폭풍과도 같았고, 거대한 성공이었다. 언젠가 스티브 잡스가 말했듯이, "여러분이 말해주기까지 많은 사람이 자기가 무엇을 원하는지 알지 못하기" 때문이다. 사람들은 한번 말을 듣자 확실히 한입 베어 문 사과 모양 로고를 좋아하는 취향이 생겼다.

연구자들은 대다수 사람들이 저 유명한 파블로프의 개처럼 아무 생각을 하지 않아도 좋은 기억이나 나쁜 기억과 연상시키는 익숙한 광경이나 소리가 대뇌피질에 침투한다는 사실을 알았다. 광고업자는 이 점을 안다. 광고는 생각을 불러일으키려고 하지 않고, 정반대로 성찰을 우회하면서 감정에 직접 호소하기 위한 것이다. 그리하여 '브랜드 충성심'이 생겼다. 이 맥락에서 '충성심'이라는 단어를 사용하는 것은 생각해볼 여지가 있다. 더구나 어떤 상표에 아무 생각 없이 거의 본능적으로 반응하는 태도를 세심하게 조장하는 경우, 과연 이런 용어를 적용해도 될까? 이런 비성찰적인 반응을 '충성심'이라고 부르는 것은 '시장'이 다른 곳에서 탄생해 발전한 개념을 자기 것으로 차지해서 원래 의미를 희석하는 또 다른 예다. 전통적으로 우리가 말하는 충성심은 가족이나 부족, 민족에 대한 것이었다. 좋아하는 야구 팀에도 충성심을 들먹일 수 있지만, 아침 식사용 시리얼 브랜드나 자동차 제조업체에 대한 충성심은 다른 문제다. 충성심은, 심지어 그릇된 대상을 향한 충성심은 사람들이 자기 삶과 종종 다른 이들의 삶까지 희생하게 부추긴다. 충성심은 종교에서도 핵심적인 용어가 되었다. 미국의 철학자 조사이어 로이스Josiah Royce는 언젠가 이 주제에 관해 영향력 있는 책을 썼는데, 인간은 (예컨대 가족이나 부족에 국한되는) 특수주의적인 낮은 차원에서 충성심을 학습한다는 이론의 개요를 제시했다. 그리고 인간은 계속해서 더 높고 포용적인 차원으로 나아가며, 인류와 절대자에 대한 충성심에서 절정에 도달한다고 주장했다. 그는 쉽게 믿는 경향이나 순종이 아니라 충성심이야말로 개인과 신의 고유한 관계를 설명하는 기독교의 방식이라고 말했다.[138] 하지만 우리는 누군가 정말로 캠벨 토마토 수프나 하이네켄 맥주에 대한 충성에서 인류에 대한 충성으로 나아갈 수 있는지 궁금증이 생긴다.

브랜드와 로고를 만들기 위해 그토록 열심히 일하는 마케팅 담당자들은 이런 문제를 생각하는 데 많은 시간을 할애하지 않는다. 이 전문가들은 사람들의 충성심을 사로잡는 브랜드 상징을 고안할 뿐만 아니라, 모방범과 절도범에 맞서 이 상징을 철두철미하게 지키기 때문에 수요가 높다. 황량한 서부 시절에는 다른 사람의 낙인brand이 찍힌 송아지를 몰아가면 교수형에 처해질 수 있었다. 오늘날에도 익숙한 제품의 상표명은 때로 추잡한 싸움에 휘말린다. 최근에 '마요네즈'라는 이름을 합법적으로 붙일 수 있는지 여부를 놓고 이런 다툼이 벌어졌다. 요즘 벌어지는 수많은 다툼 중 하나에 불과한 이 싸움은 누군가에게 다윗과 골리앗의 재격돌로 보였다. 이 경우 블레셋의 거인 전사는 식품 산업의 진정한 거인이자 헬먼스Hellmann's의 소유주인 유니레버Unilever다. 조약돌 주머니를 멘 솜털이 보송보송한 소년은 햄턴크릭Hampton Creek이라는 신생 기업이다. 햄턴크릭은 달걀을 좋아하지 않는 대중이 늘어나는 점에 착안, 달걀이 들어가지 않은 스프레드를 판매했다.

햄턴크릭이 자사의 스프레드에 '저스트 마요Just Mayo'라는 이름을 붙였다는 사실을 유니레버가 알면서 싸움이 시작되었다. 이 대결에서는 골리앗이 다윗과 이스라엘 군대 전체를 몰살하겠다고 큰소리치는 대신 문제를 법정으로 끌고 갔다. 유니레버는 미국식품의약국FDA의 요건에 따르면, '마요네즈'라는 표시를 하려면 달걀과 기름이 일정량 들어가야 한다고 정확하게 지적했다. 달걀이 들어가지 않으면 마요네즈가 아니라는 것이다. '마요네즈'라는 정식 명칭 대신 '마요'라는 단어를 사용하는 것도 일종의 속임수에 불과하다고 주장했다. '마요'라는 말을 보면 누구든지 마요네즈라고 생각한다는 것이다. 골리앗이 승리하는 것처럼 보이던 바로 그 순간, 양치기 소년은 주머니에서 돌멩이 하나를 더 찾아냈다. 햄턴크릭은 전부터 헬먼스가 다이어트와 건강에 관심이 많은 고객까지 끌어들이려고 애쓰면서 '콜레스테롤 0 마요네즈'를 홍보했다는 사실을 발견했다. 이 제품에 함유된 기름 양은 FDA가 요구하는 수준에 미치지 못했다. 대결은 새로운 단계로 접어들었다. 헬먼스는 곧바로 자사의 광고와 제품 라벨에 있는 '마요네즈' 부분에 '드레싱'이라는 단어를 추가했다. '마요네즈'는 이제 단순한 수식어가 된 것이다. 헬먼스는 여러 달 동안 잘못된 라벨을 붙인 햄턴크릭과 달리, 자사는 FDA의 요건을 위반한 사실을 깨닫자마자 라벨을 바꿨다는 사실을 강조했다.[139]

나는 다윗과 골리앗의 싸움이 어떻게 결판났는지 판정하기 위해 과거로 돌아가지 않았다. 사람들은 다행히 자기가 먹는 음식 재료의 명칭을 놓고 다툼이 벌어진다는 사실을 모른 채 치즈양상추샌드위치에 마요나 마요네즈를 듬뿍 발라서 먹었다. 사람들이 통에 담긴 마요네즈를 산 슈퍼마켓까지 이어지는 경로를 다시 추적한다면, 브랜드의 힘이 자명해질 것이다. 사람들은 바쁘게 카트를 채우며 전에 맛있게 먹었거나 텔레비전에서 본 상표를 생각하지 않은 채 손을 뻗었을까? 사람들의 행동은 파블로프 반응은 아니라도 거의 자동적인 반응 아닐까? 그렇다면 브랜드 업체는 목표를 달성한 셈이다.

이번에도 종교에서 유사한 점이 있을 수 있다. 다만 그 유사성은 어느 정도까지 해당한다. 역사상 가장 유명한 로마 가톨릭 신학자인 토마스 아퀴나스는 자신이 하비투스habitus라고 지칭한 것, 즉 시간이 흐르면서 무반성적이고 거의 자동적인 것으로 바뀌는 윤리적 행동 형태를 함양하는 일에 관해 폭넓게 글을 썼다. 천사 박사 아퀴나스는 이런 행동 방식은 끊임없는 계산과 숙고가 필요한 행동 방식보다 우월하다고 주장했다. 이 주제에 관한 그의 저술은 오늘날 '덕 윤리virtue ethics'라고 불리는 도덕철학파에게 영향을 미쳤다. 이 학파도 함양된 윤리적 핵심에서 우러나는 행동이 우리가 직면하는 각각의 결정에 옳고 그름을 재는 것보다 낫다고 주장한다. 어떤 대의나 지도자에 대한 맹목적인 충성심을 내면화한 이들이 이성적 생각 없이 의무감 때문에 하는 행동이 얼마나 끔찍한 결과를 낳는지 목격한 사람이라면 이처럼 도덕적으로 사는 꾸밈없는 방식에 찬성하지 않을 수도 있다. 물론 아퀴나스는 이런 광신적인 행동을 염두에 둔 것은 아니다. 하비투스에 대한 그의 설명은 처음에 플라톤이《국가The Republic》4권에 논의한 기획에서 파생된 고전적 덕(지혜, 정의, 신중, 용기)에 관한 장황한 논의에 등장한다. 아퀴나스는 기독교와 고전적 고대가 얼마나 공통점이 있는지 인상적으로 보여주면서 이런 덕을 기독교의 '신학적 덕'과 통합한다. 언뜻 이상해 보이는 브랜드 붙이기와 덕 윤리의 비교에서 인상적인 것은 기독교와 '시장' 둘 다 나름의 방식으로 자신이 옹호하는 자세와 태도를 심어주려고 노력하고, 이런 내면화된 태도에 따른 행동을 길고 힘든 숙고가 필요 없이 우리가 행하는 일로 장려했다는 점이다. 둘 다 하비투스를 장려한다.

언뜻 보기에, 여기에는 본질적으로 잘못된 점이 전혀 없는 것 같다. 진짜 질문은 이것이다. 이런 기법은 어떤 태도와 습관, 반사적인 사고방식을 조장할까? 기독교와 기타 종교 전통의 의도는 최선의 경우에 우리가 말하는 영의 결실(사랑, 기쁨, 평안, 인내, 친절, 선량, 충실)을 배양하는 것이다. 어떤 종교도 언제나 모든 신자에게 이런 덕을 양성하는 데 완전히 성공하지는 못했다. 하지만 이런 시도는 지속되며, 종종 계속 시도할 만큼 충분한 성공을 거둔다. 종교는 간혹 외국인 혐오나 편협한 신앙을 조장하기도 한다. '시장'은 최선의 경우 창의성과 위험 감수, 기업가 정신 등의 습관을 장려했다. 하지만 최악의 경우 '시장'은 특히 신격화된 이래 낭비벽과 어리석음, 탐욕을 고취했다. '시장'의 끝없는 성장과 팽창 추구 때문에 지구는 유례없는 기후 재앙을 목전에 두었다. 우리가 하느님과 맘몬 둘 다 섬길 수 없다는 예수의 경고를 곱씹는 일은 언제나 가르침을 준다. 이것이 정말 우리가 해야 할 선택일까?

시장에 본질적으로 잘못된 점은 없다는 것이 이 책 전체에 걸친 나의 주장이다. 하지만 시장은 계절의 변화나 중력 같은 자연 질서의 일부가 아니다. 시장은 정해진 일정한 목표를 달성하기 위해 인간이 구성한 제도이며, 많은 경우 시장은 이런 역할을 잘 수행했다. 지난 몇 세기 동안 시장은 몸집이 부풀었고, '시장'으로 팽창해왔다. 그 결과 시장은 원래 의도된 목적에 이바지하지 못할 뿐만 아니라 가족과 예술, 교육과 종교 같은 다른 중대한 제도에 끼어들어 왜곡하고 있다. 시장은 자신이 거둔 경이적인 성공의 희생양이 되었으며, 그 과정에서 인간의 허약한 기획의 다른 측면에 심각한 손상을 주었다.

종교와 시장이 호혜적인 관계가 될 수 있을까? 예수도 "안식일이 사람을 위하여 생긴 것이지, 사람이 안식일을 위하여 생긴 것이 아니"(《마가복음》 2장 27절)라고 말했다. 이 말에 안식일 대신 '경제'라는 단어를 쓸 수 있을까? 스티븐 제이 굴드는 과학과 종교에 관한 탁월한 저서 《영원한 반석들Rocks of Ages》에서 때로 파괴적이고 험악해진 또 다른 경쟁 관계를 다뤘다. 굴드는 과학과 종교가 각자의 적절한 소명을 이해한다면 "인간의 이 두 가지 노력이 전쟁"을 벌일 필요가 전혀 없다고 설득력 있게 주장한다. 과학은 조사에 근거해서 관찰하고 측정하며, 때로는 모험적인 예측을 한다. 여러 세기 동안 종교는 의미와 가치의 문제를 숙고했다. 양자는 서로 필요하며, 교회가 갈릴레이에게 망원경으로 보는 것을 믿으면 안 된다고 말할 때나 러시아의 우주인이 자기가 누구보다 높이 하늘로 올라갔지만 아무것도 보지 못했다면서 신은 존재하지 않는다고 선언할 때처럼 길을 잃어 상대의 영역에 들어가면 불필요한 다툼에 빠진다. 각자 자신의 목적과 방법의 힘과 한계를 이해하면 어떤 충돌도 필요 없을 뿐만 아니라, 양자는 서로 정보를 주고 강화할 수 있다.[140]

과학과 종교의 창조적인 상호 관계를 위한 굴드의 처방은 종교와 경제의 관계에도 적절한 본보기를 보여준다. 하지만 양쪽 모두 조정할 필요가 있을 것이다. 종교 연구자들은 '시장' 신전의 복사 노릇을 하는 추종과 그들이 때로 상업 기업에 고유한 사악함이라고 치부하는 성격에 대한 무지한 공격을 삼가서 도움을 줄 수 있다. 그들은 대신 많은 신학자들이 인내심을 가지고 과학을 연구한 것처럼 기업의 세계를 이해하려고 노력할 수 있다. 양쪽에게 모두 비타협적으로 버티는 사람들이 있겠지만, 과학과 종교의 관계가 테네시주의 '원숭이 재판'(1925년 테네시주의 과학 교사 존 스콥스가 공립학교에서 진화를 가르치지 못하도록 한 주 법률을 어겼다는 이유로 벌어진 재판—옮긴이) 시절보다 훨씬 좋다는 점에는 의문의 여지가 없다. 하지만 종교와 기업의 대화는 여전히 꽉 막혔다. 무지 때문이기도 하고, '시장'이 어울리지 않게 파괴적으로 신성에 대한 열망에서 아직 쫓겨나지(어쩌면 '해방되지'라는 단어가 더 맞을 것이다) 않았기 때문이기도 하다.

17. '시장'과 세상의 종말

또 나에게 말씀하셨습니다. "다 이루었다. 나는 알파며 오메가, 곧 처음이며 마지막이다. 목마른 사람에게는 내가 생명수 샘물을 거저 마시게 하겠다."

―〈요한계시록〉 21장 6절

세상은 이렇게 끝나는구나
세상은 이렇게 끝나는구나
세상은 이렇게 끝나는구나
쾅 소리가 아닌 훌쩍임과 함께

―T. S. 엘리어트

모든 종교에는 세계가 어쨌든 시작과 끝이 있다면 어떻게 시작되었고 끝날지 일정한 관념이 있다. 어떤 시나리오는 심지어 세계가 **언제** 끝날지 명시하기도 한다. 하지만 시간표와 예언에 휘말리면 상당한 위험이 수반된다. 시대가 바뀔 때마다 예언된 시한이 당도해서 지나가는데, 세계는 예언의 일정표를 완강하게 무시하는 듯 보이기 때문이다. 신학자들은 세계의 종말에 대한 관념 연구에 우아한 이름을 붙였다. 우리는 이것을 '종말론eschatology'이라고 부른다. 이 단어는 '마지막 일'을 뜻하는 그리스어 'eschata'에서 유래했지만, 종말은 이따금 시초로 돌아가는 것이고 일부 신학에서 '종말'은 '끝finis'뿐만 아니라 '목적telos'도 의미하기 때문에 종말론은 점차 '역사신학'이라 부를 수 있는 학문이 되었다.

최근 《레프트 비하인드Left Behind》라는 종교소설과 영화 시리즈가 엄청난 인기를 끈 데서 드러난 것처럼, 어떤 사람들은 가끔 종말 시나리오를 섬뜩하게 묘사한 내용에 매혹된다. 하지만 종말론 교의는 대체로 역사가 움직인다고 생각되는 방향을 묘사하고, 지금 이 순간 우리가 그 궤적의 어디에 있는지 설명한다. 내가 어릴 때 다닌 교회학교 벽에 있던 일곱seven '시대dispensations' 도표에 빠져든 것은 '최후의 심판날'을 묘사한 방식 때문이라기보다 가차 없는 시대의 흐름에서 내 위치에 관한 표시가 묘한 위안을 주었기 때문이다. 도표는 길고 거대한 이야기에서 내 자리를 찾아주었다. 내가 보기에 그 많은 사람이 대재앙을 예상하는 종말론에 끌리는 것은 이 때문이다. 종말론은 비록 이따금 틀린 것이라도 의미와 방향, 중요성에 대한 느낌을 제시한다. 때로 사람들이 태평한 왕국 같은 어떤 목표를 위해 열심히 일하도록 고무한다. 하지만 때로 사람들이 잔인하고 과격한 짓을 하도록 부추기기도 한다. 1995년 3월 일본의 신흥종교 단체 옴진리교가 도쿄 지하철에 사린을 살포해서 1,000여 명을 살상한 사건이 대표적인 사례다. 불교와 이슬람교, 기독교의 종말론에서 끌어모은 요소를 뒤섞은 교의를 신봉한 그들은 세상의 종말을 알리는 전대미문의 충돌을 앞당기려고 했다고 말했다.

역사를 살펴보면 시초와 종말에 관한 크게 다른 관념이 넘쳐나며, 이것은 모두 인간을 계속 따라다니는 질문에 답하고자 한다. 우리에게 끊임없이 작용하는 소란스러운 사건을 어떻게 이해해야 하는가? 일부 기독교인이 주장하듯이 우리는 하느님 나라나 그리스도의 재림, 최후의 심판에 다가가는가? 많은 불교인이 믿듯이 우리는 시작도 끝도 없는 세상에서 갈 곳 없이 헤매는 중생인가? 힌두교에서 생각하듯이 우리는 되풀이되는 우주의 쇠퇴와 파멸을 향해 가며, 시간의 수레바퀴에서 다음 순환이 이어지는가? 마르크스주의자가 가르치듯이 역사는 '자본주의의 최종적 위기'와 계급 없는 사회를 향해 조금씩 나아가는가? 아니면 프랜시스 후쿠야마가 《역사의 종말The End of History and the Last Man》에서 예측한 대로, 지금 우리는 민주적 자본주의의 전 세계적인 승리로 향해 가는가?[14] 어쩌면 우리는 어느 곳으로도 가지 않는지 모른다. 〈전도서〉에 나오듯이 "강물이 바다로 흘러가도, …… 이 세상에 새것이란 없다".

다른 어떤 종교와 마찬가지로 '시장' 종교에도 역사신학이 있다. 앞의 여러 장에서 살펴본 것처럼 '시장' 종교는 오늘날 세계에서 무슨 일이 벌어지고, 세계가 어디로 향하며, 왜 잘못된 일이 생기고, 어떻게 바로잡을지 나름의 교의가 있다. 나는 1장에서 '시장신'을 그리스 신 가운데 가장 힘이 세고 뛰어난 제우스에 비유했다. 하지만 그리스인의 상상 속에는 제우스보다 훨씬 강력하고 신성한 힘이 하나 있었다. 그것은 모이라, 즉 운명이다. 제아무리 힘센 제우스라도 모이라의 뜻을 거스를 수 없었다. 호메로스는 유명한 구절에서 제우스의 부인 헤라가 답을 아는 질문으로 그를 비웃게 만든다. 운명이 누구에게 죽음을 정했다면 제우스가 그것을 취소할 수 있을까? 벼락을 내리치는 올림포스산의 지배자는 아무 대답도 하지 않는다.[142]

대략 18세기부터 서구의 정신에서, 뒤이어 세계 곳곳에서 '시장'보다 한층 강력한 모이라 유형의 신이 생겨났다. '진보'의 이념이다. 이 신학은 다양한 표현으로 등장한다. 어떤 사람들은 아주 직선적이지는 않더라도 위로 올라가는 어떤 선을 인식한다. 다른 이들은 오르내림이 있지만 전반적인 방향은 위를 향하는 들쭉날쭉한 선을 생각한다. 두 경우 모두 이런 견해는 불과 지난 몇 세기에 등장한 것이다. 고대인은 자연을 바라보며 성장과 성숙과 쇠퇴의 끝없는 순환을 보는 경향이 있었고, 인간의 역사에도 동일한 양상을 새겨 넣었다. 유대교의 역사관은 이런 순환론적 사고를 거부했고, 기독교와 이슬람교는 이런 견해를 받아들여서 확장했다. 세계에는 천지창조라는 시초와 최후의 심판이라는 종말이 있었다. 하지만 이런 성서 전통에 의지하는 사상가들이 보기에 방향이 분명히 진보를 의미한 것은 아니다. 인간의 역사에는 긍정적인 변화와 퇴행이 둘 다 있을 수 있었다. 세상은 '언제나 좋아지기만 하는' 것은 아니며, 이런저런 차질이 생긴다.

모이라(혹은 '진보')가 지배권을 달성하는 수단이 된 '진보적인' 견해는 근대에야 등장했다. 하지만 이 견해는 전사와 함께 당도했다. 이런 진보적인 견해는 기독교 섭리 교의의 간접적인 후손으로, 계몽주의와 산업혁명 시기에 근대적 사고방식을 완전히 장악했고, 점차 근대의 경제적·종교적·지적 신조 속에서 선배를 흡수하고 대체했다. 애덤 스미스는 이런 의미에서 진보 신봉자다. 헤겔과 칸트는 일종의 진보관의 형태를 명료하게 표현했다. 이것은 금세 거의 참된 현대적 사고를 가늠하는 교리 시험 문제가 되었다. 최근에 '진보에 대한 믿음'은 합리적인 현대인이 되는 것과 동의어였다. 자본주의, 사회주의, 공산주의, 과학, 민주주의, 기술, 대중 문맹 퇴치는 이 부상하는 신조에 큰 희망을 걸었다. 과거의 모이라처럼 '진보'의 지시는 반박할 수 없는 것이었다. '진보를 믿지' 않는 것은 문맹이고 무지하며, 식견이 없고 충분히 문명화되지 못한 것이었다. 진보의 열성 지지자의 약속이 항상 실현된 것은 아닐지라도 사람들은 여전히 '진보에 대한 믿음'을 갖자고 이야기했다. 예나 지금이나 '진보'는 명백히 종교적인 개념이다.

　'진보'가 종교의 지위로 격상되는 이런 유례없는 일이 어떻게 벌어졌을까? 개신교 신학자 라인홀트 니부어는 《신앙과 역사Faith and History》에서 유사한 여러 조류가 합쳐지면서 이런 현상이 발생했다고 말한다. 많은 사람이 경험적이고 귀납적인 방법에 의존하는 자연과학의 진전과 이후 사회과학의 발전이 불가피하게 세계를 앞으로 밀어낼 것이라고 확신했다. 사회다윈주의자들은 진보가 자연 진화론의 확장이라고 생각했다. 카를 마르크스조차 비록 계급 갈등을 주된 기제로 예견했지만, 여전히 역사가 새롭게 해방된 인류를 향해 나아간다고 주장했다. 일부 낭만주의 작가와 쇼펜하우어나 니체 같은 철학자 사이에서 간혹 비관주의가 분출했으나, 전반적인 합의가 탈선되는 일은 없었다.[143] 개신교와 가톨릭에서 많은 신학자가 이런 낙관적인 전망을 믿었다. 개신교 신학자들은 흥망성쇠를 통해 평화와 정의로 진전하는 인간 드라마를 보았고, 그들은 20세기 초 《기독교 세기The Christian Century》라는 순진한 이름으로 잡지를 창간했다. 1907년 '사회적 복음'의 주요 창시자인 월터 라우셴부시는 가장 영향력 있는 저서 《기독교와 사회 위기Christianity and the Social Crisis》 첫 페이지에 다음과 같이 썼다.

19세기가 우리를 위해 자연의 힘을 통제한 것처럼 20세기가 우리를 위해 사회의 힘을 통제할 수 있다면, 우리 손자들은 현재 우리의 삶을 반*야만적인 것으로 여기는 데서 정당화되는 사회에 살 것이다.

라우셴부시는 더 나아가 인류가 "변화를 위한 탄력성과 역량을 획득한다"며, "우리 나라에서 벌어지는 신속한 발전은 인간 본성에 담긴 거대한 잠재적 완전성을 증명한다"고 역설한다. "우리가 충분한 종교적 믿음과 도덕적 힘을 끌어모아서 악의 굴레를 잘라내고 현재 인류가 가진 유례없는 경제적·지적 자원을 참된 사회적 삶의 조화로운 발전을 위해 사용한다면, 아직 태어나지 않은 미래 세대는 이것을 여러 시대에 걸쳐 기다린 주님의 위대한 날로 기록하고 그날을 선포한 사도직을 공유해준 우리를 축복할 것이다."[144]

가톨릭교도 가운데 비록 아주 장기적인 관점이긴 하지만 이처럼 확신에 찬 견해를 주창한 주요 인물은 고생물학자 테야르 드샤르댕이다. 샤르댕은 역사가 단속적이지만 언제나 복잡성이 증대하는 방향으로 진행되며, 그가 그리스도의 최종 승리와 동일시하는 '오메가 시점Omega point'에서 정점에 이른다고 보았다.[145] 니부어는 이런 지배적인 분위기를 다음과 같이 요약한다. "사소한 불협화음이 존재하지만, 현대 문화의 코러스는 놀라운 화음으로 새로운 희망의 노래를 부르는 법을 배웠다. 미래에 어떤 수단으로든 인류가 구원받을 것이 보장되었다. 그것은 사실 미래에 의해 보장받았다."[146]

여기서 '미래에 의해'라는 구절이 열쇠를 제공한다. '진보'의 종교에서는 과거의 모이라와 달리 미래가 구원할 힘이 있다. 모이라가 '진보' 개념에 의해 정의될 때, 미래는 우리가 믿음과 확신에 찬 기대를 가지고 바라볼 수 있는 어떤 것이 된다. 흠정역성서에서 말하듯 "믿음은 바라는 것들의 실체요, 보이지 않는 것들의 증거"(〈히브리서〉 11장 1절)다. 좀 더 현대적인 번역으로 표현하면 "믿음은 바라는 것들의 확신이요, 보이지 않는 것들의 증거"다.

이 구절이 '진보'에 관해 이야기하는 것은 아니다. '진보'로서 모이라는 지금 현대 문명을 지배하는 신성으로 어디에 있을까? 1907년에 라우셴부시가 쓴 희망적인 말을 읽으면서 불과 몇 년 뒤에 벌어진 일을 떠올리면 가슴이 찢어질 것 같다. 샤르댕의 전망에 고무되려면 장기적으로 봐야 한다. 하지만 '진보'의 주권이 현재 어디에 있는가라는 질문의 답은, 그 영향력이 흔들리고 비틀거리는 듯 보이지만 적어도 아직 무너지지 않았다는 것이다.

과학자들 사이에서 현재 진화와 관련한 대화가 활발한데, 이는 논쟁으로 봐야 하는 것에 가깝다. 진보에 대한 현대의 믿음을 부추기는 연료가 대부분 찰스 다윈의 19세기 저작에 대한 해석에서 나오기 때문에 이런 대화는 적절하다. 이 논쟁은 종종 가열되고 복잡하지만, 핵심적인 질문은 간단하다. 진화의 과정은 어디로든 가는가? 그것은 방향이 있는가? 그렇다면 그 방향을 진보로 이해해야 하는가?

이런 우주 규모 언쟁의 주요 대변자 세 명은 고생물학자 스티븐 제이 굴드, 진화 이론가이자 거리낌 없는 무신론자 리처드 도킨스, 고생물학자이자 공공연한 유신론자이며 반反유물론자인 사이먼 콘웨이 모리스Simon Conway Morris다. 굴드는 현대 진화 과학이 후생동물에서 인간으로 이어지는 유기체의 진화에서 진보를 밝히는 데 실패했을 뿐만 아니라, 이 진화는 어떤 방향성도 없다고 주장한다. 화석 기록은 낙관주의자나 비관주의자에게 지금까지 우리가 어디 있었고 어디로 가는지 확인해주지 않는다. 굴드는 유기체의 복잡성이 증대하면(샤르댕이 기반으로 삼는 것) 반드시 어려운 환경에 더 잘 대처할 수 있으며, 선대의 생물보다 우월하거나 고등한 것이라는 점을 인정하지 않는다. 그는 기생충처럼 단순성이 복잡성보다 생존을 향상하는 구체적인 사례를 거론한다. 그는 지구상에서 가장 성공한 생명 형태는 박테리아라고 지적한다. 박테리아는 1억 년 동안 번성한 반면, 인간은 불과 수십만 년을 살았기 때문이다.

한편 도킨스는 진화에서 방향을 본다. 그는 더 커다란 진화사의 양상과 특수한 양태를 구분한다. 전자는 고유하고 불가피하지만, 후자는 우연과 우발성의 산물이라고 본다. 그는 진화사에서 자신이 말하는 '진보적인 경향'을 발견한다. 이 경향에는 "역전이 전혀 없으며, 혹 존재한다 해도 지배적인 방향에 의해 수나 비중에서 압도된다". 그는 진화가 자신이 신중하게 이름 붙인 '누구의 가치 체계' 방향에서 정말로 '진보를 보여준다'고 말한다.[147]

지금까지 사이먼 콘웨이 모리스가 쓴 수많은 책과 논문 가운데 특히 관심을 끈 것은 《생물학의 심층 구조: 수렴은 방향 신호를 줄 만큼 편재하는가?The Deep Structure of Biology: Is Convergence Sufficiently Ubiquitous to Give a Directional Signal?》이다.[148] 굴드와 도킨스가 말하는 '수렴convergence'은 모리스의 주장에서도 핵심을 차지한다. 이 단어는 눈처럼 서로 떨어져서 진화한 다른 종 사이에 발견되는 공통된 특징을 가리킨다. 모리스는 수렴에 의존해서 진화에 실제로 어떤 방향이 존재하며, 목적이라고 부를 수 있는 것도 존재함을 증명한다. 그는 이 모든 것이 인간의 불가피한 출현으로 이어진다고 말한다. 한 저서에서 그는 '불가피한 인간inevitable humans'이라는 용어를 사용한다. 몇몇 과학자들은 지구의 대

290

기와 온도가 지금과 조금만 달라도 인간은 등장하거나 생존할 수 없을 것이라는 의견으로 모리스의 생각을 보완한다. 이런 사고는 '인간 원리anthropic principle'라고 불리며, 때로 우주가 연구하고 이해하기에 이상적으로 적합해 보이는 한편 후생동물이 아닌 인간은 우주를 연구하는 데 적절한 능력이 있다는 견해도 여기에 포함된다.

이런 사고는 인간을 수천 년에 걸친 진화 과정에서 최고의 완성으로 만든다. 마크 트웨인은 이런 주장은 에펠탑 꼭대기에 있는 공에 발린 페인트칠을 지탱하기 위해 이 탑을 지은 것이라는 의견과 비슷하다고 조롱했다. 몇 년 전 굴드와 내가 법학자 앨런 더쇼비츠Alan Dershowitz와 함께 과학, 종교, 법에 관한 강좌를 진행할 때 트웨인의 이런 냉소적인 언급이 머릿속에 떠올랐다. 굴드는 인간을 천지창조의 정점에 앉히는 〈시편〉이나 다른 성서 구절이 특히 싫다고 말했다. 내가 〈욥기〉는 아주 다른 견해라고, 즉 폭풍이 치는 가운데 하느님이 경계하는 욥에게 신랄하고 조롱하는 어조로 그는 자기가 생각하는 만큼 세상의 질서에서 중요하거나 중심적이지 않다고 말한다는 점을 지적하자 굴드는 재미있어했다(〈욥기〉 38~39장).

굴드는 도킨스나 모리스와 생각이 다르며, 두 사람은 근본적으로 다른 출발점(무신론적 유물론과 유신론)에서 진화 속 진보의 문제에 접근하기 때문에 둘 다 동의하는 관찰 가능한 사실이 아니라 자신이 이런 사실에 부과하는 어떤 편견, 즉 감정적 경향에 근거해서 결론을 구축하는 게 분명하다고 얼굴을 찡그리며 지적한다. 물론 굴드는 의식(특히 인간 의식)은 굉장히 중요하지만, 그렇다고 필연성을 얻는 것은 아니라는 데 동의한다. 결과가 달랐을 수도 있는 것이다. 굴드는 다음과 같이 말한다.

흔히 중요성과 필연성을 동일시하는 경향이 있다. 의식이 지구의 역사에 중요한 것처럼 단지 어떤 것이 중요하다고 해서 그것이 원래 중요한 것이라고 말할 수는 없다. 생명의 역사에 인간 의식의 진화만큼 지구에 커다란 영향을 미친 것은 없지만, 원래 그렇다고 말할 수도 없다. 그것은 여전히 우연적인 것일 수 있다.[149]

진화를 연구하는 과학자들이 벌이는 이 논쟁은 아직 결론이 나지 않았으나 무척 흥미롭다. 진보는 여전히 평결을 기다린다. 이 논쟁은 또 다른 이유에서 만족스러운 답을 제공하는 데 미치지 못한다. 이 논쟁은 자연의 역사와 인간의 역사의 결정적인 차이를 다루지 않는다. 인간의 역사는 자연의 역사의 연장에 불과한가? 아니면 인간의 역사에는 빅뱅부터 현재까지 자연 발달 과정의 서사로 환원될 수 없는, 외견상의 발전과 명백한 후퇴를 모두 갖춘 인간 역사에서 작동하는 동학이 존재할 수 있는가?

과학과 인문학에서 논쟁은 계속된다. 역사 서술에서도 논쟁이 이어진다. 오스발트 슈펭글러Oswald Spengler는 《서구의 몰락The Decline of the West》을 쓸 때 다소 순환론적인 견해로 돌아갔다. 그는 제국은 성장하고 쇠퇴한다고 주장했다. 제국은 예나 지금이나 성장하고 쇠퇴하며, 서구가 지배하는 시대는 불가피한 퇴화 단계에 도달했다. 한편 아널드 토인비는, 비록 《역사의 연구A Study of History》에서 과거 제국의 성장과 쇠퇴를 도식화했지만, 서구에 여전히 혁신의 기회가 있으나 '내부의 프롤레타리아트'가 영향력을 손에 넣어야 한다고 생각했다. 오늘날 슈펭글러나 토인비가 탐구한 영역에 과감히 발을 들여놓는 역사학자는 거의 없다. 그들은 대체로 인간의 긴 이야기에서 제한된 범위를 기록하고 해석하는 일을 고수한다. 그리고 대부분 예측하려 하지 않는다. 미래가 등장한다 해도 희망보다 수수께끼의 문제다.

우리는 여전히 '진보' 개념을 우리 시대의 모이라라고, 전능한 '시장신'조차 그 힘 앞에 머리를 조아려야 하는 존재라고 부를 수 있을까? 구원의 미래라는 종교적 역할을 하는 '진보'는 힘든 세기를 거치며 살았다. 전쟁과 강제수용소gulag, 집단 학살과 테러, 이제 임박한 기후 붕괴로 점철된 100년이 지난 뒤, 산발적이지만 불가피한 인간의 발전에 대한 믿음은 심각하게 흔들린다. 우리가 인간 역사의 마지막 장으로 나아가는지에 관한 숙고는 소설과 영화, 음악과 시에서 나타난다. 로버트 프로스트Robert Frost는 다음과 같이 익숙한 구절을 내놓았다.

어떤 이는 세상이 불로 망할 것이라 하고,

어떤 이는 얼음으로 망할 거라 한다.

내가 욕망을 맛본 바로는

불의 편을 드는 사람들에게 동의한다.

그러나 두 번 멸망한다면,

나는 증오도 충분히 알기에,

파괴를 위해서는

얼음 또한 위력적이고

충분하다 말하고 싶다.

핵전쟁이나 테러에 의한 사망, 기후변화에 따른 지구 황폐화의 위협 등에 관한 우려는 이제 흔한 일이다. 분위기가 이렇게 바뀌었어도 '진보' 개념은 아직 정점에서 떨어지지 않았다. '진보'는 그 목소리가 한층 줄어들었어도 여전히 권위가 떨어진 왕좌를 고수한다. '시장'은 결함과 단점이 명백함에도 우리에게 충성을 요구하도록 압박받을 때, 종종 자신이 우리 시대에 '진보'를 지키는 미천한 문지기라고 주장한다. 제우스는 모이라를 위해 일한다.

여기서 한 가지 흥미로운 질문이 생긴다. '시장신'은 '진보'에 정신적으로 의존하지 않고도 살아남을 수 있을까? 양자는 분리될 수 있을까? 지금은 비록 비현실적으로 보일지 몰라도 다음 세기를 지배하는 신화가 끝없는 성장이 아니라 안정과 평형이라면, 또 이윤 창출이 아니라 공유 경제라면 어떻게 될까? 나는 이 책 전체에 걸쳐 시장은 인간의 삶에서 중요한 기능을 하고, 최선의 경우에는 창의적이고 유연하며 모험적이라고 주장했다. 시장의 신이 모든 사람, 특히 절박한 궁핍에 시달리는 사람의 하인이 될 가능성은 전혀 없을까?

〈시편〉에는 많은 사람이 처음 접할 때 깜짝 놀라는 구절이 있다. 이 구절에서 묘사되는 하느님은 신들의 회합을 주재하면서 진정한 신이 되기 위해서는 무엇이 필요한지 분명히 밝힌다. 어떤 사람은 의아해한다. 고대 이스라엘 신앙은 일신교가 아닌가? 신들이 등장하는 이 구절은 무엇인가? 그 답은 히브리 신앙은 일신교가 아니라 단일신교henotheism라는 것이다. 이 신앙은 다른 신을 인정하면서도 이스라엘 사람에게 그들을 섬기지 말라고 경고했다. 이 구절에서 핵심은 이 신들에게 부족해 보이는 진정한 신의 의무를 자세히 설명한다는 점이다. 이 설명은 '시장' 혹은 신의 지위를 자처하는 다른 모든 것에 경고하는 역할을 할 수 있다.

하느님이 하느님의 법정에 나오셔서,

신들을 모아들이시고 재판을 하셨다. 하느님께서 신들에게 말씀하셨다.

"언제까지 너희는 공정하지 않은 재판을 되풀이하려느냐? 언제까지 너희는 악인의 편을 들려느냐?

가난한 사람과 고아를 변호해주고,

가련한 사람과 궁핍한 사람에게 공의를 베풀어라.

가난한 사람과 빈궁한 사람을 구해주어라.

그들을 악인의 손에서 구해주어라."

그러나 그들은 깨닫지도 못하고, 분별력도 없이,

어둠 속에서 헤매고만 있으니,

땅의 기초가 송두리째 흔들렸다.

하느님께서 말씀하셨다. "너희는 모두 신들이고, '가장 높으신 분'의 아들들이지만,

너희도 사람처럼 죽을 것이고,

여느 군주처럼 쓰러질 것이다."

─〈시편〉 82편 1~7절

진정한 신에 대한 이런 기준을 감안할 때, '시장'은 자격 미달이다. '시장'은 자존심이 있는 신이라면 마땅히 해야 할 일을 하지 않는다. '시장'은 약자와 고통 받는 사람, 가난한 사람에 대한 이런 의무를 수행하든지, 신의 지위를 포기하고 다시 그냥 시장이 되어야 한다. 마지막 장에서 이 선택지를 살펴보자.

18. '시장'의 영혼 구하기

종교는 (1) 존재의 일반적인 질서 개념을 형성하고 (2) 이 개념에 독특하게 현실적으로 보이는 분위기와 동기가 있는 (3) 사실성의 아우라를 부여해서 (4) 인간에게 강력하고 광범위하며 지속적인 분위기와 동기를 부여하는 작용을 하는 (5) 상징체계다.

—클리퍼드 기어츠

나는 프란치스코 교황이 말하는 '신격화된 시장'이 어떤 체제 전체의 길잡이 별이며, 이 체제는 클리퍼드 기어츠가 제 기능을 하는 종교에 관한 널리 받아들여지는 정의에서 제시한 모든 특징을 충족한다고 생각한다. 따라서 오늘날 흔히 그렇듯, 일부 사람들이 여전히 종교에 대해 갖는 지극한 존경심으로 '시장'을 바라봐야 한다고 말하는 것은 나의 의도와 거리가 멀다. 정반대로 나는 이 책에서 두 가지를 보여주기 바랐다.

첫째, 오늘날 '시장'이 행사하는 신과 같은 역할은 잘못된 것이며,

'시장'이 고정하는 가치와 서사와 제도의 그물망은 비판적으로 재검토할 필요가 있다. 둘째, '시장'은 부정해도 일종의 대리 종교로 작동하기 때문에 우리에게 필요한 비판이 회피되고 좌절되었다. '시장' 체제는 자연의 일부가 아니다. 인간인 우리가 그 체제를 건설했으며, 우리가 원하면 개편하거나 해체하거나 변형할 수 있다. 그 체제에 손을 얹는다고 널리 인기를 끌지는 못하겠지만, 계약의 궤Ark of the Covenant에 손을 대는 것과 달리 바로 죽음에 이르는 벌을 받지는 않을 것이다. 우리가 '시장'에 대해 분명히 생각할 수 있도록 '시장'에서 성스러운 아우라를 걷어내야 한다. 우리는 '시장'의 신전에 들어갈 때 신발이나 모자를 벗을 필요가 없다.

'시장'은 구원받을 수 있을까? 고대 기독교 철학자 오리게네스Origenes는 사탄이라도 결국 구원받는다고 가르쳤다. 긍정적인 답을 얻기 위해 그렇게 멀리 갈 필요는 없다. 나는 지금까지 이런저런 시장이 오랫동안 존재했고, 미래에도 어떤 식으로든 우리 곁에 존재할 것임을 인정하면서 이 책을 시작했다. 시장에 본질적으로 그릇되거나 나쁜 점은 없다. 이 시점에서 압도적이고 대체로 마땅한 비판을 받는 금융시장조차 복잡한 현대 경제에서 결정적으로 중요한 목적을 수행한다. 이 책에서 문제가 되는 것은 정확히 무엇일까?

2008년 금융 위기 당시 연방예금보험공사 실라 베어Sheila Bair 의장은 그것을 정확히 지적했다. 베어는 임기 말에 가까운 2011년, 미국은행협회American Bankers Association에서 온 한 집단에게 "금융 부문의 성공은 그 자체로 목적이 아니라 실물경제의 활력과 미국인의 생계를 지원하는 목적을 위한 수단"[150]임을 기억하라고 촉구했다. 베어는 시장경제의 구성 요소가 어떻게 작동해야 하는지, 그전까지 어떻게 오작동 했는지 알 수 있는 위치에 있었다. 《파이낸셜타임스》의 수석 경제 논설위원 마틴 울프Martin Wolf는 다음과 같이 말한다. "금융 시스템은 경제의 중요한 하인인 동시에 서투른 주인이다."[151] 그렇다면 '시장'의 문제는 무엇일까?

요컨대 가장 가시적인 구현체인 월 스트리트에 의해 적절하게 상징되는 '시장'은 수단이 아니라 목적이 되었다. 2008년 재앙을 낳은 주원인 중 하나는 거대 은행이 수익을 올리기 위해 고안한 위험한 거래에 빠져들었고, 그러기 위해 종종 '고객에게 불리한 도박'까지 벌였다는 것이다. 경제의 하인은 주인이 되었거나 되려고 했다. 하지만 그들의 전략은 경제를 재앙적인 경기후퇴로 몰아넣었고, 손꼽히는 투자은행인 리먼브라더스를 파산으로 내몰았으며, 다른 기관들을 절벽 가까이 밀어붙였다. 금융기관을 구한 대규모 구제금융은 미국 재무부가 7,000억 달러를 내놓으며 시작되었다. 그밖에도 얼마나 많은 납세자의 돈을 쏟아부었는지 서서히 드러날 뿐이다. 2010년 연준은 《네이션》이 말하듯 초기 구제금융 7,000억 달러가 "은밀한 '뒷문 구제금융'의 소액 선불 계약금"에 불과했음을 폭로하는 데이터를 공개했다. "연준은 대략 3조 3,000억 달러에 이르는 유동성과 9조 달러가 넘는 단기 대출, 기타 금융 조정을 제공했다."[152] 이 소란스러운 시기에 실업자는 거리 모퉁이마다 늘어서고 100만 채 가까운 주택에 압류 표지판이 붙었지만, 거대 금융기관은 자신과 세계를 구렁텅이로 몰아넣은 그 중역에게 막대한 보너스를 지급했다.

한편 '실물경제'를 보면, 거대 은행가에 대한 대중의 분노는 끓어넘치기 일보 직전이었다. 자기 연금이 줄어드는 모습을 지켜보고 가족이 살던 집을 잃은 보통 사람들은 '시장'을 조금이라도 긍정적으로 보기 힘들었다. 이 사람들이나 다른 어떤 사람들이 '시장'을 본질적으로 좋은 것이라고 생각할 수 있었을까?

선과 악의 근원, 양자의 관계에 관한 논의는 여러 세기 동안 신학에서 계속된다. 그중 몇 가지를 상기해보면 '시장'이 타락한 과정을 이해하는 데 도움이 된다. 성 아우구스티누스는 악은 진정한 실체가 없고 언제나 잘못된(그의 표현에 따르면 '혼란에 빠진') 선이라고 가르쳤다. 오늘날 '시장'이 처한 곤경도 이런 것이다. 여러 세기 동안 건강한 사회의 본질적인 특징으로서 그것은 단순한 '시장the market'이었다. 시장은 가족과 부족, 종교, 관습과 나란히 중요한 기능을 수행했으며, 이 다른 제도를 양성하는 동시에 그 제도에 의해 양성되고 제한되었다. 울프의 말로 하면 그것은 하인이다.

이제 다른 일이 벌어진다. 마이클 샌델이 《돈으로 살 수 없는 것들 What Money Can't Buy》에서 말하듯 "우리는 시장경제를 **보유**하는 데서 우리 스스로 시장 사회가 **되는** 쪽으로 서서히 이동했다."[153] 나는 시장 문화에 시장 종교를 덧붙이고자 한다. 시장이 '시장'이 되었을 때(에덴동산의 아담과 하와처럼 시장이 인간의 사업에서 자신에게 주어진 적절한 자리에 불만을 품고 신의 지위로 격상하고자 했을 때) 이런 변화가 나타났다.

이런 권력 장악은 역사의 오랜 노고 속에서 이례적인 사태 전환이 아니다. 여러 세기 동안 왕권, 군대, 사제 등 다양한 제도가 최고 주권에 손을 뻗었다. 국왕들은 자신에게 왕좌를 차지할 신성한 권리가 있다고 주장한 직후 흔들렸다. 중세 말 교황들은 영적 영역과 세속적 영역에서 교황의 지상권을 주장했는데, 이런 주장은 교황 보니파시오 8세의 칙서 〈단 하나의 성스러움Unam Sanctam〉에서 정점에 달했다. 하지만 교황권은 오래지 않아 분열에 빠져서 경쟁하는 교황끼리 서로 파문했고, 종교개혁이 벌어진 시기에 유럽 전체가 로마의 영적 권위와 세속적 권위에서 독립을 선언했다. 지난 200년 동안은 군사 쿠데타가 빈발했다. 이런 야심가들이 신과 비슷한 지상권이라는 사과를 잡으려고 손을 뻗을 때마다 그들은 부풀어 오르고 왜곡될 수밖에 없었다. 그들은 원래 자신보다 커지려고 하면서 오히려 더 작아졌다. 그들은 제한적이지만 필요한 목적에 기여하기를 멈췄고, 자신이 원래 봉사해야 하는 사회를 훼손했다. 《뉴욕타임스》 경제면 칼럼니스트 플로이드 노리스Floyd Norris의 말처럼 "대형 금융 산업을 보유하는 것은 2008년 이전에는 성공의 징표로 간주되었지만, 지금은 경제에 대한 위협으로 여겨진다".[154] 이는 현대 시장 전체의 슬픈 이야기이기도 하다. 이제 어떻게 해야 할까?

이번에도 이 질문에 답하는 데 도움을 줄 수 있는, 오래되었지만 유용한 신학의 구절이 존재한다. 라틴어로 'restoratio humani(인간의 회복)'라고 불리는 이 구절은 인간을 만물의 질서에서 적합한 자리, 즉 신도 악마도 아닌 인간의 자리로 되돌리는 것을 의미한다. 이 교의는 안셀무스의 유명한 질문 "왜 신은 인간이 되었는가Cur Deus homo?"에 답하고자 한다. 몇몇 이론에 따르면, 신이 인간의 생명으로 화신한 것은 인간이 신적인 존재가 될 수 있도록 하기 위해서다. 신화神化(theosis)라는 이 개념은 초기의 일부 기독교 신학(특히 동양의 신비주의 흐름에 영향을 받은 신학)과 그리스·로마 종교의 일부 경향으로 들어갔다. 후자의 경향에서는 인간이 때로 신이 된다. 알렉산드리아의 아타나시우스Athanasius of Alexandria는 성육신Incarnation에 대해 말했다. "하느님은 우리가 그분의 모습대로 될 수 있도록 우리의 모습을 취하셨다." 하느님의 목적이 인간을 신성화하는 것이라는 이런 사고는 지금도 기독교 신학, 특히 동방정교회에서 일정한 지위를 차지한다. 하지만 결국 등장한 지배적인 모티프는 약간 다르다. 신이 인간의 역사에 들어온 것은 인간을 신성화하기 위함이 아니라 원래 인간이 되어야 하는 모습, 즉 진정으로 인간적인 모습이 되도록 돕기 위함이라는 것이다. '인간의 회복'이란 말에 담긴 의미가 이것이다.

여기서 우리가 논의하는 취지와 관련하여 'restoratio'는 비대한 '시장'에 관한 핵심적인 질문을 제기한다. '시장'은 다시 단순한 '시장market'이 될 수 있을까? 만물의 질서 속에서 중요하지만 신성하지 않은 자기 자리를 되찾을 수 있을까? '시장'은 과대망상증, 그 상피병을 어떻게 치유할 수 있을까? '시장'은 폐지가 아니라 철저한 개조, 즉 'restoratio'가 필요하다. 그게 어떻게 가능할까?

이번에도 종교의 역사에서 몇 가지 암시를 얻을 수 있다. 첫째, 구원은 언제나 회개에서 시작되어야 한다. 회복을 추구하는 당사자는 자기 방식의 오류를 인정하고, 다르게 살겠다고 결심해야 한다. 성공회 기도서의 고전적인 권유는 "자신의 죄를 진실로 참회하고 …… 새로운 생활을 하고자 하는 모든 이"에게 주어진다. 그다음에 이어지는 것은 성찬 식탁으로 환대("이리로 올라와……")하고, 잘못을 범한 사람을 하느님과 인류의 가족에서 정당한 자리에 상징적으로 회복시키는 일이다. 회개한 뒤에 회복이 된다.

'시장'은 무엇을 고백해야 할까? '시장'은 "하지 말았어야 할 일을 한" 걸까, "했어야 할 일을 하지 않은" 걸까? 누구든지 교만이나 색욕, 시기나 고전 신학자들이 말하는 '허영' 등 다른 사람의 죄를 고백하는 것은 적절한 일이 아니다. 어떤 이는 '시장'을 위해(혹은 다른 어떤 회개 지망자를 위해) 히브리 예언자와 예수가 가장 심하게 비난한 죄를 고백하는 것으로 시작할 수 있는데, 그것은 위선이다. 위선은 단순히 어떤 도덕적·종교적 가르침을 믿거나 실천하는 척하지만 진심으로 그렇게 하지 않고, 심지어 감춰둔 목적을 위해 그런 실천을 오용하는 것을 의미한다. 예언자는 하느님의 언약에 대해 입에 발린 소리를 하고 가난한 사람을 짓밟는 이들을 통렬히 비난한다. 예수는 적어도 일부 율법학자를 '위선자'라고 부르며 그들을 '회칠한 무덤'에 비유한다.

'시장' 옹호자와 완전한 경쟁을 고집하는 그들의 태도에 대한 가장 강력한 비난은 그들이 자신의 복음을 믿지 않는다는 것이다. 그들은 경쟁을 찬미하면서도 경쟁을 없애기 위해 최선을 다한다. 그들은 방해받지 않는(특히 정부의 방해를 받지 않는) '시장'의 깃발을 흔들면서도 여러 가지 방식으로 경쟁을 제한하고 회피하려고 노력한다. 예를 들어 존 D. 록펠러는 자유 시장을 끊임없이 칭송하면서도 석유산업의 경쟁자를 제거하기 위해 갖은 노력을 기울였다. 기업이 독점과 카르텔을 고안한 것은 경쟁을 제한하기 위해서다.

현대 기업이 자유 시장을 칭송하는 동시에 자유 시장을 뒤엎고, 그 한계를 정하기 위해 무수한 방식을 고안한 록펠러 시대에서 벗어나지 못했음을 보여주는 증거가 널렸다. 2015년 5월 21일,《뉴욕타임스》는 〈은행들, 통화 가격을 인위적으로 조종하려 한 계획 인정: 외환 조작의 물결Banks Admit Scheme to Rig Currency Prices: Wave of Manipulation in Foreign Exchanges〉이라는 머리기사를 내보냈다. 기사는 세계 주요 은행 4곳이 리스크와 경쟁을 최소화하고 수익을 극대화하기 위해 온라인 채팅방을 활용하고 어떤 식으로 공모해서 외환 시장을 조작했는지 설명한다. 이는 경쟁을 무력화하기 위해 제한된 협력을 활용한 사례다. 이 계획은 결국 규제 기관에 발각되었고, 벌어들인 수익을 모두 쓸어버릴

만한 벌금이 부과되었다. 하지만 독자에게 은행가들이 얼마나 부정직한지 폭로한 것은 채팅방에서 꾸며진 음모의 내용이다. 법무부에 따르면, 한 은행 트레이더는 "경쟁이 적을수록 좋다"[155]고 말했다.

성서의 드라마를 주의 깊게 읽으면 'restoratio'가 창조의 연속임을 알 수 있다. 〈창세기〉에 하느님은 6일간 천지창조 후 이렛날에는 '쉬셨다'. 첫 번째 안식일이 지나고 하느님은 창조(어쩌면 '재창조') 활동을 멈추지 않았다. 오히려 하느님은 창조와 재창조를 계속했다고 성서에 묘사된다. "내가 이제 새 일을 하려고 한다. 이 일이 이미 드러나고 있는데, 너희가 그것을 알지 못하겠느냐? 내가 광야에 길을 내겠으며, 사막에 강을 내겠다."(〈이사야〉 43장 19절)

전례 없는 새로운 현실이 끊임없이 등장한다. 신학자 고든 코프먼Gordon Kaufman은 심지어 하느님을 우리 마음에서 판자를 못질해서 붙이는 장인의 이미지가 있는 '창조주'라고 말하는 대신 '창조성', 즉 〈요한계시록〉의 말처럼 끊임없이 "모든 것을 새롭게 하"는 신적 에너지로 생각할 수도 있다고 제안했다. 어떤 사람들은 이런 이미지가 비인격적이라면서, 어떻게 우주 에너지 장을 칭송하는 찬송가를 부를 수 있겠느냐고 의문을 품는다. 하지만 적어도 이것은 창조의 지속적인 성격을 포착하는 장점이 있다.

〈창세기〉의 천지창조 이야기는 이런 자유로운 해석을 확인해준다. 현재 히브리어 학자들은 보통 "태초에 하느님이 천지를 창조하셨다"고 번역되는 성서 첫 번째 문장을 좀 더 정확히 번역하면 "하느님이 창조 활동을 시작했을 때……"라고 입을 모아 말한다. 겨우 첫 번째 단계였음이 밝혀진 일을 완수하는 데 6일이 걸렸다. 물론 이 설명에서 '날'은 24시간 단위가 아닐 수 있다. 이 단어는 〈창세기〉 저자에게 그런 의미가 아니었으며, 오늘날에는 오직 고집불통 근본주의자들이 그런 독해를 끝까지 주장한다. 이런 문자주의자literalist는 그들 진영에서도 극소수일 뿐이다. 가공할 만한 인물로 정평이 난 윌리엄 제닝스 브라이언William Jennings Bryan('위대한 평민The Great Commoner'이라고 불렸지만, 유명한 원숭이 재판에서 스콥스를 박해하는 데 앞장섰다는 이유로 '위대한 근본주의자The Great Fundamentalist'라고도 불렸다)은 문자주의자가 전혀 아니다. 그는 〈창세기〉의 '날'은 여러 시대 전체였을 수 있다고 말했다. 천지창조의 날에서 '7'은 상징적 의미도 있다. 이 숫자는 많은 고대 민족이 완전한 수라고 생각한 것을 상기시킨다. 여러 세기가 지난 오늘날, '7'은 여전히 고풍스러운 아우라를 풍긴다. 21세기인 오늘날에도 13이라는 숫자가 꺼림칙해서 호텔과 사무용 건물 관리자들이 층수에서 빼는 것처럼, 어떤 이들은 7을 행운의 수라고 생각한다.

'7'이라는 숫자에서 떠오르는 내용, 우주와 역사의 창조와 재창조가 오늘날에도 같은 속도로 계속된다는 사고를 감안할 때, 세계에서 '시장'이 차지하는 자리의 재창조('시장'의 회복)를 7단계나 '7일'의 과정으로 생각해보면 유용할 것이다. 성서 이야기에서 정확히 무엇이 계속되는지 이해하는 것도 중요하다. 성서에서 '창조하다'에 해당하는 히브리어는 'bara'다. 이 단어는 오직 하느님이 행하는 일에 사용되며, '짓다'나 '건설하다'라는 의미의 '만들다'를 뜻하지 않는다. 그런 뜻으로 사용되는 단어는 따로 있다. 'bara'는 '정리하다'나 '자리나 역할을 할당하다'라는 뜻이다. 하느님의 창조 작업은 다양한 음과 조성으로 된 미완성 교향곡을 대위법과 화음을 완비한 조화로운 완전체로 구성하는 것이다. 이 하느님의 이미지는 복잡한 기계장치를 조립하고 나서 저절로 움직이게 내버려두는 '시계 제조공 하느님'이라는 이신론적 개념과 달리, 트럼펫이나 콘트라베이스 소리가 플루트와 비올라 소리를 압도할 때마다 끊임없이 균형을 재조정하는 작곡가 겸 지휘자에 가깝다. 게다가 이 하느님은 오케스트라가 연주하는 동안 미묘하게 재조정해야 한다. 이 은유를 더 밀고 나가면(언제나 위험한 일이긴 하다), 하느님은 지휘하는 것 외에도 일부 콘서트마스터(제1바이올린 수석 연주자)가 한다고 알려진 것처럼 오케스트라와 함께 연주하는 듯 보일 수 있다.

〈창세기〉보다 앞선 고대 이집트와 메소포타미아 신화에서는 강력한 신이 반신적인 세력(괴물)과 싸워야 했고, 폭력적인 전투를 치러야 승리할 수 있었다는 사실은 곱씹어볼 만하다. 〈창세기〉에서는 이런 일이 일어나지 않는다. 여기서 하느님은 정리하고, 균형 잡고, 시간을 맞춰 혼돈과 무정형성(우리의 은유에서는 불협화음과 잡음)을 극복한다. 이전에는 가장 음험한 세력으로 여겨지던 것들이 이제 전체적인 도식에 편입되어 적절한 자리를 부여받는다. 이것은 그렇게 부자연스러운 사고가 아니다. 차이콥스키는 〈1812년 서곡〉에 대포 소리를 넣었고, 존 케이지John Cage는 자기 작품에 도시의 각종 소음을 넣었다.

〈창세기〉 '천지창조' 이야기의 이런 간략한 배경을 염두에 두고 '시장'의 영혼을 구하고 그것의 'restoratio humani'를 달성하는 일과 관련하여 이 배경이 시사하는 바를 살펴보자.

창조와 재창조의 7일

성서에 나오는 천지창조 첫날, 하느님은 "빛과 어둠을 나누"고 자신에게서 빛과 어둠을 나눴다. 다시 말해 성서에서 하느님이 처음 한 일은 탈脫집중화 행동이다. 이런 원심적인 과정은 다음 며칠 동안 그리고 구약과 신약성서 나머지 부분에서 계속되며, 많은 사람들의 신앙에 따르면 그 후로 줄곧 이어진다. 이스라엘 학자 아비바 고틀리브 존버그Avivah Gottlieb Zornberg는 〈창세기〉에 관한 통찰력 있는 저서에서 하느님은 처음부터 자신이 가진 힘을 다른 중심으로 분산하느라 분주했다고 설명한다. 존버그에 따르면, 하느님이 한 일은 '복잡성을 증대'하는 '원초적인 해체' 작업이다. 그녀는 중세의 위대한 성서 주석자인 랍비 라시Rashi의 말을 살짝 바꿔 설명을 계속한다. "그날(첫째 날)의 주된 업무는 모든 것을 아우르는 하느님의 하나 됨oneness에서 하나 이상의 가능성으로 현실을 근본적으로 변형하는 것이었다."[156]

'시장'도 마찬가지로, 재창조 '첫째 날' 혹은 '1단계' 목표는 '시장'에 어울리는 건전한 자리로 그것을 회복하는 일(탈집중화 과정)을 시작하는 것이어야 한다. 이 과정에는 "너무 커서 파산시킬 수 없"고 "너무 커서 투옥할 수 없는" 거대 은행과 금융 제국의 해체가 필요하다. 이것은 '시장'의 신전을 해체해서 소규모 지역사회 은행이나 주립 은행, 특히 협동조합으로 조직되거나 지역 사업체와 자가 주택에 투자하는 데 전념하는 비영리 그룹이 소유하는 은행에 길을 내주는 것을 의미한다. 결국 국제 사업을 전문으로 하는 은행은 소규모 은행을 밀어내지 않고도 그들 사이에 자리 잡을 수 있다.

성서의 설명에 따르면, 둘째 날 하느님은 탈집중화를 계속한다. 하느님은 땅이 나타날 수 있도록 물과 물 사이를 가른다. 다시 말해 하느님은 자기 것이 아닌 현실을 갈라놓는 데서 멈추지 않았다. 하느님은 새롭게 생긴 그 갈라진 영역 안에서 '권력 이양'이라고 부를 수 있는 동일한 과정을 도입하고, 이 요소 사이에 존재할 상호 관계의 성격을 만들었다.

시장이 지배하는 우리의 경제와 문화에서도 이와 동일한 권력 이양이 일어날 필요가 있다. 이제 '시장'은 점점 더 많은 삶의 영역에 자신의 의지를 강요한다. 교육은 판매 가능한 신용 단위로 쪼개졌고, 예술 작품은 값나가는 투자로 평가되며, 연예는 돈에 의해 타락했고, 이윤을 '보건 산업'의 목표로 삼으면 그 산업이 제공해야 하는 편익에 많은 사람이 감당하기 힘든 가격을 매기는 셈이며, 교회가 시장조사를 수행하며 대중의 변덕에 맞추기 위해 예배를 개조하면서 종교도 점차 소비자 가치에 따라 형태가 규정된다. 이 제도는 '시장'(종종 너무나 열렬하게 받아들인다)이 강요하는 왜곡에서 해방될 필요가 있을 뿐만 아니라, '시장신'이 주변을 맴돌면서 간섭하는 일 없이 상호 관계를 맺는 방법을 찾아야 한다.

〈창세기〉에서 셋째 날 나무와 풀이 돋아났다. 하지만 하느님은 그것을 '창조'하지 않는다. 이제 새로운 생명을 만드는 하느님의 권능이 널리 분배되었기 때문에 하느님은 땅에게 '그 종류대로' 나무와 풀을 돋아나게 하라고 지시한다. 이 마지막 단계는 세부 분할 과정이 계속됨을 시사한다. 양파가 양파를 낳고, 배가 더 많은 배를 싹 틔우고, 저마다 새 생명을 낳는다. 하느님은 그들에게 자유와 책임을 주었다.

이 이야기는 오늘날 시장의 재창조에서 금융 권력 중심부를 탈집중화할 필요가 있을 뿐만 아니라 그 지배 구조도 '탈위계화'해야 한다는 점을 시사한다. 금융 권력은 위(월 스트리트와 연준)에서 아래로 흐르는 게 아니라 수평적으로 분산되어야 한다. 조직표는 피라미드가 아니라 그물망이 된다. 시장과 금융기관이 새로운 기법과 접근법을 자유롭게 실험하고 시험해볼 수 있다면, 얼마나 엄청난 창의성이 쏟아질지는 상상할 수 있을 뿐이다.

좋은 소식은 미국 경제의 이런 'restoratio'가 이미(종종 아무도 모르는 새 조용히) 진행 중이라는 것이다. 오늘날 미국인 수백만 명이 협동조합과 노동자 소유 기업에 관여한다. 1억 3,000만 명이 협동조합 사업체와 신용조합 소유 기업에 참여한다. 1,300만 명 이상이 1만 1,000개 종업원 소유 기업의 노동자 주주다. 우리는 무에서 경제를 재창조할 필요가 없다. 경제가 스스로 혁신하는 중이기 때문이다. 이 정원을 돌보고 물을 주면 된다.

대형 은행의 장악력이 느슨해지면 더 국지화한 이 금융 단위와 종업원 소유 기업은 다양한 수평적 지배 구조 양식을 발전시킬 수 있다. 오하이오주 클리블랜드에서는 이런 종업원 소유 회사들이 구매력이 더 많은 현지 대학과 병원의 도움을 받아 태양광 패널 설치 사업에 진출하고, 상업적으로 성공적인 수경 재배 온실을 건설해서 1년에 양상추 300만 포기를 생산했다. 이 그룹은 병원과 기타 시설의 침구를 세탁하는 '녹색' 시설 세탁 서비스도 개시했다. 이런 것은 어쩌면 작은 출발이지만, 종종 잘 보이지 않는 장소에서 체제 차원의 더 큰 변화가 생겨난다. 베들레헴의 저 눈에 띄지 않는 마구간을 기억하자.

이제 우리는 넷째 날에 이르렀다. 이날 하느님이 자기 권능을 공유하는 새로운 표현이 눈에 들어온다. 성서 이야기에 따르면, 눈길을 끄는 어떤 일이 일어난다. 하느님이 자신의 권능을 분산하는 것이다. 하느님은 빛과 하늘, 바다와 땅의 환경을 창조할 뿐만 아니라 (하느님 자신이 아닌) 하늘의 이 무리가 낮과 밤을 다스릴 것이라고 선포한다. 이 무리가 계절과 날과 해를 나타낼 것이다. 고대 히브리인에게는 이

것이 중요한 책임이다. 이런 구분이 축일과 축제와 의식을 언제 치러야 하는지 알려주기 때문이다. 하느님은 이런 관리에 직접 관여하지 않는다. 이제 하늘의 무리가 이런 중대사를 '다스릴' 것이다. 전날 하느님은 나무와 풀을 직접 만들지 않고, 땅에게 그것들을 돋아나게 만드는 일을 맡겼다. 하느님은 물에게도 그런 일을 맡긴다. 물은 땅에 기어 다니는 생물과 하늘을 날아다니는 새 무리를 낳는 일을 맡는다.

바로 여기에 '시장'에 벌어질 수 있는 일이 있다. 가톨릭의 고전적인 사회적 가르침에는 '보완' 개념이 있다. 경제학과 정치학에서 어떤 일은 더 높은 차원에서 가장 잘할 수 있지만, 대다수 일은 더 낮은 차원에서 훨씬 잘 달성할 수 있다는 것이다. 공립학교부터 전자 통신 회사, 신문까지 모든 것을 중앙 집중화하려는 현재의 무모한 시도는 종종 효율성의 이름으로 진행된다 해도, 대부분 비용을 낮추거나 이윤을 증대하려는 시도로 실행된다. 하지만 그 결과를 겪는 것은 대개 소비자다. 이 때문에 현재 그토록 많은 사람들이 국제적인 거대 은행에서 저금을 빼내 지역사회 은행의 고객이 된다.

계속해서 다섯째 날로 넘어가자. 지금쯤이면 하느님 스스로 즐기는 것처럼 보이며, '커다란 바다짐승들'이 나타난다. 이전 시대 신화처럼 어두운 반신半神 괴물이 아니라 세상 속으로 받아들여지는 피조물이다. 하느님은 분명 그 짐승들이 좋다고 선언한다. 이 짐승들도 다른 피조물과 나란히 '그 종류대로' 번식할 수 있다. 아닙니다, 에이해브 선장. 모비 딕은 작살로 잡아 죽여야 하는 악의 화신이 아니에요. 〈시편〉 저자가 나중에 말하듯, 모비 딕도 "깊은 바다에서 놀"라고 하느님이 우주 안에 자리를 정해준 또 다른 생명입니다.

다섯째 날은 하느님이 자제한 날로 읽을 수 있다. 하느님은 창조

권능까지 자신의 피조물과 공유하기로 마음먹는다. 앞에서 '창조하다bara'의 의미에 대해 말한 점을 감안할 때, 이 구절은 역할과 기능을 부여하는 일이 이제 많은 참여자 사이에서 수행될 수 있음을 시사한다. 한때 현대의 일부 성서학자는 앞에서 언급한 더 오래된 신화와 〈창세기〉의 관계를 다루며 양자의 큰 차이점은 이스라엘 사람이 일신교를 도입한 것이라고 주장했다. 이 모든 일을 하는 것은 하느님 한 분이다. 최근의 더 설득력 있는 독해는 하느님의 하나 됨이 핵심이 아님을 시사한다. 오히려 히브리 하느님이 권능과 권위를 공유하기로 결정한 것이 핵심이다. 앞에서 언급했듯이, 랍비 라시는 하느님은 모든 것을 아우르는 하나 됨에서 벗어나 하나 이상more-than-oneness으로 나아가고자 한다고 말한다. 실제로 하느님이 "우리가 우리의 모양대로 사람을 만들자"고 말할 때 하느님의 생명에는 다양성과 복잡성과 관계가 존재한다는 암시가 있으며, 하느님이 세상과 이를 공유하는 것은 단순히 관대한 몸짓이 아니라 자신의 본질적 성격을 쏟아내는 것이다. 하느님의 생명은 다성음악이다. 성 아우구스티누스는 이런 하느님의 각기 다른 내적 특징은 위계적이지 않고 동등하며, 사랑으로 묶인다고 가르쳤다. 그렇다. 이 오래된 이야기에는 아무리 모호할지라도 평등한 민주주의의 암시까지 포함된다.

　이 이야기가 회복되고 재창조된 시장 체제에 대해 갖는 함의는 무엇일까? 간단히 말하면 이것은 '시장'이 시장, 어쩌면 시장들이 될 것임을 의미한다. 경제의 민주화다. 보통 사람과 지역사회가 정치적 결정과 경제적 결정을 비롯해 자기 삶에 영향을 미치는 모든 결정에 직접 관여할 것이다. 이 이야기는 점점 더 많은 권력을 상층에, 최고경영자와 이사회의 수중에 집중하는 현재의 경향이 역전될 것임을 의미한다. 예를 들어 2013년 초에 미국증권거래위원회가 기업들로 하여금 정치 기부금 내역을 주주들에게 공개하도록 만들려고 했을 때, 분노한 기업 지도자들은 이 구상에 맞서 싸울 각오가 되었다고 선언했다. 하지만 이 주주들은 갈퀴를 든 성난 농민 떼거리가 아니다. 그들은 사실 그 기업의 소유주이며, 적어도 서류상으로 그들이 이사회를 선출한다. 이 순간 경제에 대한 민주적 참여(자신이 소유한 기업에 대한 주주의 참여조차)가 장려되기는커녕 억제되는 듯 보일 것이다. 확실히 철저한 'restoratio'가 필요하다.

만물의 형상을 만들고 직분을 부여하는 여섯째 날, 하느님은 인간을 만든다. 여기 등장하는 히브리어는 '하-아담ha-adam'인데, 땅의 흙을 가리키는 이 용어가 말장난처럼 변형된다. '아담adam'은 개인에게 주어진 이름이 아니며, 성별을 암시하지도 않는다. 실제로 나중 구절에 이런 말이 나온다. "하느님은 그들을 남자와 여자로 창조하셨다." '하-아담'에는 좀 더 집합적인 함의가 담겼다. '인류'라고 번역하는 게 좋을 것이다. 여기서 하느님은 다른 피조물의 형상을 만들 때와 달리 명령하지 않는다. 대신 "우리의 모양대로" 조각된 땅의 흙으로 '하-아담'을 만든다. '모양'이란 무엇을 의미하며, 유일신이라고 전해지는 이 하느님의 언어에 어떻게 '우리의'라는 말이 은근슬쩍 들어올까?

'하느님의 모양imago dei'이 의미하는 바를 놓고 여러 세기 동안 논의와 논쟁이 있었다. 이는 '하-아담'이 이성이나 지성, 창의적인 권능이나 자유의지가 있음을 의미할까? 분명한 의견 일치는 존재하지 않는다. 하지만 하느님이 앞의 '여러 날'에 자신에 관해 보여준 바에 비춰 보면, '하-아담'이 권능과 권위를 집중하고 고수하려 하기보다 그것을 공유하는 능력과 책임이 있음을 의미하는 게 당연하다. '하-아담'

이 다른 피조물에 대한 '지배권dominion'을 받는다는 사실은, 이 단어가 세속의 폭군이 신민을 지배하는 방식을 시사한다고 생각하면 오해를 야기할 수 있다. 우리는 처음 닷새 동안 성서의 하느님이 그런 식으로 다스리지 않는다는 것을 방금 전에 목도했다. 오히려 하느님은 자신의 권능을 나눈다. 하느님은 '하-아담'도 이런 식으로 다스리기 원하며, 하느님이 '하-아담'에게 세상의 질서 속에서 어울리는 자리를 줄 때 암시된다. 이런 집합적인 '아담'은 에덴동산의 자기 주변에서 저절로 자라는 온갖 나무와 동물을 기르고 돌본다. 하느님의 의도는 자신이 연극에서 역할을 부여한 독립적인 존재의 건강과 안녕을 증진하는 것이다. 전체 유기체를 구성하는 이 생명체들이 각자의 독특한 임무를 잊거나 게을리할 때, 그들이 다른 생명체에게 부여된 책임을 가로챌 때 체계 전체가 손상된다.

하느님은 '하-아담'에게 다른 피조물 어느 누구도 공유하지 않는 중요한 책임을 맡긴다.' 동물들에게 이름을 지어주는 책임이다. 그리고 "그 사람ha-adam이 살아 있는 동물 하나하나를 이르는 것이 그대로 동물의 이름이 되었다". 이름 짓기는 절대 사소한 일이 아니다. 하느님이 자신의 권위를 벗어던지는 또 다른 단계다. 천지창조 이야기의 첫 구절에서 빛과 어둠에 이름을 지어주는 것은 하느님이다. 이제 상황이 바뀌었다. 하느님은 이런 신성한 특권을 '하-아담'과 나눠 갖는다. 이는 중요한 권능의 위임이다. 이 설명이 쓰인 배경이 된 문화에서는 이름을 짓는 일에 막대한 의미가 있었다. 동물의 이름을 짓는 것은 인간의 의미-세계 안에서 그들에게 자리를 주는 일이다. 동물에게 부여된 자연적 기능조차 그런 자리를 주지는 않았다. '하-아담'은 이름 짓기를 통해 동료 피조물과 친연성이 강한 짜임새로 연결된다. 인간은 단순히 자기 역할이 아니라 공유된 의미의 그물망 안에서 동물의 세계로 끌려들었다. 바야흐로 문화가 물리적 땅 위로 접붙였다.

테야르 드샤르댕은 자유자재로 구사하는 진화 이론에 입각해서 많은 것을 환기하는 사고를 제시했다. 그는 지구 형성의 지질학적·생물학적 차원 외에 대기atmosphere나 생물권biosphere과 비슷한, 그가 '누스페어noosphere'라고 이름 붙인 차원이 점차 등장했다고 말한다. 이 단어는 그리스어 'νοῦς(nous, 정신)'와 'σφαῖρα(sphaira, 영역)'에서 유래한 말이다. 이 세 번째 영역은 인간 사고의 상호작용으로 생겨났으며, 인간 대중의 조직이 지구에 거주하고 자신과 관계하면서 단계적으로 성장했다. 인류가 더 복잡한 사회적 네트워크에서 스스로 조직함에 따라 누스페어는 의식에서 자라난다. 이 개념은 단순한 유기체가 점점 복잡한 유기체로 발달하면서 의식의 강도가 증대하고, 각 부분이 조화롭게 관계를 맺을 필요성도 커진다고 주장하는 샤르댕의 '복잡성-의식의 법칙Law of Complexity-Consciousness'을 확장한다.

샤르댕은 (17장에서 논의한 것처럼) 고생물학보다 신학에 의지하면서 거대한 우주 진화 과정의 정점은 그가 말하는 오메가 시점, 즉 역사의 목표점이라고 추측한다. 이 시점은 그가 그리스도의 '재림' 개념에서 상징적으로 예견된다고 믿는 사고와 의식의 정점이다. 샤르댕이 〈창세기〉에 관해 논평한 것이 있는지 모르지만, 그의 생각은 "복잡성을 증대하는" 이야기라고 보는 아비바 존버그의 〈창세기〉 해석과 일치한다. 나는 샤르댕이 '하-아담'이 동물들의 이름을 짓는 것을 누스페어가 등장한 표현으로 보았을 것이라고 생각한다.

처음에 샤르댕의 저술은 가톨릭의 많은 권위자에게 받아들여지지 않았다. 그들은 샤르댕의 글에서 이단의 기미가 보인다고 생각했기 때문이다. 결국 샤르댕은 출판을 금지 당했다(하지만 등사판으로 널리 유통되었다). 샤르댕이 죽고 1960년대 초 2차 바티칸공의회에서 더 개방적이고 새로운 정책이 선포된 뒤, 이 금지령은 해제되었다. 오늘날 사람들은 새롭게, 종종 열광적으로 샤르댕을 읽는다. 어떤 이들은 그를 과학과 종교의 새로운 종합을 예견한 선지자나 생태적 지속 가능성의 예언자로 본다. 많은 과학자는 오메가 시점이라는 개념을 제거하는 쪽을 선호하고, 일부는 오직 우연에 의해 인도되는 진화 과정에서 목적이 있는 방향이라는 관념 자체를 무시하지만 말이다.

우리는 이 고색창연한 성서의 옛 천지창조 이야기를 보면서 모든 것이 하느님이 뜻한 대로 되지는 않았음을 상기할 수밖에 없다. 전혀 그렇지 않았다. 하느님은 자신이 새롭게 지시한 천지창조에 책임뿐만 아니라 책임이 공허해지지 않도록 보증하는 진정한 자유까지 부여하는 엄청난 위험을 무릅썼다. 성서의 나머지 부분은 하느님이 '타자'(자신이 하려고 하는 일의 파트너)를 끊임없이 탐색하는 이야기로 읽을 수 있다. 이것이 하느님이 자신과 분리된 세상을 창조하고 '하-아담'을 창조하면서 의도한 바다. 하지만 하느님의 피조물은 매번 책임 있게 행동할 자유를 오용한다. 뱀이 스르르 나타나자, 뒤이어 남자와 여자가 추잡하게 서로 죄를 뒤집어씌우는 장면이 펼쳐진다. 그 뒤에는 내리막길이 있을 뿐이다. 에덴동산에서 쫓겨난 뒤에는 카인이 동생 아벨을 살해한다. 사태는 점입가경으로 치닫는다. 하느님은 천지창조를 계속해야 하는데, 이제는 끊임없는 재창조를 해야 한다. 하느님은 징벌의 홍수에 이어 약속의 징표인 무지개를 내린다. 하느님은 새로운 남자 아브라함을 택해서 마침내 땅에 사는 모든 가족의 축복임이 밝혀질 것이라고 약속하며 새로운 출발을 하게 만든다. 하느님은 '뭇 민

314

족의 빛'이 되어야 하지만 소명에 맞게 살지 못하는 사람들과 언약, 일종의 조약을 맺는다. 하느님은 자신의 목적을 진척하기 위해 예언자와 선생, (기독교의 경우) 예수와 새롭게 확대된 '하느님의 백성'을 보낸다.

여기서 우리는 권능을 분산한 하느님에 관해 이야기하는 걸까? 내 동료 한 명은 그리스 고전을 가르치며 그리스 종교에 애호를 품는다. 그는 때로 유대인과 기독교인이 세상에 주입해온 일신교가 인간의 모든 전쟁과 충돌의 근원이라고 비난하며 나를 질책한다. 그는 인류가 다신교에 머물렀다면 더 잘 살 것이라고 주장한다. 나는 고대 기독교는 그다지 일신교가 아니라고 대꾸하지만, 그를 설득하지 못했다. 내가 독해한 역사에 따르면, 고대 기독교의 삼위일체론은 유대 일신교의 요소와 고대 교회를 아우른 헬레니즘 문화의 다원주의적 요소를 융합하려고 초기 기독교가 노력한 결과물이다.

하지만 한편에 있는 일군의 신격과 다른 한편에 있는 하느님, 즉 그 본질적인 성격은 다원주의적이며 〈창세기〉에서 설명하는 천지창조 이야기처럼 자유롭고 책임 있는 '타자들'의 우주를 구성하려고 하는 하느님 사이에 차이가 존재한다는 사실을 인식하는 게 중요하다. 최근의 성서 연구는 분권화하는 하느님이 신약성서에서 여전히 작용함을 강하게 시사한다. 나는 이 책 14장에서 오순절에 불길이 혓바닥처럼 날름거리고 성령이 내려오는 일에 관한 〈사도행전〉 2장의 이야기를 말했다. 이 이야기는 지중해 전역에서 온 사도들이 자기 고유의 언어로 말하는데도 갑자기 서로 이해할 수 있는 장면을 설명한다. 예전의 해석자들은 종종 이것을 '바벨탑의 저주'의 기적적인 역전으로 독해했다. 〈창세기〉 11장에 서술되는 이 사건에서 사람들은 자기 "이름을 날리기" 위해 "하늘에 닿는" 탑(아마 신전일 것이다)을 쌓으려는 자신만만한 시도를 했다. 오순절은 인간의 이런 기획을 다시 시도하는 것으로 여겨졌다. 언어의 차이 때문에 "뿔뿔이 흩어졌던" 사람들을 모으려는 시도 말이다.

최근에 학자들은 바벨탑 이야기는 자만심에 대한 징벌뿐만 아니라 은총의 행위, 즉 인간에게 언제나 따라붙는 것처럼 보이는 오만과 중앙 집중의 덫에서 인간을 구하는 행위로 봐야 한다는 데 뜻을 모은다. 이런 독해에서 보면 오순절 이야기는 단순히 바벨탑을 뒤집은 것이 아니라 같은 방향, 즉 다양성에 입각한 통일이나 '친교communion'로 향하는 연속선에 있다. 사도들은 모두 같은 언어로 이야기하기 때문이 아니라 각자 고유의 말로 이야기하는데도 상대의 말을 이해하는 것으로 묘사된다. 그 사건 이후 사도들은 바벨탑의 사람들처럼 뿔뿔이 흩어진다. 하지만 이번에 흩어지는 것은 로마제국의 정복을 통한 하나됨을 초월하는 새로운 형태의 다양한 공동체를 선포하기 위해서다.

이 다면적인 새로운 'koinonia'(공동 참여를 뜻하는 그리스어 κοινωνία)는 종종 극심한 박해를 받았음에도 300년 동안 번성하고 퍼져 나갔다. 통일된 신조나 중심적인 위계 집단이 없었는데도 말이다. 하지만 4세기 초에 콘스탄티누스 황제는 (기꺼이 나서는 몇몇 주교와 공모해서) 자기 제국이 추구하는 목표를 위해 이런 느슨한 지역 회중의 그물망을 가로챘다. 황제는 곧바로 공동체들의 이질적인 분산이 통일된 신조를 채택해야 한다고 주장했다. 제국의 순응 명령에 대다수 공동체가 따랐다. 그 직후 점점 더 제국의 구조를 닮아가는 하향식 교회로 향하는 노정이 시작되었다.

초기 기독교인은 인간에 깊이 뿌리박힌 경향에 부딪혔다. 하느님의 역사役事를 세계 역사歷史에 분권화한다는 그들의 전망은 그 전에 벌어진 일이나 그들 사이에서 여전히 벌어지는 일과 정면충돌했다.

이런 상황은 지금도 계속된다. 세계 종교들이 작동하는 방식에 관한 대다수 사람의 인상(분권화로 향하는 게 아니라 오히려 정반대로 간다)은 유감스럽게도 정확하다. 솔로몬은 고대 유대의 제단을 폐쇄해서 모든 예배를 예루살렘신전에 집중해야 한다고 선포하지 않았는가? 역대 교황은 여러 세기 동안 기독교 운동의 최종적인 권위를 로마에 집중하려고 노력하지 않았는가? 바그다드와 코르도바, 그 밖에 여러 곳의 각기 다른 이슬람 칼리파는 예언자의 모든 자녀를 한 칼리파가 이끄는 움마Ummah로 통일하기 위해 싸우지 않았는가? 사실이다. 권력을 획득한 다음에 더 많은 권력을 획득하는 것은 인간의 보편적인 단점처럼 보인다. 황제는 제국을 확장하려고 노력한다. 거대 은행은 소규모 은행을 흡수한 대형 은행을 사들인다. 인수 합병을 전문으로 다루는 신문의 경제면은 뉴스가 마르는 법이 없다. 종교 역시 이와 똑같은 거대증 성향에서 자유롭지 못하다.

반대 흐름도 있었다. 수피(이슬람교 신비주의자)와 프로테스탄트 개혁가들은 종교의 제국적 충동에 거듭 도전했다. 지금 우리는 원심력이 다시 한 번 작동하는 시기에 들어서는지 모른다. 밀라노의 카를로 마리아 마르티니Carlo Maria Martini 추기경은 유력한 교황 후보로 거론될 당시, 널리 주목받은 강연에서 오늘날 가톨릭교회에 가장 필요한 것은 지난 200년 동안 로마교황청에 축적된 권한을 단호하게 분산하는 일이라고 선언했다. 지역과 주교구, 지방 교구에도 더 많은 발언권을 줘야 한다. 하지만 콘클라베는 마르티니를 선택하지 않았다. 요제프 라칭거 추기경이 선출되어 교황 베네딕토 16세가 되었는데, 그는 마르티니와 대조적으로 '재중심화recentrage'를 지지했다. 2차 바티칸공의회 이후 빠져나간 의사 결정권을 로마로 되돌리자는 것이다. 마르티니는 고인이 되었지만, 현재 프란치스코 교황이 시도하는 정책의 면면을 보면 그가 마르티니 진영에 더 가까움을 알 수 있다.

천지창조의 7일과 세계사에서 오랫동안 이어진 후속 과정을 상기하는 일은 절제를 모르고 폭주하는 '시장'을 구하기 위해 무엇을 해야 하는지 생각하는 데 도움이 될 수도 있고, 되지 않을 수도 있다. 하지만 오늘날 '시장'의 입장처럼 어떤 문제가 비타협적으로 보일 때, 그 문제를 다른 시각에서 볼 새로운 기회가 열린다. 성서의 기록에는 창조주 성령의 역사役事가 교회나 종교에 국한되는 것이 아님을 기억해야 한다. 성령은 역사와 자연에서 '원하는 대로' 움직인다. 'restoratio'는 계속되며, 때로는 예상치 못한 곳에서 벌어진다. '시장'에서도 작동하는 게 당연하다.

은행은 우디 거스리Woody Guthrie가 옛 노래에서 말하듯, "대리석으로 만들어"졌을지라도 예상치 못한 방향에서 생기는 변화를 겪게 마련이다. 예를 들어 우리는 전통적인 은행 지점 체계가 종언을 고하는 최후의 순간을 목도할 수 있다. 오늘날 점점 더 많은 사람이 스마트폰으로 은행 일을 본다. 일부 '밀레니엄 세대'는 1년 동안 은행을 찾지 않았고, 앞으로 오랫동안 은행에 갈 일이 없다고 말한다. 근육이 경직된 은행이 변화에 보조를 맞추기란 쉽지 않다. 몇 년 전 씨티은행은 뉴욕 유니언스퀘어에 쌍방향 터치스크린을 설치한 벽 같은 최신 기술을 잔뜩 갖춘 곳을 '미래의 지점'이라고 열었다. 하지만 모바일 뱅킹 애플리케이션이 속속 등장하면서 '미래의 지점'은 쇠락한 과거의 지점이 되었다.

다른 은행은 이 광경을 지켜보며 교훈을 얻었다. 최근 뱅크오브아메리카는 지점 수백 곳을 폐쇄했으며, JP모건체이스는 직원 5,000명을 정리 해고 하겠다고 발표했다. 미래학자 피터 디아만디스Peter Diamandis는 2015년 6월 금융 관련 회의에서 2025년이면 은행 지점이 완전히 사라질 것이라고 말했다. 언뜻 보면 이것은 중앙 집중의 강화처럼 보일 수 있지만, 정반대가 될지도 모른다. 아이폰으로 은행 일을 볼 수 있는데 은행 지점이 필요하겠는가? 대리석 벽과 강철 아치 천장의 시대는 끝났다. 손에 쏙 들어오는 장치 때문에 금이 간 것이다.[157]

지금까지 이런 변화는 주로 일반 은행에서 벌어지지만, 신기술의 속도와 범위가 워낙 대단하기 때문에 거대 은행과 증권사도 경계를 늦추지 말아야 한다. 견고한 토대처럼 보이는 것이 알고 보니 모래 늪일 수 있고, 그 위에 당당하게 선 건물은 언제 허물어질지 모른다. 바야흐로 차세대 소형 기기가 등장하면서 사람들은 언제 어디서나 사진을 찍고, 힙합을 듣고, 게임을 하고, 은행 일도 볼 수 있다. 가장 빠르게 증가하는 인구 집단이 이 시시한 장난감을 손에 쥐었음을 유념하자. 역사에서 이끌어낼 수 있는 한 가지 교훈은, 거대 금융회사는 임시변통에 나서지 않을 것이라는 점이다. 거의 매시간 신기술이 등장하는 가운데서도 '시장'을 원래의 적절한 자리에 회복시키는 데 필요한 각각의 단계를 놓고 종종 격렬한 논쟁을 벌여야 한다. 하지만 이것이 죽음을 불사한 싸움일 필요는 없다. 믿음이 있는 사람들이 주장하듯이 오순절 이야기에 나타난 것처럼 분권화하는 하느님이 오늘날에도 존재한다면, 있을 법하지 않고 예상치 못한 일이 벌어질 수 있다.

이런 일이 어떻게 일어날 수 있을까? '시장'은 다양한 사람을 직원으로 둔다. 어떤 이들을 움직이는 동기는 단순한 탐욕이다. 그들은 탐욕의 전염병에 감염되었고, 탐욕은 어떤 치료법도 알려지지 않은 질병이다. 아무리 많은 부도 결코 충분하지 않다. 하지만 현재의 금융 시스템에서 일하면서도 시장이 경제 일반과 사회 전체를 위해 일하는 하인으로서 자신의 역할을 되찾는 모습을 보고 싶어 하는 사람도 있다. 젊고 이상주의적인 사람이 다수를 이루는 이들은 종종 출구가 보이지 않는 미궁에 갇혔다고 느낀다. 그들을 둘러싼 분위기는 무모하고 중독성이 강하다. 그들은 올바른 일을 하려고 시도해보지만 번번이 좌절감에 빠진다. 그들이 갇힌 황금 새장 바깥에서 도움의 손길이 필요하다.

'시장'의 영혼은 구원받을 필요가 있지만, '시장'은 스스로 구원하지 못한다. 오직 여기서 말하는 'restoratio' 혹은 그와 비슷한 어떤 것이 '시장'을 구원할 수 있다. 그 결과는 광범위한 사람에게 일종의 구원일 수 있다.

로마 황제 베스파시아누스Vespasianus는 죽음의 자리에서 한숨을 내쉬며 말했다고 한다. "아아 슬프도다. 지금 내가 신이 되어야 할 텐데." 어떤 인간 개인이나 기관도, 심지어 '시장'도 신이 되기에 적합하지 않다. 이제 신이 될 필요가 없다면 '시장'은 훨씬 더 행복해질 수 있다.

후주

1 Pope Francis, "Evangelii Gaudium: The Joy of the Gospel" (New York: Image, 2013), pp. 44~45. 〔호르헤 마리오 베르고글리오 지음, 《복음의 기쁨》, 한국천주교중앙협의회, 2014.〕 Jim Yardley and Laurie Goodstein, "Pope Francis, in Sweeping Encyclical, Calls for Swift Action on Climate Change," *New York Times*, June 17, 2015, A6면도 보라.

2 Harvey Cox, "The Market as God," *Atlantic*, March 1999를 보라. 이 글을 바탕으로 확장하고 새롭게 한 내용이 이 장의 본문이다.

3 Karl Polanyi, *The Great Transformation: The Political and Economic Origins of Our Time* (New York: Farrar and Rinehart, 1944). 〔칼 폴라니 지음, 홍기빈 옮김, 《거대한 전환》, 길, 2009.〕

4 Alan Cowell, "Tiny Village in Germany Subdues a Goliath," *New York Times*, November 14, 1996.

5 Christine Y. Cahill and Matthew Q. Clarida, "With Naming Rights on the Table, Harvard Gave Its Price," *Harvard Crimson*, September 10, 2014, 3. Matthew Q. Clarida, "School of Public Health Renamed with $350 Million Gift, Largest in Harvard History," *Harvard Crimson*, September 8, 2014, 1.

6 Paul Krugman, "What Markets Will," *New York Times*, October 17, 2014, A27.

7 Editorial Board of the *New York Times*, "A Reckless Call From the Senate's Leader," *New York Times*, March 9, 2015, A16.

8 John Y. Campbell, Andrew W. Lo, and Craig MacKinlay, *The Econometrics of Financial Markets* (Princeton, NJ: Princeton University Press, 1997), p. 4.

9 George J. Stigler, *The Economist as Preacher and Other Essays* (Chicago: University of

Chicago Press, 1982).

10 〈고린도전서〉 14장 8절 "또 나팔이 분명하지 않은 소리를 내면, 누가 전투를 준비하겠습니까?".

11 Eugene F. Fama, *Foundations of Finance: Portfolio Decisions and Securities Prices* (New York: Basic Books, 1976), p. 136.

12 Hans Küng, *Infallible? An Inquiry*, trans. Edward Quinn (Garden City, NY: Doubleday, 1971). August Bernhard Hasler, *How the Pope Became Infallible: Pius IX and the Politics of Persuasion* (New York: Doubleday, 1981)도 보라.

13 David Colander, "How the Economists Got it Wrong," *Critical Review: A Journal of Politics and Society* 23, no. 1-2 (2011).

14 물물교환의 신화에 관한 통렬한 논의로는 Scott W. Gustafson, *At the Altar of Wall Street: The Rituals, Myths, Theologies, Sacraments, and Mission of the Religion Known as the Modern Global Economy* (Grand Rapids, MI: Eerdmans, 2015)를 보라. 거스터프슨의 탁월한 통찰에 감사드린다. 그의 책이 조금 더 일찍 출간되었다면 이 책의 지면에 더 많은 내용을 채워주었을 게 분명하다.

15 Lewis Mumford, *The Myth of the Machine, Technics and Human Development* (New York: Harcourt Brace Jovanovich, 1967). [루이스 멈퍼드 지음, 유명기 옮김, 《기계의 신화 1》, 아카넷, 2013. 루이스 멈퍼드 지음, 김종달 옮김, 《기계의 신화 2》, 경북대학교출판부, 2012.]

16 Kenneth Turan, "Movie Review: Cave of Forgotten Dreams," *Los Angeles Times*, April 29, 2011.

17 Henri Frankfort, *Kingship and the Gods: A Study of Ancient Near Eastern Religion as the Integration of Society and Nature*, Oriental Institute Essays (Chicago: University of Chicago Press, 1948).

18 David Graeber, *Debt: The First 5,000 Years* (New York: Melville House, 2011), p. 124. [데이비드 그레이버 지음, 정명진 옮김, 《부채 그 첫 5,000년》, 부글북스, 2011.]

19 Lewis Mumford, *The City in History: Its Origins, Its Transformations, and Its Prospects* (New York: Houghton Mifflin Harcourt, 1961), p. 411. [루이스 멈포드 지음, 김영기 옮김, 《역사 속의 도시 1·2》, 지식을만드는지식, 2016.]

20 *Rerum Novarum: Encyclical of Pope Leo XIII on Capital and Labor*, Libreria Editrice Vaticana. http://w2.vatican.va/content/leo-xiii/en/encyclicals/documents/hf_l-xiii_enc_15051891_rerum-novarum.html에서 접속 가능.

21 Walter Rauschenbusch, *Christianity and the Social Crisis* (New York: Macmillan Company, 1907), p. 422. Sidney E. Ahlstrom, *A Religious History of the American People* (New Haven: Yale University Press, 1972), p. 785에서 재인용.

22 해방신학의 또 다른 주요 사상가인 브라질 신학자 레오나르도 보프Leonardo Boff는 《로마의 프란치스코와 아시시의 프란치스코: 교회의 새로운 봄Francis of Rome and

Francis of Assisi: A New Springtime for the Church》 (New York: Orbis, 2014)에서 이런 열전의 가능성을 주장한다.

23 Mary R. Lefkowitz, *Greek Gods, Human Lives: What We Can Learn from Myths* (New Haven: Yale University Press, 2003)를 보라.

24 Reinhold Niebuhr, *Reinhold Niebuhr: Major Works on Religion and Politics*, ed. Elizabeth Sifton (New York: Library of America, 2015), pp. 198, 386; Paul Tillich, *Systematic Theology*, vol. 2: *Existence and the Christ* (Chicago: University of Chicago Press, 1957), 특히 p. 47부터 시작되는 '소외'에 관한 절 등을 보라. [폴 틸리히 지음, 유장환 옮김, 《조직신학 2》, 한들출판사, 2003]

25 Robert A. G. Monks and Nell Minow, *Corporate Governance*, 4th ed. (Hoboken, NJ: John Wiley and Sons, 2008), p. 25.

26 Frederick Hallis, *Corporate Personality: A Study in Jurisprudence* (Oxford: Oxford University Press, H. Milford, 1930), p. xlix. *Collective Responsibility: Five Decades of Debate in Theoretical and Applied Ethics*, Larry May and Stacey Hoffman, eds. (Lanham, MD: Rowman & Littlefield, 1992), p. 137에서 재인용.

27 Devlin Barrett, Christopher M. Matthews, and Andrew R. Johnson, "BNP Paribas Draws Record Fine for 'Tour de Fraud,'" *Wall Street Journal*, June 30, 2014.

28 Matt Apuzzo and Ben Protess, "Justice Department Sets Its Sights on Wall Street," *New York Times*, September 10, 2015, 1.

29 Lawrence Kohlberg, *Essays on Moral Development*, vol. 1: *The Philosophy of Moral Development* (San Francisco: Harper and Row, 1981). [L. Kolberg 지음, 김민남·김봉소·진미숙 옮김, 《도덕 발달의 철학》, 교육과학사, 2000.]

30 Ralph Gomory and Richard Sylla, "The American Corporation," *Daedalus* 142, no. 2 (Spring 2013), p. 102에서 재인용.

31 Adolf A. Berle Jr., and Gardiner C. Means, *The Modern Corporation and Private Property* (1932; New York: Macmillan, 1948).

32 The Business Roundtable, "Statement on Corporate Responsibility," October 1981, p. 12. Gomory and Sylla, "American Corporation," p. 107에서 재인용.

33 "Statement on Corporate Governance," Business Roundtable White Paper, September 1997, pp. 1~2. Gomory and Sylla, "American Corporation," p. 110에서 재인용.

34 Interview with Jeffrey Immelt, *Manufacturing and Technology News*, November 30, 2007. Gomory and Sylla, "American Corporation," p. 115에서 재인용.

35 Dante Alighieri, *Inferno*, XI: pp. 106~111. James Finn Cotter, *Dante, The Divine Comedy* (Stony Brook, NY: Forum Italicum, 2000), p. 71 번역을 따름.

36 간략하면서도 훌륭한 요약으로 "Loans" in *Dictionary of Scripture and Ethics*, gen.

ed. Joel B. Green (Grand Rapids, MI: Baker Academic, 2011), p. 488을 보라.

37 R. H. Tawney, *Religion and the Rise of Capitalism* (New York: Harcourt Brace, 1926), p. 49. [R. H. 토니 지음, 고세훈 옮김,《기독교와 자본주의의 발흥》, 한길사, 2015.]

38 앞의 책, p. 48.

39 토머스 윌슨이 은행업의 열렬한 애호가는 아니었다.《대화와 연설을 통한 고리대 금업에 관한 토론A Discourse upon Usury by Way of Dialogue and Orations》(1572)의 인용한 구절 에서 윌슨은 고리대금업의 주장을 소개하기 위해 반대편에서 목소리를 낸다.

40 Tawney, *Religion and the Rise of Capitalism*, p. 246.

41 George A. Akerlof and Robert J. Shiller, *Phishing for Phools: The Economics of Manipulation and Deceit* (Princeton, NJ: Princeton University Press, 2015). [조지 애커로프· 로버트 쉴러 지음, 조성숙 옮김,《피싱의 경제학》, 알에이치코리아, 2016.]

42 인간 활동에서 이야기의 중심성에 관해서는 Randy Olson, *Houston, We Have a Narrative: Why Science Needs a Story* (Chicago: University of Chicago Press, 2015)도 보 라. 올슨은 이야기 내부의 보편적인 구조를 개략적으로 설명하며 역사가 시작될 때부터 인간이 이야기 덕분에 자신과 세계를 어떻게 이해하는지 보여준다.

43 "Covenant" in *Dictionary of the Bible*, ed. James Hastings, rev. ed. by Frederick C. Grant and H. H. Rowley (New York: Charles Scribner's Sons, 1963), p. 183을 보라.

44 Thomas Piketty, *Capital in the Twenty-First Century* (Cambridge, MA: Belknap Press of Harvard University Press, 2014), pp. 422~424, 569. [토마 피케티 지음, 장경덕 외 옮김,《21세 기 자본》, 글항아리, 2014.]

45 흠정역성서의 10절 번역은 다음과 같다. "온 땅에서 두루 온 땅의 모든 거주민에게 자유를 선포하라." 많은 미국인에게 이 구절이 친숙한 것은 꼭 성서에서 읽었기 때 문이 아니라, 필라델피아 독립기념관에 있는 자유의 종에 새겨졌기 때문이다.

46 Roland H. Bainton, *Here I Stand: A Life of Martin Luther* (New York: Penguin, 1995), pp. 58~59. [롤런드 H. 베인턴 지음, 이종태 옮김,《마르틴 루터》, 생명의말씀사, 2016.]

47 Pope Francis, *Misericordiae Vultus*, Bull of Indiction of the Extraordinary Jubilee of Mercy. Vatican, April 11, 2015. https://w2.vatican.va/content/francesco/en/apost_letters/documents/papa-francesco_bolla_20150411_misericordiae-vultus.html에 서 접속 가능.

48 Pope Francis, "Letter of His Holiness Pope Francis According to Which an Indulgence Is Granted to the Faithful on the Occasion of the Extraordinary Jubilee of Mercy," Vatican, September 1, 2015. https://w2.vatican.va/content/francesco/en/letters/2015/documents/papa-francesco_20150901_lettera-indulgenza-giubileo-misericordia.html에서 접속 가능.

49 James S. Henry and Laurence J. Kotlikoff, "Let's Make the Vatican Bank a Bank," *American Interest*, October 2, 2015.

50 William Tabb, "The Criminality of Wall Street," *Monthly Review* 66, no. 4 (September 2014), p. 13.

51 Thomas Piketty, *Capital in the Twenty-First Century* (Cambridge, MA: Belknap Press of Harvard University Press, 2015), p. 297.

52 James Tobin, "On the Efficiency of the Financial System," *Lloyd's Bank Review*, no. 153 (1984), pp. 14~15. John Bellamy Foster, "The Financialization of Capitalism," *Monthly Review* 58, no. 11 (April 2007), p. 3에서 재인용. Rana Foroohar, *Makers and Takers: The Rise of Finance and the Fall of American Business* (New York: Crown Business, 2016)도 보라.

53 Kevin Roose, *Young Money: Inside the Hidden World of Wall Street's Post-Crash Recruits* (New York: Grand Central Publishing, 2014). 〔케빈 루스 지음, 이유영 옮김,《영 머니》, 부키, 2015.〕

54 앞의 책, p. 249.

55 Steve Lohr, "Refocusing, G.E. Reports Growth in Industrial Business," *New York Times*, April 18, 2015, B1.

56 Peter Brown, *Through the Eye of a Needle: Wealth, the Fall of Rome, and the Making of Christianity in the West, 350–550 A.D.* (Princeton, NJ: Princeton University Press, 2012), pp. 509~510에서 재인용.

57 Barbara Tuchman, *A Distant Mirror: The Calamitous Fourteenth Century* (New York: Alfred Knopf, 1978), p. 26.

58 Michael Corkery and Nathaniel Popper, "Goldman Plans Online Lending for Consumers," *New York Times*, June 16, 2015, A1.

59 Stephen G. Checchetti and Enisse Kharroubi, "Why Does Financial Sector Growth Crowd Out Real Economic Growth?" Working Paper no. 490, Bank for International Settlements, February 2015. http://www.bis.org/publ/work490.htm 에서 접속 가능.

60 Gretchen Morgensen, "Smothered by a Boom in Banking," *New York Times*, March 1, 2015, B1.

61 Luigi Zingales, *A Capitalism for the People: Recapturing the Lost Genius of American Prosperity* (New York: Basic Books, 2012), p. 48.

62 Marion Maddox, "In the Goofy Parking Lot: Growth Churches as a Novel Religious Form for Late Capitalism," *Social Compass* 59, no. 2 (2012): pp. 146~158. 이 논문의 제목은 자신이 이끄는 초대형 교회의 주차장을 디즈니랜드 주차장에 비유한 한 목사의 발언에서 따온 것이다.

63 대니얼 벨Daniel Bell은 《자본주의의 문화적 모순Cultural Contradictions of Capitalism》(New York: Basic Books, 1976)에서 문화는 전통적인 마르크스주의자들이 믿은 것처럼 단

순히 경제의 부산물이 아니며, 실제로 경제에 영향을 미친다고 강하게 주장한다. 벨은 문화가 욕구 충족 미루기에서 충동구매 장려로 전환된 것은 경제가 자본축적 시기에서 소비자 자본주의로 바뀐 데 그 원인이 있다고 주장한다.

64 이 시기 교회에 관한 개관은 Judith Herrin, *The Formation of Christendom* (Princeton, NJ: Princeton University Press, 1987)을 보라.

65 Peter Brown, *Augustine of Hippo*, new ed. (Berkeley: University of California Press, 2000) 을 보라. [피터 브라운 지음, 정기문 옮김, 《아우구스티누스》, 새물결, 2012.]

66 Brinley R. Rees, *Pelagius: A Reluctant Heretic* (Woodbridge, Suffolk, England: Boydell Press, 1988), p. 20.

67 Ian C. Bradley, *The Celtic Way* (London: Darton, Longman & Todd, 1993), p. 62.

68 Peter Brown, *Through the Eye of a Needle: Wealth, the Fall of Rome, and the Making of Christianity in the West, 350-550 AD* (Princeton, NJ: Princeton University Press, 2012), p. 371.

69 르네상스 시대 교황에 관한 훌륭한 서술은 John A. F. Thomson, *Popes and Princes, 1417-1517* (Boston: Allen and Unwin, 1980)을 보라.

70 Glass paste medallion of Adam Smith, sculpted by James Tassie, 1787, National Galleries of Scotland. https://www.nationalgalleries.org/collection/artists-a-z/t/artist/james-tassie/object/adam-smith-1723-1790-political-economist-pg-1949에서 이미지를 볼 수 있음.

71 Murray N. Rothbard, "The Adam Smith Myth," Mises Daily blog, Mises Institute, January 13, 2006. https://mises.org/library/adam-smith-myth에서 접속 가능.

72 앞의 글.

73 Shaun Walker, "Why a Giant Statue of Vladimir is Causing a Public Outcry in Moscow," *The Guardian*, June 11, 2015.

74 Adam Smith, *An Inquiry into the Nature and Causes of the Wealth of Nations*, 1776, Book 1, Chapter 2.

75 Paul Valelly, "A Victory for Pope Francis," *New York Times*, May 22, 2015.

76 David Rohde, "Her Legacy: Acceptance and Doubts of a Miracle," *New York Times*, October 20, 2003.

77 예를 들어 Brian Kelly, "Patron Saint for the Internet, Isidore of Seville," blog post, January 8, 2010, Catholicism.org, Saint Benedict Center, New Hampshire를 보라. http://catholicism.org/patron-saint-for-the-internet-isidore-of-seville.html에서 접속 가능.

78 Adam Smith, *The Theory of Moral Sentiments*. [애덤 스미스 지음, 박세일·민경국 옮김, 《도덕 감정론》, 비봉출판사, 2009.] Paul S. Williams, "A Visible Hand: Contemporary Lessons from Adam Smith," in *Adam Smith as Theologian*, ed. Paul Oslington (New York:

Routledge, 2011), p. 135에서 재인용.

79 Adam Smith, *The Theory of Moral Sentiments*, new ed. (London: Henry G. Bohn, 1853), Chapter III, Part I, Section I.

80 Simone Weil, *The Need for Roots: Prelude to a Declaration of Duties toward Mankind*, trans. Arthur Wills, preface by T. S. Eliot (New York: Putnam, 1952; orig. French 1949). 〔시몬 베유 지음, 이세진 옮김,《뿌리내림》, 이제이북스, 2013.〕

81 Adam Smith, *The Theory of Moral Sentiments*, "Of Virtue," Chapter I, Part VI, Section II, p. 329.

82 Jacob Viner, *The Role of Providence in the Social Order: An Essay in Intellectual History* (Philadelphia: American Philosophical Society, 1972), pp. 81~82. Paul Oslington, "Introduction: Theological Readings of Smith," in *Adam Smith as Theologian*, ed. Paul Oslington (New York: Routledge, 2011), p. 1에서 재인용.

83 Adam Smith, *The Theory of Moral Sentiments*, pt. II, sec. III, ch. III, p. 106.

84 앞의 책, p. 236.

85 Robert L. Heilbroner, *The Worldly Philosophers*, rev. 7th ed. (New York: Touchstone, 1995). 〔로버트 하일브로너 지음, 장상환 옮김,《세속의 철학자들》, 이마고, 2008.〕

86 Abraham Joshua Heschel, *The Prophets* (New York: Harper and Row, 1962). 〔아브라함 J.헤셸 지음, 이현주 옮김,《예언자들》, 삼인, 2004.〕

87 Robert Bellah, *Religion in Human Evolution: From the Paleolithic to the Axial Age* (Cambridge, MA: Belknap Press of Harvard University Press, 2011). 중국에 관한 관련 자료는 Chapter 8, "The Axial Age III: China in the Late First Millennium BCE"), pp. 399~480에서 볼 수 있다.

88 John Kenneth Galbraith, *A Short History of Financial Euphoria* (Knoxville, TN: Whittle Direct Books, 1990).

89 Karl Jaspers, *The Origin and Goal of History* (New Haven: Yale University Press, 1954). 〔칼 야스퍼스 지음, 백승균 옮김,《역사의 기원과 목표》, 이대출판부, 1986.〕; Eric Voegelin, *Order and History*, vol. 1: *Israel and Revelation* (Baton Rouge: Louisiana State University Press, 1956). Robert Bellah, *The Axial Age and Its Consequences* (Cambridge, MA: Belknap Press of Harvard University Press, 2012), p. 375에서는 야스퍼스와 푀겔린의 말을 인용한다.

90 Heschel, *The Prophets*, pp. 5~6.

91 Adam Smith, *Theory of Moral Sentiments* (1759), Part I, Section III, Chap. III.

92 John B. Thompson, *Studies in the Theory of Ideology* (Berkeley: University of California Press, 1984), p. 6. Jean-Christophe Agnew, "Banking on Language: The Currency of Alexander Bryan Johnson," in *The Culture of the Market: Historical Essays*, ed. Thomas L. Haskell and Richard Teichgraeber III (New York: Cambridge University

Press, 1993), p. 231에서 재인용.

93 Agnew, "Banking on Language," p. 239.

94 앞의 글, p. 241.

95 A. J. Ayer, *Philosophy in the Twentieth Century* (London: Weidenfel and Nicholson, 1982), pp. 74~75. George Cotkin, "William James and the Cash-Value Metaphor," *Et Cetera, A Review of General Semantics* 42, no. 1 (Spring 1985), p. 37에서 재인용.

96 예를 들어 Victor H. Matthews and Frances Mims, "Jacob the Trickster and Heir of the Covenant: A Literary Interpretation," *Perspectives in Religious Studies* 12 (1985), pp. 185~195; John E. Anderson, "Jacob, Laban, and a Divine Trickster: The Covenantal Framework of God's Deception in the Theology of the Jacob Cycle," *Perspectives in Religious Studies* 36 (2009), pp. 3~23 등을 보라.

97 "The 'Confidence Man' on a Large Scale," *New York Herald*, July 11, 1849. Johannes D. Bergmann, "The Original Confidence Man," *American Quarterly* 21 (Autumn 1969), pp. 563~564에서 재인용.

98 Herman Melville, *The Confidence-Man: His Masquerade*, Modern Library edition, ed. John Bryant (New York: Random House, 2003), p. 208.

99 Melville, *The Confidence-Man*, p. xxxiv.

100 Max Weber, *The Protestant Ethic and the Spirit of Capitalism*, trans. Talcott Parsons (Boston: Unwin, 1985; trans. 1930; orig. 1905).

101 Michael Novak, *This Hemisphere of Liberty: A Philosophy of the Americas* (Washington, DC: AEI Press, 1990), p. 26.

102 Novak, *This Hemisphere*, p. 78.

103 '시장'에 관한 마이클 노박의 사고에 관한 간결한 요약은 Linda Kintz, *Between Jesus and the Market* (Durham, NC: Duke University Press, 1997), pp. 217~229를 보라.

104 Michiko Kakutani, "A Soft-Focus Look at Fox's Tough-Talking Tough Guy," review of Zev Chafets, *Roger Ailes: Off Camera, New York Times*, March 19, 2013, C1.

105 Nielsen Comparable Metrics Report, Q4 2015, http://www.nielsen.com/content/dam/corporate/us/en/reports-downloads/2016-reports/comparable-metrics-report-q4-2015.pdf에서 접속.

106 Jerry Mander, *The Capitalism Papers: Fatal Flaws of an Obsolete System* (Berkeley: Counterpoint, 2012), p. 176.

107 Frederick J. Zimmerman, Dimitri A. Christakis, and Andrew N. Meltzoff, "Television and DVD/Video Viewing in Children Younger than Two Years," *Archives of Pediatrics and Adolescent Medicine* 161, no. 5 (2007), pp. 473~479.

108 Sydney E. Ahlstrom, *A Religious History of the American People* (New Haven: Yale

University Press, 1972). 존 험프리 노이스와 오나이다 공동체에 관한 설명은 p. 498 이하를 보라.

109 Eric Schlosser, *Fast Food Nation: The Dark Side of the All-American Meal* (New York: Mariner Books, p. 2012), p. 279. 〔에릭 슐로서 지음, 김은령 옮김, 《패스트푸드의 제국》, 에코리브르, 2001.〕 맥도날드 웹 사이트의 문구는 처음 출간된 책 본문이 아니라 페이퍼백판 후기에 인용되었다.

110 Thomas Hine, *The Total Package: The Secret History and Hidden Meanings of Boxes, Bottles, Cans, and Other Persuasive Containers* (Boston: Little, Brown, 1995), p. 238.

111 Jonathan D. Spence, *The Memory Palace of Matteo Ricci* (New York: Viking Penguin, 1984). 〔조너선 D. 스펜스 지음, 주원준 옮김, 《마테오 리치, 기억의 궁전》, 이산, 1999.〕

112 Sturla J. Stålsett, ed., *Spirits of Globalization: Growth of Pentecostalism and Experiential Spiritualities in a Global Age* (London: SCM Press, 2006).

113 앞의 책.

114 Andrew Adam Newman, "Beauty Brand Creates Campaign to Combat Mental Illness," *New York Times*, November 28, 2014, B2.

115 Numa Denis Fustel de Coulanges, *The Ancient City: A Study on the Religion, Laws and Institutions of Greece and Rome* (1873; Boston: Lee and Shepherd, 1877). 〔퓌스텔 드 쿨랑주 지음, 김응종 옮김, 《고대 도시: 그리스·로마의 신앙, 법, 제도에 대한 연구》, 아카넷, 2000.〕

116 Ruth La Ferla, "Courting a Different Shopper for Ramadan," *New York Times*, June 25, 2015, D8.

117 Morgan Rousseau, "Black Friday, Bloody Black Friday upon Us Again," *Boston Metro*, November 28–30, 2014, 2.

118 "Target Shoppers Nationwide Score Doorbusters as Black Friday Gets Underway," Target Press Release, November 28, 2014.

119 Rousseau, "Black Friday."

120 Hiroko Tabuchi, "Black Friday Fatigue? Thanksgiving Weekend Sales Slide 11 Percent," *New York Times*, November 30, 2014.

121 Julia Zorthian, "Black Friday Sales Down More Than $1 Billion," *Time*, November 29, 2015.

122 내가 하버드에서 개설한 '신과 돈' 강좌에 등록한 에릭 영Eric Young에게 감사한다. 그는 산타클로스에 관해 작성한 미간행 기말 리포트에서 풍부한 통찰력을 보여 주었다. 이 절의 논의는 이 리포트에 의존한 것이다.

123 Stephen Nissenbaum, *The Battle for Christmas* (New York: Alfred Knopf, 1996), p. 90.

124 Max A. Myers, "Santa Claus as an Icon of Grace," in *Christmas Unwrapped: Consumerism, Christ, and Culture*, ed. Richard Horsley and James Tracy (Harrisburg, PA: Trinity Press International, 2001), p. 190.

125 Steven D. Hales, "Putting Claus Back into Christmas," in *Christmas: Philosophy for Everyone*, ed. Scott C. Lowe (Malden, MA: Wiley-Blackwell, 2010), pp. 161~171.

126 Carl G. Jung, "Answer to Job," *Psychology and Religion: West and East*, trans. R. F. C. Hull (New York: Pantheon, 1958), p. 464. 〔C. G. 융 지음, 이은봉 옮김, 《심리학과 종교》, 창, 2010.〕

127 Leigh Eric Schmidt, "The Commercialization of the Calendar: American Holidays and the Culture of Consumption, 1870 – 1930," *Journal of American History* 78, no. 3 (December 1991), pp. 887 – 916. Katherine Lane Antolini, *Memorializing Motherhood: Anna Jarvis and the Struggle for Control of Mother's Day* (Morgantown: West Virginia University Press, 2014)도 보라.

128 Michel Foucault, *The History of Sexuality Volume 1: An Introduction* (New York: Vintage Books, 1978). 〔미셸 푸코 지음, 이규현 옮김, 《성의 역사 1》, 나남, 2010.〕

129 Michael Schudson, *Advertising, the Uneasy Persuasion: Its Dubious Impact on American Society* (New York: Basic Books, 1984), p. 54.

130 Karen Shapiro, "The Construction of Television Commercials: Four Cases of Interorganizational Problem Solving," PhD diss., Stanford University, 1981, p. 197. Schudson, *Advertising*, p. 54에서 재인용.

131 Schudson, *Advertising*, p. 55.

132 John Bellamy Foster and Robert W. McChesney, "Surveillance Capitalism: Monopoly-Finance Capital, the Military-Industrial Complex, and the Digital Age," *Monthly Review* 66, no. 3 (July – August 2014), p. 19.

133 Jerry Mander, "The Privatization of Consciousness," *Monthly Review* 64, no. 5 (October 2012), p. 18.

134 Foucault, *History of Sexuality*, p. 45.

135 앞의 책, p. 49.

136 Raymond Williams, *The Long Revolution* (Cardigan, UK: Parthian Books; Reprint edition, 2012). 〔레이먼드 윌리엄스 지음, 성은애 옮김, 《기나긴 혁명》, 문학동네, 2007.〕

137 Foster and McChesney, "Surveillance Capitalism," p. 3.

138 Josiah Royce, *The Philosophy of Loyalty* (New York: Macmillan, 1908).

139 Stephanie Strom, "Unilever, Suing Over Rival's Use of 'Mayo,' Changes Own Website," *New York Times*, November 17, 2014, B6.

140 Stephen Jay Gould, *Rocks of Ages: Science and Religion in the Fullness of Life*, Library of Contemporary Thought (New York: Ballantine, 1999).

141 Francis Fukuyama, *The End of History and the Last Man* (New York: Free Press, 1992). 〔프랜시스 후쿠야마 지음, 이상훈 옮김, 《역사의 종말》, 한마음사, 1997.〕

142 헤시오도스의 《신통기 Theogony》에서는 세 모이라가 인격화되어 신에 대해 결정을

내린다. 플라톤의《국가Politeia》에서는 운명의 세 여신이 아난케Ananke(필연, 운명)의 딸이다. 모이라는 신화 속 우주 창조의 초기 여신인 테크모르Tekmor(증거, 숙명)나 아난케와 관련이 있는 것으로 보인다. 자연 질서의 보편 원리라는 개념은 베다의 르타Rta나 아베스타의 아샤Asha(아르타Arta), 이집트의 마트Maat처럼 다른 문화에도 비슷한 부류가 있음을 주의하자.

143 Reinhold Niebuhr, *Reinhold Niebuhr: Major Works on Religion and Politics*, ed. Elizabeth Sifton (New York: Library of America, 2015), p. 770에 포함됨.

144 Walter Rauschenbusch, *Christianity and the Social Crisis in the 21st Century: The Classic That Woke Up the Church* (New York: The Macmillan Co., 1907), p. 422. Sydney Ahlstrom, *A Religious History of the American People*, pp. 785~786에서 재인용.

145 Pierre Teilhard de Chardin, *The Phenomenon of Man* (New York: Harper Perennial, 1976). 〔테야르 드샤르댕 지음, 양명수 옮김,《인간 현상》, 한길사, 1997.〕

146 Niebuhr, *Reinhold Niebuhr*, p. 775.

147 Richard York and Brett Clark, "Stephen Jay Gould's Critique of Progress," *Monthly Review* 62, no. 9 (February 2011), p. 31.

148 Simon Conway Morris, *The Deep Structure of Biology: Is Convergence Sufficiently Ubiquitous to Give a Directional Signal?* (West Conshohocken, PA: Templeton Foundation Press, 2008).

149 Stephen Jay Gould, interviewed in Wim Kayzer, *A Glorious Accident* (New York: W. H. Freeman, 1977), pp. 92~93. York and Clark, "Stephen Jay Gould's Critique," p. 35에서 재인용.

150 베어는 회고록에서 이 연설과 청중의 반응에 관한 이야기를 들려준다. Sheila Bair, *Bull by the Horns: Fighting to Save Main Street from Wall Street and Wall Street from Itself* (New York: Simon and Schuster, 2012), pp. 313~314. 〔실라 베어 지음, 서정아·예금보험공사 옮김,《정면 돌파》, 알에이치코리아, 2016.〕 시장이 사회에 기여할 필요성을 더 상세히 탐구하는 내용은 Robert Reich, *Saving Capitalism: For the Many, Not the Few* (New York: Knopf, 2015)를 보라. 〔로버트 라이시 지음, 안기순 옮김,《로버트 라이시의 자본주의를 구하라》, 김영사, 2016.〕

151 Martin Wolf, "The Challenge of Halting the Financial Doomsday Machine," *Financial Times*, April 20, 2010.

152 John Nichols, "Fed's 'Backdoor Bailout' Provided $3.3 Trillion in Loans to Banks, Corporations," *The Nation*, December 2, 2010.

153 Michael J. Sandel, *What Money Can't Buy: The Moral Limits of Markets* (New York: Farrar, Straus and Giroux, 2012), p. 10. 〔마이클 샌델 지음, 안기순 옮김,《돈으로 살 수 없는 것들》, 와이즈베리, 2012.〕

154 Floyd Norris, "The Perils When Megabanks Lose Focus," *New York Times,* September 6, 2013, B1. (《뉴욕타임스》 온라인판에서는 기사 제목이 바뀌었다.)

155 Michael Corkery and Ben Profess, "Rigging of Foreign Exchange Market Makes Felons of Top Banks," *New York Times,* May 21, 2015, 1.

156 Avivah Gottlieb Zornberg, *The Beginning of Desire: Reflections on Genesis* (New York: Schocken, 2011), p. 4.

157 Angela Yi, "Money Messages," *Harvard Political Review* 42, no. 4 (Winter 2015), p. 8.

감사의 말

이 책을 쓰는 동안 몇몇 사람들이 나를 도와주었다. 오랜 친구인 MIT 슬론경영대학원의 로버트 맥커지Robert McKersie는 핵심적인 몇 장을 읽고 유용한 논평을 해주었다. 세계 일류 대학원생 조교인 스콧 라이스Scott Rice는 초고를 읽고 의견을 주는 식으로 도움을 주었다. 존 F. 케네디 행정대학원의 리처드 파커Richard Parker는 여러 절을 읽고 건설적인 제안을 해주었다. 일본 도쿄의 국제기독대학교는 이 주제로 강의할 기회를 주었는데, 시간적 여유가 있어 몇 군데 변경이 가능했다. 아내인 니나 투마킨Nina Tumarkin 박사와 아들 니컬러스Nicholas는 내가 책을 쓰는 동안 짜증 나는 기색 없이 내 불평에 귀 기울여주었다. 무엇보다 하버드에서 내가 진행하는 '신과 돈' 강좌를 수강한 학생들이 활발한 질문과 비평으로 나를 채찍질해주었다. 이 모든 이에게 감사한다.

미국의 노신학자 하비 콕스가 쓴 이 책에서 한국이 등장하는 부분이 초대형 교회를 다룬 장이라는 점은 의미심장하다. 지은이의 말처럼 순전히 교회 규모로 볼 때 "세계 10대 교회 중 5개가 한국에 있"고, "전 세계에서 기독교 단일 교회 중 가장 큰 것은 서울의 여의도순복음교회다. 80만 명이 넘는 신도를 거느린 이 교회는 거대한 건물에서 일요일 예배를 여섯 번에 나눠 진행한다. 셔틀버스 수십 대가 딱딱 시간에 맞춰서 지하층 하차장까지 신자들을 실어 나른다". 세계 각국의 여러 교회를 숱하게 방문한 그의 눈에도 여의도순복음교회는 어지간히 인상적이었는지, 자기가 경험한 이야기를 몇 문단에 걸쳐서 들려준다. 지은이가 설명하는 것처럼, '시장'이 신격화되는 동시에 종교가 금융과 '시장'처럼 대형화되는 추세다. 그 교회의 당회장 목사를 지낸 상징적인 인물이 배임죄로 유죄판결을 받은 것은 의미심장한 일이다. '시장'의 종교화, 종교의 '시장'화가 어떤 결과로 이어지는지 고스란히 보여준다.

"배제와 불평등의 경제"를 신랄하게 비판하면서 "신격화된 시장"과 "시장의 절대적인 자율성을 옹호하는 갖가지 이데올로기"가 현대 세계가 직면한 많은 문제의 근원이라고 일침을 가한 프란치스코 교황의 선언에 영감을 받은 지은이는 자본주의 시장경제의 역사적 특수성을 선명하게 드러내기 위해 종교와 신학의 렌즈를 들이댄다. 지은이는 책에서 시종일관 시장경제를 종교(특히 기독교)에 비유하는데, 이야기가 진행될수록 양자의 동일성이 단순한 비유의 차원을 넘어선다는 사실이 밝혀진다. 기원 신화와 타락 전설, 죄와 속죄의 교의까지 두루 갖춘 현대 시장경제는 말 그대로 종교의 지위를 차지했다. "자체적인 사제와 의례, 교의와 신학, 성자와 예언자, 온 세계에 복음을 전하고 모든 곳에서 개심자를 확보하려는 열망을 완비"했기 때문이다. 삼위일체와 법인 기업, 고리대금업에 대한 성서의 경고와 이후의 역사, '희년'이라는 급진적 재분배 요구와 자본주의를 개혁하려는 여러 시도, 거대 은행과 거대 교회, 경제학의 창시자인 동시에 최후의 신학자로 다시 보는 애덤 스미스, '시장'이 갖춘 전례와 교회력과 종말론까지 순서대로 따라가다 보면 '시장'과 신을 동일시하는 책의 제목이 결코 과장이 아니라는 생각에 고개가 끄덕여진다.

지은이는 종교사와 경제사, 신학과 경제학을 자유자재로 넘나들며 흥미로운 세계를 펼쳐 보인다. 오늘날 '시장'은 신과 마찬가지로 전능하고 전지하며 편재한다. 아직 전능과 편재를 완벽하게 달성하지는 못했지만, 하느님이 우리의 모든 "소원을 아시"는 것처럼 '시장'은 우리 마음속 가장 깊숙한 비밀과 은밀한 욕망을 안다. 그리고 속속들이 알기 위해 끝없이 노력한다. '시장'은 우리 주변에 있을 뿐만 아니라 화소와 광고를 통해 우리 머리와 마음속까지 들어오고, 끊임없이 복음을 설파한다. "이걸 사면 당신은 행복해질 것이다." 한편 인간에게 죄의식을 심어주는 것은 이제 전통적인 종교의 신이 아니라 무정한 얼굴을 한 '시장'이다. 근대의 인간은 종교의 굴레에서 벗어났다고 생각했지만, '시장신'을 섬기는 새로운 종교를 받아들였을 뿐이다. 끊임없이 자기 계발에 몰두하라는 '시장신'의 명령을 성실하게 따르지 않으면, 내면 깊숙한 곳에서 죄의식이 스멀스멀 기어 나온다. 과거의 신이 신자에게 안식일과 명상, 기도와 금식을 요구했다면, 현대의 '시장신'은 자기 계발이라는 고행을 요구한다. 그리고 금전적 성공을 거둬야 돈으로 살 수 있는 은총을 내려준다.

프로테스탄트 종교개혁이 부패한 교회의 면벌부 판매를 둘러싸고 일어났다면, '시장'의 개혁은 '시장신'의 부패와 무절제가 낳은 경제 위기를 계기로 시작된다. 그러자면 '시장'을 휘감은 성스러운 아우라를 걷어내야 그 정체를 명확하게 볼 수 있다. 종교의 언어를 빌린 자본주의 비판은 익숙하고 어쩌면 구태의연하지만, 지은이는 그 유비를 철두철미하게 밀어붙이고, 여러 역사적인 증거를 발굴함으로써 이런 아우라를 걷어낸다. 결국 민낯이 드러나는 '시장'은 '유사종교'이며, 옛날로 치면 그릇된 우상일 뿐이다.

프란치스코 교황과 하비 콕스가 금융이 지배하는 현대 자본주의와 시장경제를 근원부터 돌아본 계기는 2008년 전 세계적으로 일어난 금융 위기다. 교황의 경고처럼 '시장'은 사회의 주인이 아니라 사회의 하인이라는 원래의 역할을 회복해야 한다. '시장'을 탈신격화해서 제자리를 찾아줘야 한다. '시장'의 영혼을 구원하기 위해서는 무엇보다 '인간의 회복'이 필요하다. 그런데 '시장'이 회개하고 속죄한 뒤에 그 신전을 허물고, 협동조합이나 소규모 공동체, 지역 시장에 활력을 불어넣어야 한다는 대안은 좀 추상적이고 순진하다는 느낌이 들어 다소 아쉽다. 기독교와 신학, 경제학의 여러 개념에 익숙지 않은 독자라도 조금 참을성을 발휘하면 난해한 탐구보다 쉬운 서술로 설득하려는 지은이의 논의에 익숙해질 것이다. 무엇보다 절로 고개가 끄덕여지는 비유의 힘이 이 책의 강점이다. 덕분에 종교와 경제 모두 새로운 시각에서 바라보는 재미가 쏠쏠하다.

2018년 1월
유강은

찾아보기

344

옮긴이 **유강은**

국제문제 전문 번역가. 옮긴 책으로 《팔레스타인 비극사》, 《미국의 반지성주의》, 《병목사회》, 《소속된다는 것》, 《무질서의 효용》, 《자본주의에 불만 있는 이들을 위한 경제사 강의》, 《미국 대도시의 죽음과 삶》, 《The LEFT 1848-2000》, 《미국민중사》 등이 있다.

신이 된 시장

시장은 어떻게 신적인 존재가 되었나

1판 1쇄 발행 2018년 3월 5일
1판 3쇄 발행 2018년 3월 30일

지은이 하비 콕스 | 옮긴이 유강은
펴낸곳 (주)문예출판사 | 펴낸이 전준배
출판등록 1966. 12. 2. 제 1-134호
주소 03992 서울시 마포구 월드컵북로 6길 30
전화 393-5681 | 팩스 393-5685
홈페이지 www.moonye.com | 블로그 blog.naver.com/imoonye
페이스북 www.facebook.com/moonyepublishing | 이메일 info@moonye.com

ISBN 978-89-310-1079-4 03200

이 도서의 국립중앙도서관 출판시도서목록(CIP)은 서지정보유통지원시스템
(http://seoji.nl.go.kr)과 국가자료공동목록시스템(http://www.nl.go.kr/kolisnet)에서
이용하실 수 있습니다. (CIP제어번호 CIP2018004785)